教育政策與行政新議題

吳清基　主編

吳清基、舒緒緯、顏國樑
侯世昌、張國保、謝美慧
蔡進雄、楊振昇、江志正
吳靖國、范熾文、黃旭鈞
魯先華、鄭淑惠　　合著

五南圖書出版公司 印行

序

　　教育發展，必須因應社會變遷的需要，由執政者做好決策，推行有效行政措施，以符應各界的期待與挑戰。近年來，世界各國無不投入大量人力與物力，進行教育改革運動，以期能培育出更有競爭力的下一代。

　　臺灣在民國83年4月10日，有上萬人走上街頭，要求教育改革，政府在當年6月下旬召開「第七次全國教育會議」，提出中華民國教育改革報告書，並在83年9月21日成立「行政院教育改革審議委員會」，85年提出「教育改革總諮議報告書」，對國家教育政策之研訂及教育行政措施之推展，確實具有重要的影響作用。

　　臺灣由於天然資源受限，因此人力資源的開發變成提昇臺灣競爭力的最重要途徑，因此教育所扮演的角色，也就格外受到重視。近幾年來，更由於少子女化與高齡化的發展趨勢，加上教育成M型化的發展、網路時代的學習衝擊、全球化時代的競爭、本土化意識的興起、氣候變遷與環境永續的關注，校園生態環境的轉變，均讓關心教育人士對教育寄以更多憂心與壓力。教育改革呼聲不斷，各方意見看法彼此不一，因此，凝聚共識，再建願景，提出教育發展行動方案，乃有其必要。

　　民國98年9月，本人承乏教育部工作，深感社會變遷之劇烈快速，乃決定於99年8月下旬，再度邀集全國關心教育改革發展之各界代表人士及教育同仁分區座談，並群聚一堂析論，再度提出「中華民國教育報告書──黃金十年，百年樹人」，以「新世紀、新教育、新承諾」為願景，以「精緻、創新、公義、永續」為目標，提出十個發展策略：1.推動十二年國民基本教育與幼托整合，2.健全教育體制與厚植教育資源，3.精緻師資培育與專業發展，4.促進高等教

育轉型與發展，5.培育知識經濟人才與創新教育產業，6.發展多元現代公民素養，7.推展全民運動與健康促進，8.尊重多元文化、關懷弱勢與特殊教育族群權益。9.拓展兩岸、國際教育與海外僑教，10.深化終身學習與學習社會；另詳提36個教育發展行動方案，以作爲未來黃金十年國家教育發展的施政藍圖參考。

　　教育工作經緯萬端、鉅細靡遺，極爲複雜，教育決策要面面俱到，不分男女、老幼、貧富、城鄉……不能偏失；教育議題，推陳出新、層出不窮，必須事事關心，時時注意。教育行政之職責，即在利用公權力，制定政策及訂定法令細則，推出妥適的行政措施，以解決教育上存在的老問題及新議題。

　　本書《教育政策與行政新議題》一書的出版，是由國內教育界的一些年輕學者，他們學有專精，關心教育，在國內各大學任教，學術研究之餘，他們也都關注到教育現場所發生的一些新議題，均需要給予再深度詮釋，找出新的因應解決方案。他們有的在教育行政機關曾擔任過司長、副局長、督學、專員的行政歷練；有的在大學校院擔任系主任、所長、主秘、中心主任或國中小學校長等學術行政主管工作。他們關注幼兒教育、國小教育、技職教育、師資培育教育……等教育政策的推動與評析；他們也關心教育行政倫理、教育變革發展、永續領導、詩性領導、道德領導、資料導向決定、介入策略導向評鑑、及地方權力結構與教育治理的探討。相信這些教育政策與行政「新議題」的探討，對當前我國教育行政學術研究及實務探討，必能激起一些新思維的漣漪和迴盪。

　　本書的付梓，是一場感人的師生饗宴——共同爲文爲師生日祝願。感謝所有作者群，他們都是國內一群年輕優秀的教育學者，過去與本人在大學研究所階段，皆曾共同學習成長過。他們學教育行政，不拒絕學校或教育行政工作的參與；但堅持本分職責，也沒有耽誤教育學術生涯的發展，令人感佩。本書得在建國100年教師節前

夕出版，要特別感謝五南圖書出版公司楊榮川發行人，以師範生前輩之誼，讓「尊師重道」的教育優良傳承，能再度杏壇衍續發光發熱。

吳清基

民國100年教師節前

目 次

第一篇　教育政策方面

目　次

目 次

第二篇 教育行政方面

目　次

第一篇

教育政策方面

第一章

教育行政的理想與實踐 ——教育部長七百天的 行政決策與執行

吳清基

教育是一種成人之美的工作，教育行政則是在為教育人員規劃、安排良好教與學的環境，以利師生教學活動進行，及教育目標的有效達成。教育行政一向比教學活動的進行更為艱辛，且具有挑戰性。因此，必須有教育專業素養，且有教育熱忱者，才願為教育行政奉獻。

教育行政強調有效管理，有人從人性論探析，主張性善論者，強調人際關係的重要；主張性惡論者，則重視科學管理；主張性善惡混論者，則強調權變說的運用。

教育行政人員，固然重視形而下的方法、技術及技巧的訓練，但是，更要重視形而上的哲學思維。有好的價值觀念依據，就會了解做對的事情比把事情做對更為重要。

擔任教育部長二年，壹、提出二個願景：一、提供優質教育環境，讓孩子快樂學習成長；二、培養社會好國民、世界好公民，讓國家更有競爭力，人民生活更美好。

貳、強調十大教育目標：一、學前幼兒健康幸福成長；二、國小學童活潑快樂學習；三、國中學生多元適性發展；四、高中學生通識教育啟迪；五、高職學生能力本位教育發展；六、大學生專門知能學習；七、技專生專精技能養成；八、研究生高深學術獨立研究；九、社會成人終身學習成長；十、新移民文化適應基本能力學習。

參、提出五大教育主軸：一、以全人教育為目標；二、以生命教育為基礎；三、以終身教育為精神；四、以完全學習為歷程；五、以健康校園為園地。

另外，在教育政策的創新規劃和執行上，則計有：一、推動五歲幼兒免學費入學；二、完成幼稚園與托兒所整合方案；三、齊一公私立高中職學生學費；四、實施高職學生免學費就學；五、推動十二年國民基本教育政策；六、推動陸生來臺就學及大陸學歷認證；七、強化技職及高等教育國際輸出；八、實施大學彈薪專案延攬人才；九、提倡尊師重道，恢復師鐸獎表揚；十、弘揚敬老孝道，首倡祖父母節；十一、推動老人樂齡學習教育；十二、籌設國家教育研究院，完成立法揭牌；十三、修訂教育部組織法，邁向教育專業前瞻未來；十四、召開全國教育會議，提出未來教育報告書。

從事教育行政工作，是一件任重道遠的工作。因為孩子是我們的希望，投資教育就是投資國家的未來；教育在成人之美，因此人在公務之門好修行；教育行政人員更要有愛心、熱忱與專業、肯付出犧牲奉獻。

第一節　前　言

壹、研習教育行政、爲教育終身奉獻服務

教育是一種成人之美的工作，雖然自古以來，「天、地、君、親、師」五位一體的說法不再，但是尊師重道的傳統美德，仍能受到一般人之推崇。因此，從小就對教師的工作情有獨鍾，加上中學六年，遇到了一位辦學績優之典範校長——施金池校長[1]，看到了卓越優質校長對學生之影響是如此重大深遠，乃決定立志以教育爲志業，終身爲教育工作奉獻服務而自許。

確實受到施校長「潛在課程」（hidden curriculum）的影響，高中畢業參加大學聯考時，乃以國立臺灣師範大學教育系爲第一志願，民國58年9月，首度踏進臺灣師大校門，看到行政大樓前校園內大王椰子樹幹上貼有「歡迎未來的校長—師大教育學系是您正確的選擇」的海報標語，內心很振奮，更加堅定未來走上教育行政的決定。

四年大學擔任班長、社團幹部、教育學會理事長，充分利用課餘時間，體驗「服務學習」的成長喜悅及行政經驗；當然，也更用功讀書善盡學生本分，參加教育行政人員高檢及高考，以取得教育行政人員的資格爲大學四年的重要生涯規劃。雖然，民國62年大學畢業同時考上教育行政人員高考，及臺灣師大、政大教育研究所碩士班。但並未立即到

---

[1] 施金池校長，臺南人，國立臺灣師範大學教育研究所碩士，原任國立臺灣師範大學教育系講師。民國49年8月奉劉眞教育廳長令派擔任省立北門中學校長。因辦學績優，民國61年2月調任臺灣省政府教育廳副廳長，後調升臺北市政府教育局長，再奉拔擢擔任臺灣省教育廳長及教育部常務次長，是一位深受教育界同仁敬重的好長官典範。

教育行政機關服務；一直到民國74年取得教育行政博士學位及民國75年通過國家教育行政人員甲種特考後，才在民國76年商得臺灣師大教育系同意借調到教育行政機關服務。

大體而言，一般在大學學術機關服務的同仁，均不願從事教育行政工作，因為工作負荷較繁重，壓力較大、較沒有學術工作者的自主性及尊嚴地位。但是，對一位研習教育行政的人來說，總會感覺「我不入地獄，誰入地獄？」與其終日批評教育工作沒做好，不如自己跳下去做去改善，做好教育改革的工作。事實上，學術的建言鞭策固有其作用在，但總不如行政人員可藉由自己去編列經費及制定法案，來得直接立即有效可解決問題。

貳、教育行政專業成長、理論實務兼重

教育是一門專業的學科，教育行政工作的投入，不僅需要熱忱與用心，更需要專業知識與技能，尤其需要不斷地在職進修，以增進新知技能，以開創教育行政的新視界及新作為。

一般來說，行政是執行解決眾人之事，教育行政人員之職責，乃在為教育職場上的師生及家長服務，解決其教育上的問題。因此，如何做好作決定工作，讓大家了解政策目標之正確性及必要性；再經由適切的溝通管道與作為，建立共識，最後，再藉由人力、物力的整合，眾志成城，達成組織目標及滿足需求。因此，從傳統教育行政三聯制之古典組織論中，「計畫—執行—考核」的歷程來看，如何做好計劃研擬，如何有效行政執行，及如何評估考核，均有賴形而上的理念價值指導，及計量方法技巧的運用，在在需要理論及實務的密切配合。

至於，從現在教育行政動態歷程論中，教育行政「作決定理論」、「溝通理論」、「領導理論」等核心理論，在學理析論及實際運作上，今天也備受肯定。做好教育行政工作，不能沒有理論指引。但是，光有理論析探，若不能有效結合實務，落實教育行政實務的改善，則其理論的價值也相對不重要。因此，從事教育行政工作，確需不斷在職進修，以期求專業成長，增進教育行政工作知能、提升教育行政工作績效，達成教育行政工作目標。

第二節　有效教育行政管理的檢證

壹、就人性論探析有效行政行為

教育行政的運作，在追求有效管理達成組織目標，滿足組織成員的個人需求。由於組織的成員是人，組織管理之成效，往往繫於管理者對成員之人性看法而有別。持性善論看法者，會重視人際關係的善用；持性惡論看法者，則強調科學管理說；持性善惡混論看法者，則較傾向情境權變論的運用。

一、性善論─主張人際關係說的建立，以提升行政績效

一般說來，教育行政領導者，對人性論若持人性本善的看法，則會肯定人有自主、自治的能力，只要給予尊重，人都會自我節制其私心私慾，會努力去追求自我實現，會對團體目標之實現去做奉獻與付出。因此，建立良好組織人際關係，讓成員感動認同，則組織成員可眾志成城、共赴一心，自然組織行政效率就可提升。

二、性惡論─主張科學管理說的運用，以提振行政效能

若教育行政領導者，對人性持性惡論看法，則會認為人是自私自利的，人會逃避工作，人會不負責任的，人會怕懲罰的。因此，利用科學管理原理訂定嚴密法令規章，防止人塞責逃避工作，訂定明確職責規範，減少人自由裁量權限，被認為是必要的要求。在性惡論主張下，人的價值與尊嚴，並不會被重視，一切均在功利主義下受到嚴格的管控與監督。

三、性善惡混論─主張權變說的適當使用，行政效率可有效提升

在人性善惡混論的主張下，教育行政領導者會主張情境權變論的看法，一切以通權達變為原則，沒有最好或一定的處理方式，只要能達成組織目標，就是可以接受的作為。因此加強組織成員間人際關係的良好建立，或是利用科學管理方法防範違失提升效率，均是可能的作為，但

必須能達到組織目標及滿足個人需求為前提。

貳、就事論事說與就人論事說的析論

一位有為的教育行政人員，無不希望能有效提升教育行政的組織效能。但是，有人會從運用科學管理的方法技巧，去把事情做好先著手，也有人會從人際關係的角度切入，只因為人的士氣提振，工作效率自然會提升，組織目標自然可有效達成。

一、就事論事說

主張就事論事說的教育行政人員相信人性本惡，認為人會逃避工作，不負責任。因此，組織目標的達成，其先決條件，就要把組織內的每件事情做好科學管理，訂好標準規範，訂有法令規章可循，可防止組織成員逃避工作，自然事事可順遂成功。

二、就人論事說

主張就人論事說的教育行政人員，相信人性本善，認為帶人就要帶心，只要組織成員與長官之間的感情關係良好，則再艱困的工作條件，都可逐步化解來達成組織目標。若是人際關係不好，組織成員士氣不振，則再容易的任務，也恐難以達成，因為是不為也，而非不能也。

參、素質理論、行為理論與權變理論的綜合評估

有效教育行政管理的理念發展，可分三個主要的階段，由最早的素質理論，到行為理論，再到後來的權變理論。雖然理論發展有先後，但確也各自盛行一段時期，受人廣用。

至今，雖然權變理論較稱顯學，但是，早先之素質理論，仍是繼續被人援用，做為選拔培訓人才的參用。

一、素質理論

素質理論出現在1910～1940年間，其主張二項基本假定：其一是

每一位成功的領導者，必定有異於他人的獨特人格特質；其二是領導者這些獨特的人格特質，可經由科學的方法加以統整，以作爲選才與培養人才的重要參考。

素質理論主張從人格特質去找尋成功的因子，以作爲提升組織行政效能的關鍵作爲。但是，似乎依據不同的研究發現，其間成功者的人格特質均不一致，亦即要尋找一組放諸四海而皆準的人格素質並不容易。但是，相信探討成功領導者的人格特質，來作爲選拔人才、培訓人才的看法，一直仍未被放棄。

二、行爲理論

要追求有效行政管理，從領導者的人格特質著手，確實受到了限制。但是，因爲受到行爲主義心理學的影響，使得在1940～1960年間，轉而重視領導者行爲層面的探索。

領導者行爲理論的探討，是偏重領導者實際表現的領導行爲，不管勒溫（K. Lewin）所主張民主式、獨裁式、放任式爲代表的單層面領導行爲理論，或是俄亥俄州立大學主張「倡導」和「關懷」爲代表的雙層面領導行爲理論，或是雷頓（W.J. Reddin）所主張「任務」、「關係」和「效能」爲代表的三層面領導行爲理論，都是在強調領導者要如何領導，才能創造出有效能的行政運作結果，以達成組織所預期目標的實現。

三、權變理論

權變理論的提出，是在1960年代後期，迄今仍是一門顯學，認爲行政效能的提升，必須要能通權達變。權變理論雖然強調變通，但是一切以能達成組織目標爲依歸。其中，費德勒（F.E. Fiedler）是從領導者的角度切入，主張要重視領導者與部屬間之情感品質，要重視工作結構，要重視職權大小。另外，豪斯（R.J. House）則從部屬的角度切入，提出「途徑─目標理論」（Path-goal Theory），主張要重視部屬的工作滿足，部屬對長官的接納態度，及部屬動機的提升。

第三節　教育行政的哲學思維

壹、形而上的哲學思維vs.形而下的方法技巧

　　有效教育行政的政策規則與執行，一方面固然要講求形而下的方法與技巧，另一方面更要重視形而上的教育理念與價值哲學思維。

　　行政工作的執行，的確用對的方法與技巧是很重要的，但是，只是把事情做對並不代表就是完美的行政，更重要的，是要做對的事情。而什麼事情是「對的」，則是一種形而上的哲學思維，是一種價值理念的批判與抉擇。此乃何以任何行政組織的領導者，均被要求要有理想願景與前瞻視野，有合乎教育價值性的正確思維，才能帶領組織成員達到理想教育目標的實現。德國哲學家康德（Kant）曾說：「沒有理論的實務是盲目的，沒有實務的理論是空泛的。」美國教育家杜威（John Dewey）也指出，「沒有哲學的教育是盲的，沒有教育的哲學是空的。」可見教育行政工作的執行，確實需要有哲學的思維引導。

貳、教育行政人性化領導的省思

　　有效導引教育行政執行的哲學思維很多，但是，其中「人性化」的理念，應是最可達成組織目標，又可滿足個人需求的一種理念。基本上，本人服務教育，工作近四十年來，始終相信人性本善說，也一直堅持帶人要帶心，擔任教育、行政主管工作二十五年來，不曾怒斥責備過部屬同仁。因為良好長官─部屬間的人際關係，是提升組織工作績效的不二法門。

一、Martin Bube「我─汝關係論」

　　存在主義學者馬丁・布伯（Martin Bube）一直認為「人性化」理念的最好詮釋，是強調人與人之間存在「我─汝關係論」（I-Thou Relation），而不是存在「我─它關係」（I-It Relation）。因為若是存在「我─它關係」，則將對方視為物化，可予取予求，可踐踏損傷而不惜；但若持「我─汝關係」，則視對方為「人」，人有人格要被尊

重，人有尊嚴要被維護，人有價值要被肯定，人有需要須被滿足，人有動機要被增強。若教育工作之執行，能堅持人性化原則，彼此均能「將心比心，設身處地」去為對方著想，則組織氣氛一定融洽，組織工作績效一定可有效提升。

二、Herbert A. Simon組織平衡理論

Herbert A. Simon是1978年諾貝爾經濟獎得主，他認為「組織平衡理論」（Equribrium of organization）是讓組織永遠生存壯大永續發展的不二法門。因為組織平衡理論指出，組織要生存或壯大，必須組織領導者提供給部屬的報酬待遇應大於或等於部屬對組織的勞力付出或貢獻，即誘因≥貢獻，組織乃可永續發展；反之，若誘因<貢獻，則組織成員將會逐漸離去，組織將會萎縮變小。

事實上，誘因≥貢獻，即是一種人性化的領導者思維，因為領導者給予部屬較多，要求部屬較少，部屬均會有感恩圖報的心理。這即是強調領導者宅心仁厚，心存人性化的思維，部屬均會心存感激，時思忠誠追隨共事。

三、F. Fiedler權變理論

F. Fiedler的權變理論（Theory of Contingency）主張領導者欲求有效的行政領導，必須堅持長官與部屬間要維持有良好的情感品質關係。同時，也要考量行政工作的結構（如：目標是否明確、成功可能性高低、方法的多元性……等）及領導者工作職權的大小。其中，依Fiedler實證指出，影響領導者行政工作績效的大小，情感品質占七分之四，工作結構占七分之二，工作職權占七分之一。

換句話說，組織行政工作績效是否能達成預期目標，其中，領導者與部屬間情感品質好壞占有七分之四，亦即影響組織目標達成與否的關鍵，一半以上之因素繫於長官與部屬間人際關係的良好與否。因此，如果組織領導者能重視人性化的領導行為，能對部屬多給予人性化的關懷，則對組織目標之達成，應有絕對性的幫助。

第四節　教育行政的政策理想與規劃執行

　　民國98年8月21日上午，行政院劉兆玄院長召見，告知希望能派任本人到教育部服務之消息。原本並沒有離開臺北市政府副市長職位之意願，但因郝龍斌市長積極勸進，認為國家教育重責大任，比留在臺北市政府工作，更對社會有其急迫性意義與貢獻。後來，劉院長因故於9月7日辭職，9月10日吳敦義院長接任閣揆，邀請接任教育部長職務。這是第三次進入教育部服務，第一次是79年8月，承毛高文部長派任教育部中等教育司長兼教育研究委員會執行秘書；第二次再返教育部，是在88年2月自行政院六組組長調接任常務次長工作，前後在教育部服務近十年左右，對部務工作應尚稱熟稔。因此，當承乏部長職務時，內心對教育部政務之願景、目標、主軸及政策，早已心有構思。

🉑、教育願景

　　由於一向主張教育行政人員不應只重視形而下的行政方法與技巧而已，更應具備正確的形而上的價值信念和理想願景。因此，上任教育部長之後，隨即提出二個教育願景，以與教育工作同仁共勉：

一、提供優質教育環境，讓孩子快樂學習成長

二、培養社會好國民，世界好公民，讓國家更有競爭力，人民生活更美好

　　本人自民國76年初任臺灣省國民學校教師研習會主任後，因負責國小校長和主任之儲訓工作，及教師在職進修與課程發展工作，乃提出「精緻教育的理念」（Theory of Betterness Education）強調打造優質的教育環境，讓孩子可以有效快樂學習成長。民國91年擔任臺北市政府教育局長時，更辦理臺北市「優質學校」的遴選，在海峽兩岸四地，提供優質教育發展的模式，深受重視。

　　當然，讓孩子快樂學習成長很重要，但相對地，也要有競爭力，否則，只追求快樂學習，而學習品質不佳，也非教育目標所期盼。教育終究在培養一個有用的好國民，社會好公民，這個初衷是不能放棄的。

貳、教育目標

建立教育願景之後，進一步確定教育發展要達成的目標，是有其急切性。而各不同教育年齡層的發展性目標，事實上是有其個殊性的差異存在：

一、學前幼兒健康幸福成長

學前教育階段的兒童，不管是四至六歲的幼稚園兒童，或二至六歲托兒所的兒童，其托育或幼教的主要目標，應仍是在良好生活習慣的養成，與健康身心的成長，藉由遊戲唱歌的團體唱遊活動中，找到快樂美好的童年回憶。

幼兒教育階段的兒童，由於手指大肌肉、小肌肉的發育尚未完成。因此，太早教導寫字，會因握筆用力，造成肌肉發育畸形或受傷。唯寓教於樂，有些小孩啓蒙較早，在唱遊活動中學習認知，只要沒有壓力的學習成長，應皆可接受。

二、國小學童活潑快樂學習

六至十二歲的國小學童，正是啓蒙學習的好時光，一定要提供良好的學習環境，奠定成為好國民的基礎。由於政府已自民國57年開始實施九年國民義務教育，國小學童畢業升入國中就讀，已無入學考試的壓力，皆可依戶籍所在，分發在地學區國中就讀。因此，國小教育正常教學、常態編班，皆可有效進行。教師教學活動的實施，大體上都能依教學目標正常活潑有效進行。

國小教育在當前各級教育發展階段下，應稱最為健全推展，教師師資素質優良，家長給孩子的關照適切，不會有升學導向壓力，孩子感受教師教學影響的接受度最高。因此，許孩子一個活潑快樂學習的環境乃為必要。

三、國中學生多元適性發展

國中階段學生之身心發展，正逢性向分化的開始，也是心理狂飆

期，需要特別愛心和耐心的關照。尤其，目前十二年國民基本教育，要到民國103年8月才會開始實施，當前國中學生仍有面對升學高中職及五專基測考試的壓力。

家有國中生，的確給一般家長及學生皆有心理負擔。因此，鼓勵國中師生重視多元適性發展的輔導，確實有其必要性。由於目前技職教育體系，也有完整的進路輔導規劃，唸高職及五專學生，想就業可考證照，想升學可入學技術學院或科技大學，未來技職教育仍可有一片天。如此，學術性向較明顯的學生，輔導升高中進大學；學術性向不明顯而實用技藝性向較明顯的學生，則輔導升學高職或五專，未來在終身學習體系下，一樣都有好的發展未來。

四、高中學生通識教育啓迪

高中學生是由學術性向較明顯的國中生升學而來，未來是準備升學大學或再進研究所的學生。因此，高中學生的基本學習能力，要加以重視，特別是國文、英文、數學及電腦等工具學科，都要特別加以重視。因為從學習心理學上顯示，基本上工具學科好的學生，未來繼續學習發展的機會都比較有利。

由於高中教育是大學高深學術及專門技能教育的預備教育。因此，高中學生的通識教育啓迪，乃相對地備加重視。學習人文類組的學生，不可放棄數理學科學習的機會；學習數理類組的學生也不可放棄人文學科學習的機會，如此能具有通識教育的學習，對未來的教育發展潛能更爲有利。

五、高職學生能力本位教育發展

高職學生一般說來是在國中階段較具實作技能性向明顯的學生，或是，在學術性向表現較不明確的學生。因此，高職教育的課程設計，應以導向職業生涯規劃及技術能力本位的教育發展爲優先。

高職學生如果能強調技藝訓練，能學得一技之長，是可以增強其學習信心，或找回其學習成就感的。一般而言，高職學生在國中階段的學術學科表現平均會較高中學生差些，但是，技藝或技能學科及綜合活動

上的表現，則不一定較弱。因利後來生涯及職涯規劃的需要，高職學生的課程規劃，則應重視能力本位的學習，鼓勵在高職畢業前，應至少取得丙級以上的技術職業證照。

六、大學生專門知能學習

大學教育是國家高等教育的重要一環，在培養國家政經社會發展所需人才，以提升國家的競爭力。雖然，在21世紀大學教育已由菁英人才教育，慢慢地轉型發展為一般普通大眾化教育。大學的功能，在教學、研究和服務三項主要的挑戰上，也隨著各大學的自主機能性調整其發展性功能及類型。但是，基本上，大學教育不是國民義務教育，是人才培訓教育，因此，大學生須強調專門知識學習，乃甚具明確性。

大學雖也重視通識教育的實施，甚且有延後大一、大二不分系的主張或趨勢取向，但是，大學系科分明，教授學有專精，學生選修課程也有其明確自主性向或意願。因此，大學生強調專門知能學習，確也有其學習課題上的目標要求。

七、技專生專精技能養成

專科學生、技術學院學生或科技大學的學生，都是招收技藝性向明確或技能表現優異的學生，其教育目標是在培育促進國家經濟發展所需技術的有用人才。一般來說，技專校院的教育目標非常明確，就是在培養學生在離校進入職場前，能取得乙級或甲級的職業證照，以利未來就業的工作需要。

國內技專校院由於在學生進路上有整全的規劃與完整的設計，由國中技藝班、高職實用技能班、高職、五專、二專、二技、四技、研究所碩士班及博士班，已形成一個銜接性一貫制的技能人才培訓體系。在過去技職教育改革發展過程中，無論專科改制技術學院，或是技術學院改制科技大學，都能在課程、師資、圖書、設備及校地各方面大大充實改善，因此國內技職教育在國際上是甚具特色，可與日、德、澳並駕齊驅的。國內技專學生在國際技能競賽及發明展賽會上，一向都是最大的贏家，獲得金牌獎項常是最多的國家。顯示國內技專教育對學生專精技能

的培訓是有成效的。

八、研究生高深學術獨立研究

研究所教育在延續大學教育，培育具有學術性向或具研究潛力的人才，是高等教育中菁英人才培育的重要教育規劃階段。研究所教育特別強調學術性及創新性的教育活動進行，一向為教育界人才培育所關注。

近年來國內高等教育的普及化發展，一些頂尖大學的招生，逐漸大學生與研究生各半的趨勢，有些大學更有研究生人數超過大學生之現象。可見國內研究所教育已受到國人之重視與肯定。基本上，研究所教育，強調社會領導人才及中上階層菁英人才之培訓，必須重視學術性研究能力，創新性研究參與及研究，以及獨立自主投入社會職場，面對問題挑戰的能力與工作態度的培養。

九、社會成人終身學習成長

我國自民國87年，前教育部長林清江公布「終身教育白皮書」宣布民國87年為「終身教育年」後，十餘年終身教育所努力揭櫫「人人可學習，處處可學習，時時可學習」之目標，已逐步達成。

聯合國教科文組織（UNESCO）所主張「學習認知（Learning to know）」、「學習做事（Learning to do）」、「學習與人和諧相處（Learning to live together）」、「學習成就自己（Learning to be）」和「學習適應變遷（Learning to change）」，在今日已普遍被接受和肯定。

目前國內空中大學之教育推廣，提供許多人在職進修之機會，國內社區大學也有一百所左右，每天提供許多人滿足在地學習之慾望，也改善提升了社區文化之水準與內涵。另外，為銀髮族年長者打造終身快樂學習的環境，也因全國有二百多個鄉鎮的「樂齡學習中心」的成立，讓「活到老，學到老」的理想不再是口號。

十、新移民文化適應基本能力學習

　　新移民子女教育，隨著新移民配偶增加，愈來愈受重視。目前國內新移民子女人數，約占國小新生人數之十分之一，且有逐漸增加之趨勢。新移民配偶以中國大陸籍最多，其次為東南亞國籍，再次為歐美日籍。一般說來，大陸籍配偶因與我為同文同種，對國內生活環境適應之學習較容易，子女之教導較無困難。但是，東南亞國籍及歐美國籍者，對我中華文化較為陌生，且語言不適應，對自己子女之輔導與教育幫助，較為有限制，固此，乃須更加借重學校教育的功能，來彌補家庭教育功能的不足。

　　雖然，新移民子女的教育學習，確有因父母之家庭教育功能不足而多少會受影響，但只要學校教育做好補強功能，一樣可培養出高學習成就的孩子。尤其，一些東南亞國籍新移民的子女，比起本地孩子多母語能力，未來若前進東南亞，他們的競爭力將較本地生強。因此，加強新移民配偶之語言能力、文化適應、就業技能之培訓，乃為必要。

參、教育主軸

　　教育行政的推動，要有願景揭櫫，共策未來；也要有目標提出，以集思廣益，齊心共力。若能再提出教育主軸，則政策推動的方向，將更為可行。

一、以全人教育為目標

　　我國教育發展，一向強調德智體群美五育均衡發展的全人教育為鵠的。事實上，重視術德兼修、文武合一的教育，是一種理想的教育，也就是在課程設計上，能有全方位的考量，全人格的教育活動安排，不宜有偏頗的教育偏見，誤導學生的學習發展。

　　雖然，學生本身的性向與才能，不是每個人都能五育全才俱優，但是，行行出狀元，建立學生正確的價值觀是有必要的。五育均衡發展德育為先，其實，在強調不僅智育重要，德育、體育、群育、美育一樣重要。尤其要重視德育的重要。此外，體育力是國力，體育有成就者，對

國家的重要性，更爲人所肯定，體育的價值性大大提升。群育在服務學習的提倡下，美育在美感教學及鑑賞教育的加強，亦深受師生的重視。

二、以生命教育為基礎

生命教育是教育工作的核心所在，如果不能珍惜生命的意義與價值，則教育的結果亦就不值得去關注了。生命教育有三度空間，首先對「人—己」來說，要了解自己的性向與興趣所在，去作最有利自己的生涯規劃發展；同時，不可自我戕害自己，自毀自己前程；其次，對「人—人」來說，要能待人如己，處處爲人著想，能感恩他人，能幫助他人，能尊重他人，能肯定他人，給別人快樂，給別人鼓勵，則人際關係一定很美好；第三，對「人—物」來說，對周遭環境任何有生命的植物或動物，都要加以愛護保護，不可任何加以迫害蹂躪糟蹋。

民國90年，教育部訂爲「生命教育年」，要求學校師生要重視生命教育的重要，高中職課程並要求學生選修「生命教育」課程學分。的確，如果學生都能重視生命教育的課程，體認生命教育的價值與眞諦，則每位學生能積極進取，樂觀和善友愛同學，關心環境的事物，則健全人格，快樂學習乃爲可能。

三、以終身教育為精神

終身教育是知識爆增的時代，人類爲保持不被淘汰所必須選擇的一種學習方式。的確，面對今日資訊社會時代，人類知識的成長速度何其快速，有些知識的半衰期只有二至三年，因此，建立終身學習體系的社會是有其必要。

今天，回流教育（recurrent education）的制度，在各級教育、體系中常被提及。尤其，在高等教育體系中，藉由進修教育制度的規劃，提供一般人在職進修的機會，可以一面工作一面進修，不僅可得到工作職場所需要的新知，也可以累計進修學分，獲得更高的學歷證明。

終身教育的精神，是現代人追求成功的不二法門，也是年輕學生減

少挫折感的重要學習驅力。「孩子不要怕輸在起跑點」，這是我對年輕學生一再鼓勵的話。固然「孩子不要輸在起跑點」，是幼教業者常用來勸幼兒努力學習的話，贏在起跑點，固然是好，但是，若輸在起跑點，只要能秉持「終身教育」的學習，不斷地回流教育衝刺，最終一定可贏在終點，那才是成功。

四、以完全學習為歷程

完全學習是精熟學習（master learning）的概念，強調在教育的過程中，老師教導學生學習，要掌握學生學習的起點行為（entering behavior），了解學生學習的動機與需求，提供最有利的學習環境，採用最適切的教材教法，因材施教。在教學過程結束後，要做好評量工作，了解學生學習結果，是否達到預期的教學目標。如果沒有達到預期的教學目標，就要進一步馬上做診斷補救的教學，務期學生能精熟學習為目標。

教育是一種良心的工作，亦是一種負責任的教學工作，教師應該認真教導學生學習，直到學生真正學會為止，而不宜稱「教完就好，教過就結束」。當代觀念分析大師英國倫敦大學教育哲學教授皮特斯（R.S. Peters）指出，教育具有「工作—成就」（task-achievement）的概念，必須符合「認知性」、「價值性」和「自願性」三規準。其中「工作—成就概念」，即是強調教育工作，具有「完全學習」的特性。

五、以健康校園為園地

教育行政工作之推廣，一向以健全學生身心發展為目標，在學生認知、技能和情意的學習層面，一般說來，較易受到關注，從教師及家長角度來看，如對學生心理發展和認知學習給予較多的期待。但是對於提供學生健康校園的關心，則似乎較不易聚焦。

其實，學生的健康問題，目前已開始受到重視，沒有健康其他一切教育發展也就不用再談。在硬體方面，老舊教室的補強與改建，正有計畫性加強更新推動，以打造學生安全無虞的學習環境空間；在軟體方面，提供學生體適能的概念、健康生活習慣養成、健康營養飲食的

提供、運動設施改善與充實……等等，都是在提供健康身心發展的園地，以促進學生樂活運動目標的達成。

肆、教育政策的創新規劃與執行

擔任教育部長、職司全國教育學術與行政領導的工作推展，雖然教育工作繁雜、責任重大，但是，有權立法及可編列經費預算，相對地，可主動積極有效解決教育優先問題，亦可創新主導教育專業理想或理念的實現。

在過去，近二年七百天服務教育部的期間，雖工作備極辛勞，但看到不少陳年老案，在全體同仁共同努力下，終可一一化解，且更因時因地創新提出前瞻作為，確可稍感無愧職守：

一、推動五歲幼兒免學費入學

少子女化，這是當前教育界的一大隱憂。年輕人晚婚，甚至不結婚；有些人結婚則不生育小孩，導致國內生育率降至0.895%，為全世界最低生育率國家之一！馬總統英九將之視為國安問題之一，因此，乃指示內政部及教育部共謀對策。當然，除提供生育補助之福利政策，由社政單位負責策劃執行外；教育部將五歲進入幼稚園或托兒所就讀的幼兒，給予免學費優待，一則可減輕父母之教育經費負擔，一則可鼓勵鄉下或弱勢族群之幼兒，可提早入園接受啟蒙教育，可縮短幼兒因父母社經背景差異所造成之學習落差。

民國99年8月1日，此一政策自連江縣、金門縣、澎湖縣三外島縣市，蘭嶼鄉、綠島鄉、白沙鄉三離島鄉及五十四原住民鄉鎮之幼兒先實施，100年8月1日，則全國各地五歲幼兒皆可享受免學費入學之優待，中低收入戶之子女更有減免雜費之額外補助措施。未來若政府財政更改善，可望落實向下延伸四歲、三歲幼兒入學免學費之政策，以期激勵生育率之提升。

二、完成幼稚園與托兒所整合方案

民國86年，前行政院院長蕭萬長呼籲幼稚園與托兒所的幼兒托育

工作，最好能加以整合，以利行政工作之推展，可是十四年來，二至六歲的托兒工作，依然由內政部以社福工作負責推展，四至六歲之幼稚教育工作，由教育部負責教育推展。

此間因學前教育工作，非義務教育工作的一環，因此受限於父母之財力負荷及社經地位不同，仍有些人無法入園所接受托育，有些縣市更因財政負擔，無法普及公立托兒所或幼稚園之設置，形成私人托育機構與公家托育機構7：3之對比。因此，在整合過程中，困難度也就相對增加不少。

此次，因教育部與內政部能捐棄既有立場，分工合作，由內政部負責二歲以下之托嬰工作，二至六歲之托兒及四至六歲之幼稚工作，則由教育部概括承受，六至十二歲的兒童課後照顧工作，則由教育部負起全責，承接過去內政部安親班輔導責任。教育部是加重了職責，但為幼兒整合教育照顧，是該有使命感的挑戰，十四年來政府與民間的期待難題，也可獲解決。

三、齊一公私立高中職學生學費

學校雖有公私立之分，人才卻沒有公私之別，私人捐資興學，為國作育英才，功在國家社會，值得鼓勵，憲法亦有保障私人辦學之規定。但是，由於公私立學校收費之不一，造成公立學校收費較低，一般家長及學生乃以公立學校，作為志願優先選填之依據；私立學校因收費較高，即使辦學認真，仍無法得到一般家長及學生之優先入學考量之青睞。這對一般私立學校來說，確實有欠公允。

從事實考量，目前唸私立學校，學生家長之社經背景，似乎也較唸公立學校學生之家長社經背景為低，然而，低社經背景之家長卻要繳較多的學費去就讀私立學校，誠然說不過去。因此，自民國99年9月起，無論唸公立高中職，或唸私立高中職之學生，一律繳交公立高中職學費，使得公私立高中職之辦學競爭可處在公平的立足點，也可激發公私立高中職更認真辦學，而學生也可就近入學，不必捨近求遠，非念公立高中不可，對十二年國民基本教育，就讀社區高中職之政策也可提早落實。

四、實施高職學生免學費就學

高職學生免學費就學政策，是馬英九總統在2008年參與總統競選的政見。自2008年政黨再次輪替後，執政政府已開始加強逐步兌現此一政見之主張。只是無法一步到位，乃分年執行，從高職實用技能班、產學合作班、稀有職業類科班、進修推廣部、原住民高職學生、中低收入戶子女就讀高職生……等先實施，到99學年度已超過30%以上之高職學生免繳學費可入學高職就讀。

自100學年度開始，凡家庭收入所得在新臺幣114萬以下者，皆可免繳學費入公私立高職就讀。「高職先行，高中隨後」，這是教育部執行之策略，即高職先自100學年度起，在排富前提下享有免費入學之優待，高中生則須等待103學年度全國實施十二年國民基本教育後才可享受免學費入學之優待。

基本上，教育部考量高職生之家長社經背景較弱，且即使免收學費，但雜費（含實習材料費……等）之繳交，高職生重於高中生；又為獎勵基層技術人才之培育，高職對國家經建發展有其政策性獎助之必要性存在。

五、推動十二年國民基本教育政策

民國57年，先總統蔣公宣布實施九年國民義務教育，讓我國的國民教育由六年延長為九年，國民受教育的年限延長，國民受教育的機會也普及了。過去國民小學六年畢業，有機會再唸初中的學生不到50%，但是，九年國民義務教育實施迄今已四十三年了，國民唸國中機會率高達99.99%，而國中畢業再升學高中職的學生也高達98.15%。由於教育機會的普及、國民素質的提升，相對地，我國的國際競爭力也提高了。

今（100）年元旦，馬英九總統在元旦文告中宣示，將自民國103年起，全面實施十二年國民基本教育。這是一件具有歷史意義的宣示，十二年國民基本教育，從九年國民教育延長為十二年，這是普及的，免學費的，但非義務、非強迫的，是大部分免試升學，但也可保留

部分特色高中可經由甄試入學。

　　十二年國民基本教育的實施，絕大多數的國中階段學生，將可免試升學，可減輕學生升學壓力；相對地，可增加「多元智慧」教育理想的實現；學生經由多元化的教育學習，找到自己性向、興趣及才能，可落實服務學習、創意學習及終身學習，讓教師專業教學及學生多元學習，更容易達成目標，更可提高下一代的國際競爭力。

六、推動陸生來臺就學及大陸學歷認證

　　民國80年9月18日兩岸人民關係條例正式公布後，引申出對具中華民國國籍者，赴大陸就學及大陸配偶來臺居住學歷採認問題。雖然，中小學學歷認證，可經由公文書認證，由地方政府給予採認。但是大專以上學歷認證，則一直未為政府及社會所採納。

　　隨著近年來兩岸和平開放發展，海峽兩岸人民學術交流活動的加強，彼此學歷之採認，乃成為社會殷切的期待。大陸對臺灣學歷文憑的採認，早已接納；但我方對大陸學歷的認證，仍難以建立共識。

　　由於學歷採認是留學政策的前提，而留學政策又是內政、外交的延伸。試看多少人赴美留學，取得學位返國後均對美國友善肯定。因此，開放陸生來臺留學，未來渠等返回大陸後也勢必會感念在臺留學所受之關照，而對臺灣抱以親善友好的態度。因此，經由開放陸生來臺及大陸學歷認證，提早讓兩岸年輕人經由接觸而建立良善友誼，對兩岸和平發展是有其必要性。

　　有鑑於臺灣社會仍有不少人尚有疑慮，對陸生來臺留學之政策研訂，乃有所謂「三限」、「六不」之提出，事實上，限制承認大陸學校數41校，一年學生數不超2000人，醫科學歷不開放；及不占臺生名額、不加分優待、政府不給獎學金、不准打工、不准考照、不可就業……等種種限制，被批不盡合理，但牽就現實，只好嚴謹實施漸進開放，逐次檢討。民國100年8月，將有正式學位生來臺就學。

七、強化技職及高等教育國際輸出

　　臺灣自然資源不多，天然災害不少，但仍能打造臺灣經濟奇蹟，成

為世界第十四大經濟體,外匯存底排行世界第四;2011年瑞士洛桑國際管理學院(IMD)評定臺灣國際競爭力排名世界第六,2010年世界經濟論壇（WEF）評定臺灣競爭力在139個國家中排名第十三。在在說明臺灣在人力資源的開發,在教育上的投資是成功的。

這幾年來,臺灣在高等教育進行大學評鑑,也推動五年五百億頂尖大學及卓越研究中心計劃,另加強大學教學卓越計劃補助一年五十億元,使臺灣之大學教學、研究及服務成果,備受肯定。根據英國Times雜誌對世界大學評鑑排名,2011年,臺灣有十所大學進入世界前五百名,另根據英國QS大學評鑑排名,臺灣大學名列世界第87名;上海交通大學2011年所作世界大學評鑑排名,臺灣大學也是兩岸四地最優大學。

另根據ESI（Essential Science Index）之評鑑顯示,臺灣大學研究成就,在21項領域中,有17項已進入世界前1%,另有10項研究領域,如:物理學、化學、地球科學、資訊、光電、農業科學、藥物生化工程、綠能科學……等均進入世界前100名。

由於臺灣大學研究成果優異,加上臺灣少子女化情形嚴重,確有多餘之教育資源可以輸出,尤其東南亞、大陸及南亞地區,目前均盼望能派學生來臺進修。其中越南政府將公費派大學教師10年500人來臺修學位;泰國比照5年600名大學教師來臺;印尼5年1000名大學教師來臺;印度5年2000名大學教師來臺修學位;大陸自民國100年起,每年2000名學生來臺修學位,不修學位交換生2011年6月前則已有5千餘人;另沙烏地阿拉伯則擬送2000名專科生來臺修二技學程,奈及利亞將派1000名技專生來臺修二技學程。

技職及高教輸出,確可成為一種產業,未來政府將鼓勵大學透過國外姊妹校之建立,加強雙聯學位課程之開設,提供全英語教學課程,加強雙方教師之交流,五年內外生、僑生及陸生之人數將提升至10萬人。

八、實施大學彈薪專案延攬人才

民國99年8月1日,教育部宣布實施大學教師彈性薪資專案,授權

國內各公私立大學可自主自訂彈性薪資方案，藉以留才攬才，提升國內各大學教授教學研究的品質與競爭力。

　　事實上，由於大學是在培養國家菁英人才，可提升一個國家的競爭力。因此，各國大學對於師資的素質提升，及教學研究環境的改善，無不全心投入，以期爭取優勢。不僅歐美先進國家如此，亞洲國家亦對大學師資人才之攬用，極盡心力，希望賦予高薪，留住人才及延攬人才，如：香港大學教師薪資為臺灣大學教師薪資的3倍，新加坡大學教師薪資為臺灣的4倍，日、韓大學教師薪資也在臺灣的3倍左右，甚至中國大陸，有些地區將大學以教育特區辦理，可付出臺灣薪資的3～4倍挖角本地教師到大陸任教。

　　因此，99年1月22～23日在臺北召開「全國人才培育會議」，達成跨部會的共識，在教育部、國科會、財政部、主計處、人事行政局的共同努力下，由馬英九總統利用99年7月2日中央研究院院士會議宣布「大學教師彈性薪資方案」自99年8月1日開始實施，希望能對各大學優良師資之留用及延攬有所幫助。

九、提倡尊師重道，恢復師鐸獎表揚

　　尊師重道是中華文化的優良傳統，必須加以維護並發揚光大。個人承乏教育部工作，特別強調五育並重的全人教育，尤其以德育為五育之先，其中師道的傳承及孝道的提倡，尤為本人所關注。

　　因此，9月份訂為「敬師月」，除呼籲學生、家長及社會人士共同對教師傳達尊敬心意外，教育部也將停辦近十年的全國性「師鐸獎」表揚活動加以恢復辦理，以表示對特殊優良教師的肯定與感謝。

　　全國性師鐸獎的表揚活動，在民國69年左右，由當時臺北市政府教育局長黃昆輝博士所提出，獲全國各界人士所共同支持，連續辦理三十餘年，可惜在民國90年左右因故停辦，殊為可惜。因自己從教師出身，深感教育人員對師道傳承與維護的重視與渴望，乃提出恢復辦理全國性師鐸獎表揚活動。馬英九總統認同師道是中華文化的精髓之一，乃決定利用民國99年9月28日，全國教師節表揚活動中，首次在臺北陽明山中山樓親自頒獎鼓勵七十二位師鐸獎得主。教育部也分三梯次

安排七十二位師鐸獎得主赴國外教育參訪，以示鼓勵與肯定重視。

十、弘揚敬老孝道，首倡祖父母節

百善孝為先，自古忠臣出自孝門。孝道是倫理道德中有待再加重視的一環。本人於民國91年至97年間在任臺北市政府教育局長時，每年五月「孝親月」表揚國小每班一名「孝親楷模」，不一定學科要多好，只要孝行感人均可推薦表揚。對國小學生之孝道倫理教育，是有一定的宣導與強化作用。

調任教育部長後，也深感孝道孝思孝行不可忘，乃指示社教司，推動每年五月為「孝親家庭月」，鼓勵「父母心，祖孫情」，模範孝親家庭的表揚，民國100年更舉行「父母心，祖孫情，孝親家庭戲劇競賽」，有國小組、國中組、高中職組及大專組，共216隊報名參加比賽，希望能喚起年輕人重視家庭親情及孝順父母的重要性。

雖然五月份第二週日為母親節，8月8日為父親節，皆為國人所熟悉並重視，但家中二老如二寶，祖父母的重要性被肯定，卻未被重視與尊敬，國人迄無「祖父母節」的提出。在美國每年9月第一週日為祖父母節「Grandparents Day」，在英國祖父母節為10月第一週日，俄羅斯訂10月第四週日為祖父母節，新加坡訂11月第四週日為祖父母節，葡萄牙訂7月26日為祖父母節，波蘭則更慎重訂1月21日為祖母節，1月22日為祖父節。因此，在強調倫理孝道的臺灣，訂定祖父母節，似有其必要性。

目前在臺灣平均為人祖父母的年齡為五十三歲，而臺灣人民的平均餘命已高達七十九歲，亦即有三分之一的人生是可享受含飴弄孫的日子，但未能有祖父母節的慶祝，實為美中不足。因此乃提出設立「祖父母節」的呼籲，社會之回應則一致贊同，乃決定訂為每年八月份第四個週日為「祖父母節」，希望能讓年輕人對祖父母的貢獻及價值，有所珍惜與肯定，進一步對孝道的傳承與發揚，能更有所體認與重視。

十一、推動老人樂齡學習教育

臺灣的老年人口數逐年上升，社會已呈現高齡化現象，99年8月人

口統計資料指出，臺灣65歲以上老年人口為248萬7893人，占全人口數10.74%。因此，教育部已發布「邁向高齡社會老人教育政策」白皮書，以保障老人學習權益為主，以終身學習、健康快樂、自主尊嚴、社會參與為四大願景。

在工作推展上，運用學校閒置空間辦理「高齡學習中心」及「社區玩具工坊」，讓學校成為老人及學生學習的地方。另補助各縣市鄉鎮市區設置「樂齡學習資源中心」，在大學試辦「老人短期學習計劃」，補助大學辦理「樂齡學堂」及「樂齡大學」，深受一般銀髮族的喜愛。目前在各縣市設立的樂齡學習資源中心有210個，另有12個社區終身學習中心，56所樂齡大學，41個樂齡學習班。

在臺灣高齡化已是必然的趨勢，對年長銀髮族的關照，是政府應然的責任，但不是只給健保，及物質上的供給而已，對其等精神上及心理上的關心，提供可以終身學習的環境，讓他們學得樂在學習，享受成長的喜悅，乃為必要的前提，讓「活到老，學到老」不再是口號，讓「人人可學習，時時可學習，處處可學習」的終身學習社會真正來臨。

十二、籌設國家教育研究院，完成立法揭牌

籌設國家級教育研究院，一直是教育界人士的共同心願。從民國60年代起，幾乎每一年全國教育學術團體聯合年會，都會討論成立教育研究院話題，並有多次的提案決議，盼建議教育部能加以重視，裨利教育研究專業機構之成立，能帶給教育研究發展另一新專業發展的新局面。

可是，此一共識，一直停留在建議研究階段，直到民國89年5月，才在前行政院蕭萬長院長之睿智決策下，正式掛牌「國立教育研究院籌備處」，並由時任教育部政務次長的本人擔任首任籌備處主任，以表示對國立教育研究院之籌備成立，寄以重責大任。不過歷經政黨輪替八年，此一國家級的教育研究發展機構，仍無法順利成立。直到2008年再度政黨輪替後，才積極立法，溝通協調，總算在民國99年12月正式完成立法，並在民國100年3月30日正式揭幕成立，前後歷經十一

年。當年由本人擔任首任籌備處主任，如今也在本人擔任部長期間正式將國家教育研究院成立，確是一件令人欣慰之事。

國家教育研究院之成立，先後整併了國民學校教師研習會及中等學校教師研習會，近期又整併了國立編譯館及國立教育資料館，成為國家級教育研究發展機構，將擔負國家教育智庫之角色，對中小學課程發展研究、教科書審查學術專書編譯、教育資料之蒐集與典藏、教育政策與制度之比較研究、教育測驗評量工具之研究發展……等，將可更具專業化未來成就。

十三、修訂教育部組織法，邁向教育專業前瞻未來

教育部組織法自民國62年修訂公布後，歷經38年未曾再度修訂，時空環境的變化，確有重新再加修訂之必要。此次因配合行政院組織法之修訂，得以有機會重加檢討，希望能在精簡組織、提升績效、專業發展、前瞻未來……等前提下，為教育行政與專業發展，提供最好的立法憑依。

民國101年1月起，新教育部組織法，將從現在的30個司處，緊縮為8司6處，另成立國民及學前教育署、體育署及青年發展署，附屬館所有部分移併入文化部，有部分移併入衛生福利部，變動不可謂不大。基本上整併之前提，須考量業務專業發展之需要，及對現有行政人員權益之維護與保障。

未來教育部八個業務司，將精簡、專業、有效、前瞻運作，除現有高等教育司、技術及職業教育司仍繼續獨立運作，負責督導大學及專科校院之教育行政工作推動外，社會教育司將轉型為終身教育司，另中等教育司將轉為師資培育及藝術教育司，另成立綜合規劃司、兩岸及國際教育司、科技及資訊教育司、學生事務及特殊教育司等八個業務專司，至於國教司，則與中部辦公室整併為國民與學前教育署。體育司則保留學校營養科在本部，其餘運動科全併入體育署。

這次教育部組織法之修訂，因受行政院組織法修訂通盤之要求，人事精簡，組織效能特別受到重視，雖司處減少，但能重視設立終身教育司，另將特殊教育、藝術教育，及師資培育等單獨提升至專業司負

責，均反映歷來教育現場同仁之期待，有助未來教育專業發展之全面推展，意義非常。

十四、召開全國教育會議，提出未來教育報告書

　　民國83年4月10日，有近上萬人之家長及教改熱心人士，走上街頭，號稱「410教改大遊行」，當年六月下旬，教育部召開第七次全國教育會議，其後提出「中華民國教育報告書」，回應社會對教育改革的要求。這十六年來，教育改革雖無法盡如人意，但大體上是有朝進步方向在努力。如：教育鬆綁、減輕孩子升學壓力、廣設高中大學、建立終身學習體系、帶好每一位學生……等訴求，均有良善回應與改進作法。

　　但是，無可否認的，事隔十六年，社會大環境改變很多，如：少子女化與高齡化的問題、教育M型化發展的影響、氣候變遷與環境永續的關注、全球化時代的競爭、本土化意識的興起、網路時代的學習衝擊、校園生態環境的轉變……等等問題的存在，對教育均構成極大的挑戰。

　　因此，本人在98年9月10日正式上任現職後，即有召開第八次全國教育會議的決定，經由本部同仁及教育界好友的協助，成立十個議題小組，以「新世紀、新教育、新承諾」的願景，以「精緻、創新、公義、永續」為目標，分區辦理41場次之座談會，並首設網路論壇，廣徵雅言建議，在99年8月28、29日召開第八次全國教育會議半年後，並提出中華民國教育報告書，依議題別提出「推動十二年國民基本教育與幼托整合」、「健全教育體制與厚植教育資源」、「精緻師資培育與專業發展」、「促進高等教育，轉型與發展」、「培育知識經濟人才與創新教育產業」、「發展多元現代公民素養」、「推展全民運動與健康促進」、「尊重多元文化，關懷弱勢與特殊教育，族群權益」、「拓展兩岸、國際教育與海外僑教」、及「深化終身學習與學習社會」等十大發展策略，及三十六項行動方案，作為未來黃金十年，百年樹人的重要施政參考。

第五節　結　語

壹、孩子是我們的希望，投資教育就是投資國家的未來

「教育是一種最有利的投資」（Education is the best investment）這是美國著名經濟學家薛爾茲（Sultze）所提出，除了見證美國在二次世界大戰後，從經濟蕭條到經濟復甦的原因外，也再度說明了在臺灣競爭力提升之原由。誠如馬英九總統一再提及，臺灣自然資源不多、天然災害不少，但是，臺灣仍能打造世界外匯存底排名第四之佳績，瑞士洛桑國際管理學院（IMD）2011年評比臺灣國際競爭力為世界第六、世界經濟論壇（WEF）2010年評比臺灣國際競爭力為世界第十三……等在在顯示出臺灣沒有物礦可開採，只有「教育」的力量來開發人礦。

臺灣目前正在進行教育投資的大工程，自100年8月開始，全國五歲小孩進入幼稚園或托兒所（幼兒園）均免收學費，自99年8月起全國公私立高中職一律收公立學校學費，減輕私校生學費負擔。同時，自100年8月起，全國公私立高職生及五專前三年學生，一律免收學費；並預計自103年8月起延長九年國民義務教育為十二年國民基本教育。同時，繼續大專校院教學卓越計劃及頂尖大學計劃，以提升高等教育的競爭力。

「窮不能窮教育，苦不能苦孩子」，對孩子的教育投資，永遠不嫌多，因為孩子是我們的希望，投資教育就是投資國家的未來，教育也是幫助一個孩子向上社會流動最有利的原動力。

貳、教育在成人之美，人在公務之門好修行

教育是一種利他的志業，這是一位受過教育專業訓練的人，所應該秉持的教育價值理念，教育是一種奉獻、付出的工作，絕對不同於一般營利的事業；即使是私人捐資興學，也都是經過政府財團法人之立案許可，若有盈餘也都要納入校務基金，不可為個人所得。

教育工作最直接的釋義，是老師代表社會的成熟者，去教導啓迪一些身心未臻成熟的青少年或個體，使他們由不知變知，由不好變好，或

由好變得更好的歷程。老師不計酬報，只求付出，不會妒忌學生的成就。所謂「有狀元學生，沒有狀元老師」，青出於藍更勝於藍，學生若有一天成就超過老師，老師會引以爲傲，視同己出。因爲教育工作最根本的精神，就是在「成人之美」。

作爲一位教育工作者，我深自期許，要求自己在公務之門多修行，這也是恩師前國立臺灣師大劉眞校長對個人之耳提面命，「人在公務之門好修行」，身爲國立臺灣師範大學教育系教授群的一份子，我努力教學，幫助學生進德修業，增長認知、技能和情意，傳承潛在課程的最大心願；身爲教育行政圈的一員，我戮力從公，希望盡己之力，爲國家及地方教育開拓一片天，讓學生有更優質的教育環境，可快樂學習又能有好的競爭力。上任七百天，眼看不少陳年老案，一一得到解決；不少未來教育發展藍圖，也一一浮現有待去實現，覺得教育工作，的確是一種人類希望的工程。

參、教育行政人員要有愛心、熱忱與專業，肯付出犧牲奉獻

學教育是我一位三級貧民子弟的初衷願望，因爲當年有公費可免增加家庭學費負擔；學教育可爲人師，可「傳道、授業、解惑」，爲人師表，受人尊敬，有一定的社會聲望、地位和工作價值。選擇教育行政工作，則是在中學受到施金池校長的潛在課程感召，一位好校長是何其偉大，讓學生看到生命光輝與未來。當年施金池校長在臺南縣擔任省立北門中學校長時，守護著師生，守護著偏鄉鹽分地帶窮人家子弟的希望與未來，被稱爲「臺南縣教育之神」。六年的學生生涯中，讓我無怨無悔地以國立臺灣師範大學教育系爲第一志願的選擇。進了大學及研究所，更以「教育行政」爲自己主修領域，雖明知教育行政人員工作可能比當老師要辛苦些，但總抱持著「我不入地獄，誰入地獄」之使命感鞭策自己，與其當個純學者天天批評教育工作沒做好，不如自己身先士卒投入行政工作，好好去改造它。

教育行政工作的確經緯萬端，無法一時盡如人意，法令修訂及經費編列，有時不是心想即可事成的。但是，確實只要有耐心、愛心、熱忱與專業，肯付出，肯犧牲，願奉獻，則終可逐步達成願景的實現。事實

證明，這些日子以來，儘管教育行政工作重擔一肩挑，辛苦非常，不僅未曾休假過，且一週上班七天，但是總感覺「吃苦就是吃補」、自己「歡喜做，甘願受」，只要自己多付出一分心力，國家教育工作能有二分成長，則自己就會欣然遂願，自動充電，再不斷往前衝!對教育行政我永遠是個樂觀主義者，因為我看到了也印證了「教育確是人類的希望工程」。

第二章

政策問題之研究
——以我國師資培育制度變革為例

舒緒緯

　　橫看成嶺側成峰，遠近高低各不同；

　　不識廬山眞面目，只緣身在此山中。

～宋—蘇軾～

　　近年來國內教育學領域有關政策分析的研究，日益增多，但對於政策問題之研究卻不多見。蓋政策分析之主要目的在於解決公共問題，因此問題的掌握與了解是解決問題的先決條件。所謂「做對的事情」（do the right things）比「把事情做對」（do the things right）更為重要，即為此意。

　　本文先以文獻分析的方式，探討政策問題的概念及內涵，分別就政策問題的意義、構成要素、特性、類別、產生因素、認定過程等層面予以闡述。然後根據文獻分析的結果試擬一政策問題認定的架構，並依此架構圖分析我國師資培育制度的變革。

第一節　　前　言

　　在民主國家中，政府施政的目的在解決人民的問題；而政黨能否贏得選舉，亦在於其能否滿足人民的需求。易言之，能夠投民所好，並解決其燃眉之急的政治人物或政黨，才能經由民主的機制掌握政權。而所謂「投民所好」或是「解決燃眉之急」，就是解決人民在日常生活中所遭遇到的各種問題。政策分析常被視爲一種「問題解決的方法論」（problem-solving methodology），雖然此種說法含有某種程度的誤解（Dunn, 2004），但不可諱言的是解決問題乃是政策分析領域所關心的課題。在政策分析過程當中，問題的確認非常重要，因爲一個爲錯誤問題尋找正確答案的政策，將導致不可預期的後果。例如在1970年代，法國與德國爲解決能源不足的問題，計畫在萊因河畔建造核能發電廠，但一位觀察者提出警告，他說由於發電機利用河水作爲冷卻系統，將導致河水的溫度上升，使其成爲瘧蚊繁殖的溫床，並可能使瘧疾成爲歐洲主要的傳染病（Dunn, 2004）。因此任何政策的推動，必須找

出問題癥結之所在，然後據以擬定相關計畫，才有可能達成預期之目的。故政策分析的第一步即在找出真正的問題，就如同J.S. Livingston所言：「問題的發掘重於問題之解決。」（轉引自林水波、張世賢，2006，頁51），因此明瞭問題之所在，才能掌握機先，適時尋求解決之道，化危機為轉機，並開創新的契機。

　　政府遷臺以後，有感於教育乃精神國防，而國共內戰之所以失利，教育亦為原因之一（司琦，1981），因此先總統蔣公體認建國之要首在培育人才，而教育成效與師資素質密不可分，故其乃宣示「教育第一、師範為先」，而這也成為我國師資培育的最高準則（舒緒緯，1998）。1979年公布施行的《師範教育法》第二條明白指出：「師範教育，由政府設立之師範大學、師範學院及師範專科學校實施之。」此一法條為師資培育一元化提供了堅實的法律基礎。然而隨著民主化與自由化的浪潮襲捲臺灣，往昔一元化的師資培育模式受到嚴格的批評，至於師範校院更與保守、封閉畫上等號，甚至被冠上「師範專賣店」之名（舒緒緯，1998），師資培育多元化乃成為教改人士重要的主張，並獲得廣大的迴響。政府為回應社會大眾對師資培育制度改革的殷切期望，乃從1988年起開始啟動修法列車，歷經六年的紛紛擾擾，「師資培育法」終於在1994年經立法院三讀通過，並經總統明令公布施行，為我國師資培育開創新頁。

第二節　政策問題的性質

　　本節旨在探討政策問題的性質，以下分別就政策問題的意義、政策問題的構成要素、政策問題的特性予以說明。

壹、政策問題的意義

　　世界上每天都有許多事情發生，某些事情可能極其簡單；但也有些事情，卻是令當事人眉頭深鎖，不知如何是好，而這些令人煩惱的事情就是所謂的問題。問題的類型不一，解決的方法不盡相同，同時也具有相當的個殊性，亦即對某些人是問題，但對其他人而言則未必是問

題；在某一時空是問題，換了另外的情境，則無疾而終。政府的職能在增進人民福祉、解決人民問題，因此當人民有所需求或感到不滿時，政府就必須設法滿足人民需求，才能贏得民心，取得政治上的優勢地位。但是政府的職能有限，因此並非所有的問題都受到政府的關心，只有少數問題能經由不同管道進入政策過程，而這些問題也就是所謂的政策問題（林水波、張世賢，2006）。D. Dery認為所謂政策問題係指那些尚未實現的需求、價值，或需加以改進的機會，而吾人可以透過公共行動以求實現者（引自Dunn, 2004）。而林水波與張世賢（2006，頁65）亦持類似看法，認為政策問題係指「在一個社群中，大多數人察覺到或關心到的一種情況，與他們所持有的價值、規範或利益相衝突時，便產生一種需要感知，公益受剝奪或對現況不滿足的感覺，於是透過團體的活動，向權威當局提出，而權威當局認為所提出者屬其權限範圍內的事務，且有採取行動加以解決的必要者。」J.E. Anderson認為所謂政策問題係因為在某種條件或情境下，部分人的需求或不滿足感被引發，並透過團體行為以達成其訴求（引自唐亮，1990）。而Lester與Stewart, JR.（2000）的看法與Anderson相似，皆認為需求與不滿足感的被引發，並以團體行動的方式尋求救濟或補償，就是政策問題。綜合前述，所謂政策問題係指一個團體或社會中的多數人，自覺權益受到剝奪或對現況感到不滿足時，要求權威當局採取行動加以解決，以解決其問題或滿足其需求者。

貳、政策問題的構成要素

根據前述政策問題之定義，政策問題係由如下之要素所構成（唐亮，1990；林水波、張世賢，2006；Lester & Stewart, JR., 2000）：

一、一種情境或條件

政策問題的存在必須是有具體的事實，這些事實可能是具體的事件或是統計數字，例如金融海嘯、石油危機、失業率……等，都是具體存在的一種情況。

二、它是可察覺、可體認的

政策問題不僅是一種情況，同時它也要被察覺，為人所知。因為不能為人所知的問題，人們當然不會知覺其存在，也不會視其為真正的問題。

三、關係到多數人並為其察覺到的一種情況

如果一個社會狀況只是少數人關心，多數人不會受到立即的影響，那麼本質上它是一個私人問題而非公共議題（Jones, 1984）。如果某一社會情境，雖然廣為社會大眾所認知或察覺，但是它卻不會對多數人發生直接的影響，其所帶來的效應，未必會造成太大的衝擊，那麼它是否能成為一個政策問題，不無疑問。易言之，一種社會情況要成為政策問題，必須兼顧影響力的廣度，以及嚴重性的深度，才能獲得大眾的關注。

四、衝突的利益、價值和規範

利益、價值或規範的衝突也會使問題成為注目的焦點。因為「人心之不同，各如其面」，不同的人或不同的團體所擁有的價值觀未必相同；對事物規範的認知也未必一致；彼此的利益也可能相互扞格。當這些情況產生時，會對個人或團體造成困擾，因此為求合理的解決，勢必請求權威當局的介入或裁決，而這些請求或困擾遂成為政府必須解決的政策問題。

五、需要、受剝奪、不滿足感的產生

除了利益、價值或規範的衝突會使得問題受到重視外，需要未能獲得實現，或是權益被剝奪，或是現況未能符合個人需求，不滿足感油然而生時，就有強烈的慾望要求予以改善，並願意積極採取行動，以求問題獲得解決。

六、團體的活動過程

政治是團體的行為，少數人的力量並無法影響政府；同樣地，少數

人的問題也無法得到有關單位的重視，唯有透過群體的力量，才能將問題公眾化及檯面化，並傳遞到政府部門。故H. Blumer說：「社會問題是集體的行爲」（引自林水波、張世賢，2006，頁67），因爲在集體的行爲過程中，問題一再的被界定，並逐漸被多數人認知，所以政策問題其實是集體行爲下，一連串活動過程的結果或產物。

七、權威當局有必要採取行動加以解決者

政策問題是一個與多數人有關的公共問題，因爲與多數人有關，權威當局必須採取行動，加以解決，以維持其統治之正當性。一個無法或不能解決人民問題，滿足人民需求的政府，在民主政治體制下，勢必受到人民的唾棄而喪失政權。因此所謂「民之所欲，長在我心」，不僅是口號，而是政府當局必須時時牢記在心的金科玉律。

參、政策問題的特性

政策問題之所以成爲大眾關心的焦點，有其特性，茲將學者的看法歸納如下（林水波、張世賢，2006；Dunn, 2004）：

一、主觀性

政策問題之所以產生有其主客觀因素，雖然有人認爲政策問題就是對事實作客觀的描述，但是不同的政策利害關係人卻會對相同的事實，作不同的詮釋，也因爲人類主觀地賦予問題的意義，所以不同的時空，問題的性質及重要性也就不一樣。例如國內各界對於九年一貫、一綱多本的問題爭議不休，但是美國熱門的教育話題應是種族衝突、校園暴力等問題。此外，由於時空環境的改變，人類對事物的看法也會隨之而變，例如早期臺灣強調經濟發展，因此對於廠商的投資設廠抱持歡迎的態度，但是當經濟發展到某一程度之後，環保遂成爲民眾關心的議題，也因此引發許多環保的抗爭活動。

二、互賴性

任何社會問題絕非單一原因，也因此某一領域的政策問題，也會影

響到其他領域的政策問題，所謂牽一髮而動全身，就是政策問題互依互賴的最佳寫照。例如近年來因為生育率降低而衍生的少子化，不僅對臺灣未來的經濟發展產生不利的影響，而人口老化所衍生的老人照護問題、醫療支出增加的問題、青壯年人口負擔增加的問題，以及少子化導致教師需求減少，儲備教師滿街走的問題……等，都在在說明政策問題彼此關係非常密切。

三、人為性

政策問題之所以存在，完全是人類主觀判斷的問題。因為許許多多的問題，都依附在人類社會中，這些社會問題的產生、解決、改變，都是人類賦予其意義，離開了人群或團體，這些問題自然隨風而逝，所謂「皮之不存、毛將附焉」就是這個道理。

四、歷史性

問題的發生絕非偶然，大都是長時間的累積所逐漸形成。誠如A. Wildavasky所言：「政策分析乃是問題創造……問題解決……問題取代，這一類循環的過程」（轉引自林水波、張世賢，2006，p.71）。由於新舊問題間常存有因果關係，因此在探究問題成因時，以往的經驗應是不可忽視之一環，所謂「前事不忘、後事之師」即為此意。

五、動態性

問題的存在或發生有其特定的社會脈絡，問題的性質會隨時空環境的不同而有所改變。同樣地，不同的問題界定也會使問題的解決策略有所不同。所以問題與解決策略不停地在改變，如果無法順應環境的變遷而作適當的調整，就有可能發生昨是今非的窘境。

第三節　政策問題的分類

政策問題的分類，可分別從所處的情境、問題的結構、問題的層級等三層面加以分類，茲說明如下：

壹、依政策問題的情境來分

政策的擬定係根據目前的資訊對未來做計畫，資訊愈完整，政策之可行性就愈高。反之，資訊愈不完整，其政策品質愈令人擔憂。政策問題依其所處的情境，可分為三類，茲說明如下（林水波、張世賢，2006）：

一、確定的情境

在確定的情境中，決策者對於環境中所有因素了然於胸，因此能輕易掌握變數，並明白各種可能的行動方案及其結果，以及對其利弊得失皆有清楚正確的估算。

二、風險的情境

在風險的情境中，有很多的情況可能會發生，但決策者無法預知或正確的判斷，因此只能依據或然率或經驗法則做決定。

三、不確定的情境

在不確定的情況下，決策者面臨更大的挑戰，因為每一個選擇方案，都有許多可能的結果，而且其或然率亦無法估測，所以決策者可說是在盲目的情況下做決定。

貳、依政策問題的結構來分

有些政策問題較為簡單，很容易找出解決策略；有些問題較為複雜，無法有令人滿意的答案。一般而言，可以依據問題的相對複雜性將政策問題分為下列三種類型：結構優良（well-structured）、結構適度（moderately-structured）、結構不良（ill-structured）四種。表1即為這三種類型問題的比較情形。

表1　政策問題的結構類型

	結構優良問題	結構適度問題	結構不良問題
政策制定者	一個或極少數	一個或極少數	許多
政策方案	有限	有限	無限
效用價值	共識	共識	衝突
方案後果	確定或風險性低	不確定	高度不確定
發生機率	可以計算	不可計算	完全無法計算

資料來源：Dunn, W. N. (2004). *Public policy analysis-An introduction (3rd ed.)*. N. J.: Prentice Hall. p.79.

　　由表1可以發現，此三種類型的問題，在政策制定者、政策方案、效用價值、方案後果、發生機率等參照點，有其異同處，茲說明如下（林水波、張世賢，2006；丘昌泰，2006；Dunn, 2004）：

一、結構優良的問題

　　這類問題所涉及的決策者人數極少，解決問題的政策方案亦屬有限，而利害關係人對於政策目標的選擇及優先順序的安排等，皆有高度的共識，同時每一方案的後果都極為確定，或風險性極低，其誤差皆在可容忍之範圍內，並對於發生的機率可以正確的估算。總而言之，此類問題是一個可用電腦或電腦程式加以解決的技術問題，一般政府例行性與作業性的問題多屬之。

二、結構適度的問題

　　這類問題所涉及的決策者人數極少，解決問題的方案選項亦屬有限，而利害關係人對於政策目標的選擇及優先順序的安排等，皆有高度的共識，但是政策方案的後果無法預知，其發生率亦是無法估計。

三、結構不良的問題

　　此類問題的決策者甚多，且彼此的共識不足，所以容易產生令出多門的現象。而解決問題的備選方案極多，很難作正確的選擇。結構不良問題最大的特點在於政策方案的價值相互衝突，因此政策後果無法預

估，其發生機率亦是無法計算。

參、依政策問題的層級性來分

政府所面臨或所要解決的問題，有大至國家政策，也有小至個人的日常小事，可說是林林總總。層級不一樣，處理的策略也未必相同。依政策問題的層級性來分，可分為下列四種（丘昌泰，2006；Dunn，2004）：

一、主要議題（major issues）

所謂主要議題係指政府部門所必須面對的整體性問題，它與政府部門的目的或本質有關，並與國家的發展息息相關。此外，由於主要議題往往跨足其他政策領域，所以必須與相關政府部門密切聯繫，也因此往往使問題愈形複雜。

二、次要議題（secondary issues）

所謂次要議題係指在某一政策領域內所必須面對的問題，其範圍較主要問題狹窄，層級也較低，基本上它是屬於某一政府部門所必須解決的問題，並往往涉及計畫及資源優先性的配置。例如教育部推動「發展國際一流大學及頂尖研究中心計畫」，在五年內投入五百億的經費，以提升我國大學的國際競爭力即屬之。

三、功能議題（functional issues）

係指政府部門為執行或推動政策，就有關資源及人力分配所面臨的議題。

四、輕微議題（minor issues）

係指政府部門為達成政策目標所推動的行動方案或具體措施。

第四節	政策問題產生的因素

政策問題不會憑空誕生，必定有其孕育的因素與環境，亦即這些問題之產生有其特定的時空脈絡。雖然背景有其個殊性，不過一般來說，下列因素的存在或產生，確會導致政策問題的出現與被重視。茲將這些因素說明如下：

壹、社會運動

政策問題之孕育與生成均在其所處之社會中，因此社會力是影響政策問題的重要因素之一，而社會運動則是社會力的具體表現。由於社會的快速變遷，社會壓力不斷的增加，再加上大眾傳播媒體的推波助瀾，使社會運動盛行於各階層中（李長貴，1974）。社會運動不僅表達公眾的意見，使執政者了解群眾的訴求；同時亦能因勢利導，掌握先機，創造公眾的意見。因此，社會運動是運用群眾的力量，對現有經濟、政治與道德力量的挑戰（林忠正，1991）。當然社會運動絕不會自行發生，一定有發動者發動政策問題，並運用各種方式以引起社會的重視。依據R.W. Cobb與G.D. Elder的研究指出下列四種人最喜歡發動政策問題，包括：再調適者、環境反應者、行善者與開拓者。再調適者之所以發動問題，在於目睹社會資源分配不均，深感不平，故透過各種方式喚起輿論的重視、塑造輿論或引起執政當局的注意，其目的在求社會之公平與公義。環境反應者對於發生在社會上非預期的突發事件，發現問題之所在，並會呼籲政府當局即時制定相關政策以解決問題。開拓者則是為了自己的利益得失而引發問題，較偏向自利主義。行善者之所以發動問題，其出發點在於公益，而非私利，故與開拓者大相逕庭（引自林水波、張世賢，2006）。

貳、市場失靈或政府失敗

依自由主義的觀點，在自由競爭的市場機制下，社會資源能做最有效率的配置與運用，而個人所得亦能充分反映其能力及貢獻，故政府無

須干預或介入。然而學者指出由於市場存有許多問題，因此經濟穩定成長、資源有效配置、財富公平分配等目標無法達成時，則需要政府積極的介入。但是自由主義學者從理論與實務觀點出發，挑戰政府介入市場的正當性及有效性。他們認為政府介入非但無法解決問題，反而使事情惡化或衍生出新的問題。例如為使社會大眾享受低廉的水電等基本設施，因此實施補貼政策，但反而造成人民不知節約用水用電，浪費了寶貴的資源。又為使國民皆有接受教育的機會，乃廣設公立學校，一方面受教者不知珍惜得來不易的權益；另一方面，公立學校因缺乏競爭造成教學品質的下降（余致力、毛壽龍、陳敦源、郭昱瑩，2008）。

當然所謂市場失靈或政府失敗，未必是社會中客觀的事實，而是各人主觀的價值判斷，因此此種判斷或知覺，能否得到大眾的共鳴，端賴倡導者的行動力或影響力。而在現今社會中，大眾傳播媒體對議題的形成與散佈扮演極為重要的角色，所以Cohen就指出媒體扮演觀察者、參與者與催化者的角色，而Davis亦指出媒體不僅扮演消極的知識傳播角色，有時亦扮演積極的角色，採取主動的途徑試圖來影響公共政策（引自余致力等人，2007）。故標的團體或倡導者為使訴求得到社會大眾的認同與支持，因此將媒體引以為奧援，並塑造輿論，便成為其主要的策略及手段。

當市場失靈或政府失敗時，原來的機制無法滿足人民的需求，並對其產生或多或少的不利影響時，人民便會以團體行動敦促政府提出對策以解決問題。例如由於升學壓力使得臺灣教育偏離教育本質，因此教改人士及家長於1994年所發動的「四一〇教改運動」，要求政府進行教育改革，為回應社會對教育改革的迫切需求，其後遂有行政院教育改革審議委員會的成立，並提出「教育改革總諮議報告書」，成為我國教育改革的主要依據。

參、迷思與偏見

由於政策問題涉及個人主觀的認知或感受，有時這種認知或感受係受到傳播媒體、意見領袖、社會菁英的影響，因此個人對客觀事物的認知或採取的各種行動，並非基於客觀的事實（余致力等人，2008），

但是它具有極強的感染力與傳播力，一般人很容易受其影響而形成特定的印象。這種對事物的認知非本於事實而僅是個人主觀的認知、或社會流行的風潮，就是迷思或偏見，例如師資培育法的制定就是最明顯的例子。早期我國師資採一元化的公費培育模式，此種模式有其時代的意義，但隨著臺灣的自由化與民主，被譏為「師範專賣店」的師範校院遂成部分教改人士攻擊的重點，甚至把教育失敗與師資培育一元化劃上等號，因此主張師資培育多元化，並認為只要師資培育多元化後，一切的教育問題將迎刃而解（舒緒緯，1988）。因此多元化成為另一種意識型態，而無限上綱的結果，就是為開放而開放、為多元而多元，這種只管開放而無配套措施的教育改革，造成今日待業教師充斥、教師素質下降的後果（舒緒緯，2008）。

肆、經濟的發展

長久以來，大家都認為政治人物會透過各種政治行動來影響政策，但Ira Sharkansky根據其研究結果，指出此種論點並不正確，因為國家的經濟發展對政策走向的影響，遠較政治人物為大。甚至一些學者持經濟或技術決定論的觀點，認為國家的經濟發展決定了政府採取的政策類型與走向（Howlett & Ramesh, 2003）。亦即政府的政策大都從經濟發展的觀點來考量，甚至可以說，財政是任何政策的支點。而Harold Wilensky在其對社會安全支出的跨國研究發現，經濟特徵比政治特徵更能說明與了解一個國家的政策發展。因為不論文化與政治傳統為何，建立一個富裕的社會乃是其共同的目的，也因此為求經濟發展，這些國家大都採取類似的政策（Howlett & Ramesh, 2003）。政府遷臺後為發展經濟、厚植國力，各種政策都帶有經濟決定論的影子，例如為培育基層技術人力，將高中職的比率定為3：7就是最明顯的例子。

第五節　政策問題認定的過程

如前所述，政策分析通常被視為一種解決問題的方法論，雖然此一論點未必完全正確，但是卻代表一般人對政策分析的印象。不過政策

　　分析並不等於問題解決，因為政策分析是一個動態且多層次的過程，不僅要對問題進行確認、評估、尋找答案，更重要的是要為問題進行建構，故在政策分析過程中，問題的建構優先於問題解決的方法，圖1即可說明其間的關係（葉郁菁，2006；Dunn, 2004）。

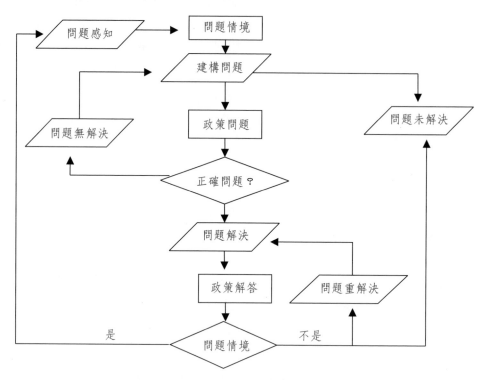

圖1　政策分析中的問題建構優先性

資料來源：Dunn, W. N. (2004). *Public policy analysis-An introduction (3rd ed.)*. N.J.: Prentice Hall. p.73.

　　圖1有幾個重要的概念，茲說明如下（葉郁菁，2006；Dunn，2004）：

一、問題感知（problem sensing）對問題建構（problem structuring）

　　政策分析的開端源自於對問題情境的焦慮與不安，而非明確具體的問題。亦即政策分析家、決策者、政策利害關係人對政策問題較為敏

感，一有風吹草動，即便是空穴來風，亦會立即反應，並引起焦慮或緊張情緒的擴散，所謂杯弓蛇影就是最好的寫照。因為政策問題是在環境中思考活動的產物，它們是問題情境的因素，因此我們所經驗到的是問題情境而非問題本身，基本上如同原子或細胞一樣，都是觀念的建構物。

二、問題建構對問題解決（problem solving）

政策分析是一多層次的過程，包括較高階的問題建構方法，以及較低階的問題解決方法。問題建構為後設方法（metamethods），有關（about）且先於（come before）問題解決方法。因此當分析人員使用低階的方法來解決複雜的問題時，他們就犯了Raiffa等人所稱的第三類型錯誤（error of the third kind）：解決錯誤的問題。所以在面對問題情境時，必須明確地分析問題的本質，才能了解其因果關係，也才能對症下藥，真正解決問題。

三、問題重解決（problem resolving）對問題未解決（problem unsolving）

問題重解決、問題未解決、問題無解決（problem disolving）這三個名詞，代表三種類型的錯誤更正過程（error-correcting process）。問題重解決意指對正確建構的問題重新進行分析，以減少因估計錯誤所造成的失誤；問題未解決意指放棄根據錯誤（wrong）問題建構所擬訂的解決方案；問題無解決則係放棄不正確（incorrect）的問題建構，並且重新回到此一階段，待釐清問題性質後才採取進一步的行動。

民主政治就是主權在民的政治，誰的政策得到大眾的支持，誰就能掌握執政權，也因此在眾多選項當中，如何做明智的判斷，就成為主事者必須嚴肅以對的課題。獲得群眾的支持，意味著能體察民意、引導民意；反之，即令夙夜匪懈、孜孜於工作，若未能了解群眾的需求，其努力亦是枉然。所謂「做對的事情」（do the right things）比「把事情做對」（do the things right）更為重要，即為此意。由圖1可以發現，政策分析的開端源自於對問題情境的焦慮與不安，雖然此焦慮未必有明確

的指涉對象，但是為避免情緒的擴散或惡化，必須使用適當的方式找出問題之所在（問題建構），然後依據科學化的步驟及思維，試圖為問題找尋確切的答案。當然有可能是對症下藥，問題得到解決；也有可能是下錯藥方，問題依然存在。而下錯藥方有可能是三種情形：第一種情形是雖然確知問題癥結所在，卻因估計錯誤以致未能藥到病除，須再仔細推估以獲致正確的處理方式，此乃問題重解決。第二種情形是所擬的政策或方案根本立論錯誤，因此離問題解決愈來愈遠，因此必須重新認識問題，此乃問題未解決。第三種情形則是立論錯誤但尚未採取行動，因此如同前者必須重新認識問題、界定問題，此乃問題無解決。

第六節　政策問題認定模式之建構與實例之探討

既然問題的認定先於問題的解決，因此就政策分析而言，如何發現問題之所在應為最優先也是最基本的工作。故本節試擬一政策問題認定之架構，並以此架構分析我國師資培育制度變革之由來。

壹、政策問題認定模式之建構

由前述之文獻分析，研究者試擬出一政策問題認定的模式（如圖2），茲將其內容說明如下：

任何問題情境的產生，都有其促動因素，也就是孕育政策問題產生的背景因素。由圖2可以發現，導致問題產生的背景因素有四：社會運動、市場失靈或政府失敗、迷思與偏見、經濟發展。當社會大眾察覺到問題的嚴重性時，政府相關部門必須對人民所關心的問題加以了解，並對問題加以建構。問題建構完成後，則根據建構的內涵提出政策問題，也就是所謂的政策宣示。當然如果對問題的認知不正確，勢必無法找出問題癥結所在，亦即無法做出正確的問題建構，則必須再重新檢視問題的產生因素及問題本質為何，此乃問題無解決。

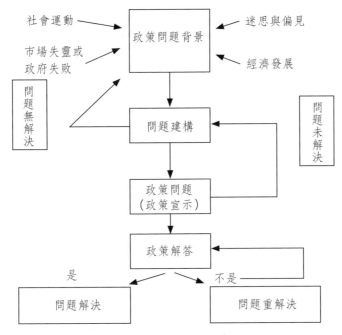

圖2　政策問題認定模式圖

　　另外一種情況則是決策者根本誤解或不清楚問題的本質，而做出錯誤的判斷，然後再根據錯誤的問題建構提出不當的政策宣示，其結果必定是南轅北轍、治絲益棼，因此必須再回到問題建構，找尋正確的問題，此為問題未解決。第三種情況則是問題界定正確，並提出明確的政策主張，只是在擬訂解決策略之時，無法提出最有效的方案，以致事倍功半，徒增困擾，此時就必須修訂政策方案，此為問題重解決。最後一種狀況則是從問題的建構、政策的宣示、策略的擬訂（政策解答）都沒有錯誤，問題的解決自然水到渠成。

貳、政策問題認定模式之實際分析－以我國師資培育制度變革為例

一、政策問題背景

(一)社會運動

1980年代是臺灣社會處於激烈解構和重組的年代。在這十年中，

主導臺灣社會發展的政治、經濟、文化、價值等系統，受到內外環境的衝擊而產生劇烈的變遷（徐正光，1991）。臺灣的社會結構開始出現多元化的軌跡，社會結構的多元化，使得「社會力」從「政治力」和「經濟力」的控制與壟斷下掙脫出來，從一向被視為「依變項」的附屬地位轉變為「自變項」的主導地位，因此各種社會運動如雨後春筍般的不斷冒出（蕭新煌，1989a）。社會運動不僅表達公眾的意見，使國家機器或支配者了解群眾的訴求，更是運用群眾的力量，對現有經濟、政治與道德力量的挑戰（林忠正，1991）。而這些社會運動的抗爭對象，皆以國家（尤其是國民黨）為主，黨與國家的行為乃成為主要的改革議題。因此，這些社會運動不但是追求民間社會的自主與自由，更進一步要求政治的改革。同時，對於經濟發展掛帥所導致的社會亂象，諸如生態破壞與勞工權益的忽視予以導正，並要求經濟的公平與自由。易言之，「公權力」的改變乃成為主要的訴求（蕭新煌，1989b）。

80年代起一連串的政治改革，不僅造成「意識型態的解凍」，同時實質的開放，亦給予社會運動許多空間。由於社會運動具有高度的政治意涵，因此終究不可避免地與政治勢力產生聯結。因為民進黨對社會運動的支持，所以在2000年國會全面改選後，臺灣的教育改革運動，呈現「民間社會」與「政治社會」中反對運動聯手結合的現象（薛曉華，1985），使得教改運動亦披上了政治的面紗，增益其複雜性。

(二)市場失靈或政府失敗

長久以來，執政黨有感於大陸的淪陷，校園的無法掌控，亦是原因之一。因此就執政黨而言，校園是必須控制的地方，教育也是必須導正和支配的一項制度（蕭新煌，1989c）。故政府遷臺後，對於教育的控制一直不敢鬆手，唯恐重蹈大陸失敗的覆轍。但隨著社會的日趨開放與多元化，部分人士批評政府對教育過度的干涉與控制，將戕傷教育的生機，因此極力鼓吹教育的改革運動。

1979年「師範教育法」公布施行後，師範教育一元化的制度，得以確立。依原始之立法旨意，本法之訂定將有助於：1.師範生民族精神與品德修養的涵泳，2.師資水準的提高，3.師範生專業精神的加

強，4.教師在職進修風氣的提升（張春興、張芬芬、張景媛、湯維玲，1989）。然事與願違，該法之制定，不僅未能完全達到前述的理想，反而造成如下的弊病：1.師範校院未能供應高職所需之師資。2.師範生有職業的保障，故降低其上進心。3.師範生分發困難，學與教嚴重脫節，不利教學品質的提昇。4.一元化的師資培育制度無法適應社會變遷所衍生的問題。5.師範校院因被視為精神國防，故特重思想控制，無法培養學生批判思考的精神與能力（瞿立鶴，1985；林玉体，1988；顧舞，1988；張春興等，1989；鍾萬生，1989）。

　　有鑑於大眾對師範教育的關切與爭議不斷，再加上社會各界對學制改革的殷切期盼，當時的教育部長朱匯森乃於1983年成立「學制改革小組」，對我國的學制進行通盤的研究與檢討。經過一年的研究，該小組對學制的改革提出甲、乙二方案，其中有關師資培育的部分，甲、乙兩案之共同點有二：一為提高中、小學師資水準；一為師資培育機構之設立一元化（教育部教育研究委員會，1984）。提高師資水準，各界均樂觀其成，但對於師資培育一元化，仍有極大的爭議。

　　(三)迷思與偏見
　　參與教育改革運動的人，其背景不一，但以非師範體系出身者占大多數。他們認為教育雖是公共財之一，但唯有透過競爭，才能強化教育的品質，因此政府對教育所作過多的管制，並不能真正保障受教者，或維持公平，反而造成惰性，不利教育品質的提昇（張如慧，1995）。易言之，教育改革運動之目的在促進教育的自由化，因為教育自由化可避免因過分的中央集權所導致教育形式與內容的僵化及原創力的喪失，同時開放性的自由競爭，一方面能激發民間的原創力，促進教育事業的進步；另一方面可以培養人民自我負責的良好美德（黃炳煌，1988），故教育的自由與開放遂成為教改人士的中心主張。而教育自由化的特徵為民主開放、多元價值、突破創新（蔡璧煌，1988），是故師資培育管道的封閉與一元化，已不符教育自由化的本質，因此，唯有儘速開放師資培育管道，才能符合社會的需求與時代的潮流。

(四)經濟發展

臺灣是個天然資源不豐、天然災害不少的島嶼，因為地狹人稠，所以對外貿易成為生存的唯一道路。過去臺灣靠不斷提升的勞動力、低廉的工資、高素質的勞動人口，在國際市場具有極高的競爭力，故臺灣得以彈丸之地，創造出傲人的經濟奇蹟。但隨著國際經濟情勢的惡化，貿易對手國要求臺灣開放門戶，減少關稅的貿易障礙，因而我國的經濟成長遂逐漸趨緩。歸納學者的看法，影響80年代臺灣經濟發展的因素如下（林嘉誠，1987；王連常福，1991；蔡政文、吳榮義、林碧炤，1991；段承璞，1992；于宗先，1993，1995；吳玉山，1994；王春源，1995）：

1.新臺幣大幅升值

由於我國外匯存底的持續增加，使得新臺幣升值的壓力不曾或停。另外對美貿易大量的出超，引發美國所帶來的貿易壓力。美國政府不斷施加壓力，迫使我減少對美國的貿易順差，並運用301條款，迫使我國開放市場，降低關稅，限制我國產品之出口。為紓解美國對我之壓力，政府遂讓新臺幣大幅升值，故從1986年底到1990年，短短的四年之內，新臺幣的升值幅度高達47.24%，對於以出口為導向的我國經濟，造成重大的打擊。

2.工資快速上漲，勞動成本提高

80年代末期，因經濟的快速成長，造成勞動力不足的嚴重問題，故工資急遽上漲，從1981年至1990年這十年間，臺灣製造業薪資年增率為10.7%，超過製造業生產力平均年增率5.8%。由於勞動成本大幅增加，導致我國勞力密集產業在國際喪失競爭力。因此許多勞力密集的中小企業紛紛出走，轉移到鄰近工資較為便宜的國家投資，如東南亞、中國大陸，而引起國人產業空洞化的疑慮。

3.能源成本增加

我國因能源蘊藏有限，大都依賴進口，80年代工業部門能源消費平均增加6.0%，而工業生產指數僅增加5%。由於能源成本提高，導致生產成本增加，影響我國產品的國際競爭力。

4.金錢遊戲盛行

由於臺灣的出口快速增加，累積過多的外匯存底，央行不得不調升匯率來平衡此現象，但政府為保護出口產業不受匯率調升的打擊，並使其有緩衝的時間，故乃採逐步調升的策略，結果反而引來大量海內外套利性「熱錢」的流入，造成資金氾濫，引發臺灣的金錢遊戲，土地價格飆漲，股市發燒，導致泡沫經濟現象的出現。

5.保護主義增強

由於世界經濟景氣不振，歐美各國失業人數大增，成為嚴重的社會與政治問題。各國為保護其本國產業，均採取貿易保護措施。我國係外貿導向的國家，在國際貿易自由化的傾向減弱、保護主義的傾向增強的情勢下，出口貿易受到打擊，連帶影響經濟的成長。

總而言之，我國的經濟成長率從80年代末期起，逐漸趨緩，再加上高等教育機構不斷的擴充，使得高等教育的失業人口亦逐年增加，產生所謂「高學歷高失業率」的現象。但是經濟的不景氣，對於教育學院畢業生的影響並不大，相對於其他學院之畢業生，更顯得突出與穩定。至於其他學院之畢業生則以醫、工、商科畢業生之就業狀況較佳，而文、法、理、農科畢業生之就業率，則列名於後。而文、法、理、農等學院所修習之專業或專門科目大部分恰為中小學主要之教學科目，因此對師資培育管道的開放，需求更殷，自然而然也對師資培育制度的變革產生臨門一腳的作用（舒緒緯，1998）。

二、問題建構

由前述政策問題背景所述，再加上媒體的推波助瀾，一般大眾往往將社會不良風氣的形成與青少年犯罪問題的發生，歸咎於學校教育的失敗，而學校教育的失敗乃導因於師資素質的低落，而師資素質的低落則係師資培育管道閉塞，使許多優秀人才被摒棄於門外之故。所以他們嚴厲批評師範校院獨占師資的培育，進而抨擊師資培育政策的不當（鄭瑞澤，1986）。尤其是來自體制外的教育改革力量，對號稱「教育專賣店」的師範教育體系，批評更是不遺餘力，他們將現存的各種教育弊病的成因，化約為師資培育制度的不當。亦即教育之所以弊端叢生，尤其

是國中教育，完全是師資培育制度發生問題所導致。故只要改革師資培育制度，許多教育問題將可迎刃而解或減輕。

由於各界要求開放師資培育管道的聲音，不絕於耳，所以在1988年1月12日，教育部邀集各大學校長商訂大學科目表事宜時，會中多位大學校長便建議恢復在各校開設教育學分，提供有志教學的學生選修，以便有機會進入中小學任教。大學校長的建議，再加上各界的聲音，更使得師資培育管道的開放，勢在必行。同年2月1日舉行第六次全國教育會議，會中對於師範教育提出「修訂師範教育法，使普通大學得設教育學系與開設教育學分，使師資培育多元化與較高層次專業師資供應合理化，並使師範生畢業後得展緩服務繼續進修與從事有關實務歷練以提高素質。」與「研究將師範大學改為普通大學的可行性，並檢討新制師範學院的功能與角色。」的建議（教育部，1988）。

綜上可知，由於社會的急遽變遷，傳統的價值觀念與行為標準無法跟上時代的腳步，因此青少年犯罪問題日益嚴重，國人在探討此一現象時，矛頭不約而同指向教育，咸認為學校教育失敗乃是社會脫序行為日益增加的原因，而造成學校教育績效不彰的主因，則是師資素質不佳；而師資素質不佳則歸咎於培育制度的不當，故社會亂象叢生，師資培育制度難辭其咎。因此唯有改革師資培育制度，才是正本清源之道，故師資培育制度的改革乃成為問題建構的核心。

三、政策問題（政策宣示）

既然師資培育制度的改革已是共識，因此如何進行改革乃成為大眾關切的問題。教育部乃將「本於提高師資水準，培育健全師資的原則，擴大優秀師資來源管道，並建立師資養成教育及進修教育的一貫體制。」列為準備推動的重點項目之一。為達此目的，教育部於1988年2月23日開會決定聘請委員成立專案小組，研究主要國家的師資培育制度，並檢討我國現行師資培育制度的缺失，以作為修訂「師範教育法」的重要參考。該專案小組成員共21人，包括：郭為藩（行政院政務委員）、劉兆玄（清大校長）、阮大年（交大校長）、林基源（中山大學校長）、梁尚勇（臺灣師大校長）、楊其銑（東吳大學校長）、梅

可望（東海大學校長）、葉學志（彰化教育學院院長）、張壽山（高雄師範學院院長）、毛連塭（臺北市立師院院長）、朱炎（臺大文學院院長）、陳鏡潭（國立臺北師院院長）、王壽南（政大文學院院長）、陳英豪（臺南師院院長）、劉源俊（東吳大學理學院院長）、伍振鷟（臺灣師大教育系主任兼所長）、楊崇森（中興大學法研所所長）、張春興（臺灣師大心輔系教授）、張一蕃（中央大學教務長）、蔡保田（政大教育系教授）、趙金祈（教育部政務次長）等人（教育部公報，1988.7.31）。

四、政策解答

　　教育部從1988年啓動師資培育制度改革的列車，師資培育多元化成爲改革的重點，而「師範教育法」的修訂，便是改革的終點站。歷經六年的風風雨雨，「師範教育法修正草案」更名爲「師資培育法」。「師資培育多元化」、「師範教育主流化」的原始修法構想，在不敵政治現實的壓力下，教育部不斷的棄守立場。修法的結果固然達成師資培育多元化之目標，但在爲開放而開放的氛圍下，有些與提升師資素質有關之規定被淡化或忽略，例如檢定制度不夠嚴謹，未能篩選優良師資；教育實習未能落實，影響師資素質等（舒緒緯，1998）。由於「師資培育法」的訂定基本上是政治妥協下的產物，故自1994年公布施行後，即不斷的修訂法條，尤其是2002年的修訂，將一年的教育實習改爲半年，舉行教師資格檢定考試，更與以往的制度大相逕庭，因此有所謂第一代師培（1984至2002年）與第二代師培（2002年以後）之分。而這也說明當初修法過程不夠謹慎，故必須亡羊補牢，而這就是「問題重解決」。

第七節　結　語

　　政策分析的主要目的在於解決問題，因此問題的掌握與了解是解決問題的先決條件。雖然政策分析並非解決問題的方法論，但在以成敗論英雄的現實社會中，不論是在哪一個領域，成功往往是王道，因此如何

認清問題的本質，並據以擬訂相關的策略或方案，對政策分析人員或政府官員而言，則是責無旁貸。

本文先以文獻分析的方式，探討政策問題認定的概念及內涵，然後根據文獻分析的結果試擬一政策問題認定的架構，並依此架構圖分析我國師資培育制度的變革。自臺灣光復後，「教育第一、師範為先」的政策信條，使得師範校院肩負「精神國防」的重責大任。固然一元化的培育模式，為我國培育出無數優秀的教育尖兵，但過多的政治責任也阻礙師範校院的進步與發展。因此在政治環境丕變下，師範校院必須一肩扛下教育失敗的責任，檢討與批評的聲浪接踵而至。因為形勢比人強，所以在師資培育法的制定過程中，激情勝過理性，以教育學者專家為主體的師範體系，影響力發揮有限，反而民間教改團體善用各種管道，充分發揮遊說的功效（舒緒緯，1988），使得修法結果離原始構想相去甚遠。也因此師資培育法於1994年公布施行後，即不斷的修訂條文，從1996年起至2005年共修訂十次（http://law.moj.gov.tw/LawClass/LawHistory.aspx?PCode=H0050001），可說是無年不修，這也說明當初的修法，未能深思熟慮，以致落入問題重解決的窘境。

參考文獻

(一)中文部分

于宗先（1993）。**蛻變中的臺灣經濟**。臺北：三民。

于宗先（1995）。臺灣工業發展的回顧、檢討與展望。**臺灣經濟**，226，52-64。

王春源（1995）。臺灣產業結構變動之回顧、省思與展望。**臺灣經濟**，26，65-101。

王連常福編著（1991）。**當代經濟問題研究**。臺北：國立空中大學。

司琦（1981）。**中國國民教育發展史**。臺北：三民。

丘昌泰（2006）。**公共政策**（二版三刷）。臺北：巨流。

吳玉山（1994）。兩岸關係的變化與前景：經濟合作、政治疏離。載於許慶復主編，**邁向21世紀的臺灣**，49-80。臺北：正中。

李長貴（1974）。**社會運動學**。臺北：大林。

余致力、毛壽龍、陳敦源、郭昱瑩（2007）。**公共政策**。臺北：智勝。

林水波、張世賢（2006）。**公共政策**（四版一刷）。臺北：五南。

林玉體（1988）。師範院校－精神的國防？**中國論壇**，307，28-30。

林忠正（1991）。近年來臺灣所得分配惡化之探討－兼論對政治、經濟、社會的可能
衝擊。載於祝萍主編，**社會重建**（頁206-222），臺北：時報文化。

林嘉誠（1987）。臺灣的社會變遷與社會運動。**中國論壇**，282，28-31。

段承璞編著（1992）。**臺灣戰後經濟**。臺北：人間出版社。

徐正光（1991）。社會運動的理性運作。載於祝萍主編，**社會重建**，29-47，臺北：
時報文化。

唐亮譯（1990）。**公共決策**。（James E. Anderson）原著。北京：華夏出版社。

師資培育法修法沿革（2011.03.25）。檢索日期：2011 .04.08 。取自：http://law.moj.
gov.tw /LawClass/LawHistory.aspx?PCode=H0050001。

張如慧（1995）。**民間團體國民中小學教育改革主要訴求之研究**。國立臺灣師範大學
教育研究所碩士論文，未出版，臺北市。

張春興、張芬芬、張景媛、湯維玲（1989）。中小學師資培育制度改革意見之調查研
究。**教育心理學報**，22，23-48。

教育部（1988）。第六次全國教育會議實錄。臺北：作者。

教育部公報（1988.07.31），第163期。

教育部教育研究委員會主編（1984）。**中國學制改革之研究**。臺北：正中。

黃炳煌（1988）。論「教育自由化」。**現代教育**，3(1)，3-11。

舒緒緯（1998）。**師資培育法制訂過程及其內涵之研究**。國立高雄師範大學教育學系
博士論文，未出版，高雄市。

舒緒緯（2008）。臺灣地區中小學教師素質管理制度之探討。載於楊深坑、王秋絨、
李奉儒（主編），**中小學教師素質管理制度比較研究**（頁203-242）。臺北：高
等教育。

葉郁菁（2006）。政策問題的本質。載於張世賢（主編），**公共政策分析**（頁
165-175）。臺北：五南。

鄭瑞澤（1986）。當前我國師範教育一元化與多元化問題的商榷。**東方雜誌**，

20(3)，50-56。

蔡政文、吳榮義、林碧炤（1991）。我國對外政策及行動取向。臺北：國家政策研究中心。

蔡璧煌（1988）。論「教育自由化」的方向。現代教育，3(1)，12-22。

鍾萬生（1989.2.29）。正視師資培育問題。中華日報，第17版。

瞿立鶴（1985）。把握契機，改造師範。教育資料文摘，16(5)，8-16。

薛曉華（1985）。80年代中期後臺灣的民間教育改革運動：「國家—社會」的分析。國立臺灣師範大學教育研究所碩士論文，未出版，臺北市。

蕭新煌（1989a）。社會力—臺灣向前看。臺北：自立晚報文化部。

蕭新煌（1989b）。政治自由與經濟公平—社會運動階段性使命的地位。中國論壇，322，65-70。

蕭新煌（1989c）。臺灣新興社會運動的剖析：自主性與資源分配。載於蕭新煌等合著，壟斷與剝削—威權主義的政治經濟分析（頁9-32）。臺北：臺灣研究基金會。

顧舞（1988.4.9）。師範院校宜改制為普通大學。自立晚報，9版。

(二)英文部分

Dunn, W. N. (2004). *Public policy analysis-An introduction* (3rd. ed.). N. J.: Prentice Hall.

Howlett, M. & Ramesh, M. (2003). *Studying public policy-policy cycle and policy subsystem*. Ontario, Canada: Oxford University Press.

Jones, C. O. (1984). *An introduction to the study of public policy* (3rd. ed.). CA.: Brooks/ Cole Company.

Lester, J. P. & Stewart, JR., J. (2000). *Public policy: An evolutionary approach*. CA.: Wadsworth/Thomson Learning.

問題與討論

一、政策問題的構成要素有哪些？

二、政策問題的特性為何？

三、請以政府失敗的觀點分析我國師資培育制度的變革？

四、請以問題重解決、問題未解決、問題無解決的概念，分析我國師資培育制度的變革？

五、政策問題產生的因素有哪些？

第三章

臺灣中小學教師專業發展評鑑執行的困境與推動策略

顏國樑

專業是教師生存唯一之道。

～大前研一～

教師是教育改革成敗的關鍵性角色，因此建立適切的教師評鑑制度，可以提升教師素質與工作績效，彰顯教師的專業化，是確保教師尊嚴與社會地位的不二法門，亦是順應社會變遷與時代潮流，確保教育改革成功的重要關鍵。

本文採用文獻分析的方式，以政策執行的觀點，分析推動教師專業發展評鑑的必要性、教師專業發展評鑑的特性、教師專業發展評鑑執行的困境、教師專業發展評鑑推動的策略等方面進行探討。

第一節　推動「教師專業發展評鑑」的必要性

邁入21世紀，世界各國與我國皆不遺餘力進行各項教育改革。我國目前學校靜態環境正遭受外界壓力的衝擊，家長教育參與權增強、校長遴選方式改變、教育經費不足，以及社會團體對教育的關注與批評，使學校必須具備自發性的革新力量，來因應挑戰、提升競爭力。不過，任何教育改革，最後都要落實到教學的層面，都要透過以師生互動為主體的活動來達成，需要良好的教師去實施。所以，教師是教育改革的關鍵性角色。教師必須不斷專業成長，獲取教育專業知能，提升教師專業素養，精進教學品質，才足以勝任教學工作。因此，教師的專業成長與教師服務績效便是社會大眾所關心的課題。

目前在高等教育階段，於《大學法》中已規定建立教師評鑑制度，但在中小學以下學校，尚未建立一套能激勵教師不斷追求自身專業知能成長的機制，造成教師在封閉穩定的環境中，漸漸失去自我知覺與追求專業發展的能力。顏國樑（2007）指出目前正是中小學校實施教師專業發展評鑑的契機：一、教師專業發展評鑑已是世界的潮流，二、教師專業發展評鑑在國內已有實施的經驗，三、教師專業發展評鑑的法源通過教育與文化委員會審查，四、符應社會對教師專業化的期待。因

此，建立適切的教師評鑑制度，可以提升教師素質與工作績效，彰顯教師的專業化，更是確保教師尊嚴與社會地位的不二法門，亦是順應社會變遷與時代潮流，確保教育改革成功的重要關鍵。

　　教育部於2004年參酌高雄市實施教師專業評鑑，以及臺北市教學輔導教師制度的規劃內涵及實施經驗，於2005年11月25日發布《教育部補助試辦教師專業發展評鑑實施計畫》。嘗試以經費補助的方式鼓勵中小學申請參與試辦，試辦期二至三年。其計畫強調評鑑係以一種透過診斷、輔導方式，提供教師自我反省教學的機會，並輔以教學輔導教師制度，促進教師同儕合作，進而協助教師專業成長、增進教師專業素養，提升教學品質。教師專業發展評鑑係一種以形成性爲導向的教師評鑑，同時強調與教師考核脫勾，更無關教師分級制度（教育部，2010）。

　　綜合歸納針對教師專業發展評鑑的研究（王仁勇，2010；吳琇彥，2010；洪克遜，2008；高嘉卿，2008；黃福賢，2009；陳光鑫，2008；陳世佳，2008；游象昌，2008；翁博飛，2008），教師專業發展評鑑執行的成效大致包括：肯定實施以教師專業發展爲目的評鑑方案、能夠省思自己的教學、積極參與教師專業成長活動、能夠運用教學檔案與教學觀察、同儕互動的增加、贏得家長的肯定、了解教學得失、能提高學校效能、促進教師專業成長等。然而，整個評鑑方案本身或學校在執行教師專業發展評鑑過程中，仍存在一些困境，有待針對這些問題加以分析並提出因應策略，作爲未來執行的參考。以下本文從政策執行的角度，針對教師專業發展評鑑的特性、執行的困境、推動策略，加以分析與探討。

第二節　教師專業發展評鑑的特性

　　教師專業發展評鑑方案的精神強調促進教師專業發展，不涉及教師的考績，是形成性的評鑑目的。因此評鑑方案應回歸以教師爲中心，強調專業的對話、分享及實踐等。從教師的角度來看，教師專業發展評鑑的特性可從下列幾個層面進行分析（吳清山、張素偵，2002；顏國

樑，2003；饒見維，1996；Guskey, 2000; Howard & McColskey, 2001; Strong, 1997; Wilson & Buttnon, 1987）：

一、視教師為「專業人員」

如果教師能以專業來定位，才能充分激發出教師的潛能，也才是真正尊重、看重教師的教育功能。教師想要提高自己的專業地位，亦必須自我期許，以專業人員自居，並朝此目標努力。專業教師不但需要漫長的養成教育，也必須在其教師生涯持續專業發展。專業教師以專業發展來自我肯定，然後從社會大眾肯定教師，這樣教師專業化乃成為可能。

二、視教師為「發展中的個體」

老師和一般人一樣，是發展中的個體。一個人即使受過職前師資培育，得到合格教師資格，正式成為一個教師，仍然需要持續學習與成長。因此，欲促成教師專業的有效發展，必須從終身學習及生涯發展縱長觀點，才能得到適當的處理。由此可見，要能以更寬廣、更縱長的觀點，了解教師專業發展的特性與需求，才能適當的因應教師專業發展的問題。

三、強調教師「自我了解」

教師專業發展評鑑不僅應強調行為技能的改變，最重要的是據以行動的個人理論，是否產生修正或改變。教師思想的改變，才足以促成新行為的出現，調整教室內的師生互動型態，此即是教師專業發展的實質效果所在。教師的自我了解可透過個人生活史的省察，以及對個人專業實踐理論內容與形成過程的檢視，都有助於教師更了解自己的優缺點，進而能更有效促進自己的專業發展。

四、重視教師主體性

任何一項教育改革，都需要身為反省實踐主體的教師密切配合，進而建立實踐性的教育理論，教育改革才有希望；而反省實踐的能力必

須在教師專業發展的過程中不斷地養成，從平時工作問題的覺知、觀察、省思及行動，能夠「知而能行」，讓理論從教師反省自己教學過程中得到印證，並加以改進落實。因此，教師專業發展評鑑的推動，舉凡評鑑目的、方式、規準、實施過程及結果的運用等，都需要以教師為主體來考量，才能讓教師專業發展評鑑的工作能夠順利推動，並獲得良好的成效。

五、視教師為學習者與研究者

就「學習者」的角度而言，教師需要不斷學習，提升自己的專業知能，以適應時代的演變，成為終身的學習者。就「研究者」的角度而言，教師有能力針對自己教育實務情境加以批判改進，或是提出最貼切的改進建議。由於教師同時是學習者與研究者，把教師視為可以持續成長的學習個體，透過相關制度與資源的調整，激發教師的自我控制、自我導引及自我成長，並且透過進修研習、觀摩、專題研究、互相討論等互動型態，使教師能夠彼此激發各方面的專業成長。

六、教師專業發展包含專業知識、技能及情意的改變

專業知識與技能乃是教師專業發展的最基本條件，也是教師讓班級進行正常運作的必要能力，尤其教師能具備更豐富的專業知識技能，才有能力提供更多的學習機會給學生。但是教師不應淪為「教學匠」的角色，教學不僅是知識與技能的傳授，更是人際互動的影響。同樣的，教師專業成長也應同時兼顧情意的改變，才能使教師專業發展成為全人的教育。

七、重視專業知識的分享與對話

教師專業發展評鑑的推動，學校應提供專業知識分享的場所、程序及資源，並鼓勵老師抱著開放的態度，摒棄以往獨善其身的做法，將自己的教育經驗與學校同仁分享，讓優良的教學方法或其他的工作經驗因別人可以學習應用而發揮更大的效果。

在實施教師專業發展評鑑的過程中，不管是行政人員、教師或家

長，所有參與者能夠彼此之間互相「對話」，深深影響教師專業發展評鑑實施的成效。而教師專業發展評鑑對話的進行，必須建立在參與者平等、開放、民主、互惠的精神上。換言之，所有參與者都能尊重彼此提出的意見，尊重他人的看法，透過分享的過程，共同發展與改進教師的工作。

八、形成教師增能授權的學習歷程

教師專業發展評鑑旨在提升專業的知能與熱忱，亦即是強調增能授權的動態歷程、手段方法或行動方案；就增能授權而言，專業發展可透過分權、授權、灌能、啟發潛能等方法，運用「由內省而外鑠」暨「上下之間的動態學習歷程」，授權增能給一個人。以教師的角度而言，在增能授權的學習過程中，教師不再僅是一位被動地接受評鑑者，教師必須展現是一位實務工作專業者。專業的實務工作者必須從認識與了解自己的教學與班級經營困境出發，並從實際的教學過程與班級經營尋找解決困難的資源與方案，進而提升自己的教育專業知識。

第三節　教師專業發展評鑑執行的困境

教師專業發展評鑑執行問題的分析，其主要目的在增進評鑑方案的有效執行，以達成實施教師專業發展評鑑的政策目標。目前教師專業發展評鑑方案自95學年度實施至今，具有相當的執行成效，也改善了部分剛開始辦理時常出現的問題，但仍有部分困境仍待解決，以下加以說明。

壹、教育行政機關方面

一、法律位階的法源尚未制定

目前教育部推動的教師專業發展評鑑，是以《教育部補助辦理教師專業發展評鑑實施要點》為推動的依據，該要點是行政命令的形式，並不是具有法律的位階。相關研究（吳偉全，2008；陳玉心，2009；張

瑀健，2010；楊憲勇，2008；劉恬妏，2008；顏國樑，2010）指出，教師專業發展評鑑計畫缺乏法源依據，是影響推動成效的主要困境之一。又根據《行政程序法》的規定，攸關人民的權利義務必須以法律定之，以作為政府機關實施的依據。因此，如果要全國推動，僅以行政命令規定，不僅難有周詳的制度與經費的穩定支持，亦無強制性與保障性。

二、評鑑方案的組織、分工及實施計畫宜再檢討

在評鑑方案組織與分工方面，教育部成立「中小學教師專業發展評鑑推動工作小組」，由政務次長擔任召集人，主任秘書擔任副召集人，教研會執行祕書擔任執行祕書，並分設研究規劃組、推動輔導組及檢討評估組，由教育部相關單位主管擔任各組負責人，另設有諮詢輔導群由學者專家組成，聘請其中一人擔任召集人（教育部，2010）。另外依據《教育部補助辦理教師專業發展評鑑實施要點》規定，中部辦公室負責高級中等以下學校，國教司負責國中小，直轄市、縣（市）政府負責直轄市、縣（市）政府所屬高級中等以下學校辦理本要點相關事宜。另外，在2009年成立7個區域人才培育中心，以結合大學院校與地方推動評鑑方案。成立輔導諮詢人力，包括中央輔導群、輔導委員、輔導夥伴教師。由上述可看出組織與分工嚴密。但中等教育司與技職教育司並未實質參與，推動小組成員缺少地方教育處與基層教育人員的參與，各縣市輔導團員未能參與，以及各縣市承辦人流動率高等。

在實施計畫方面，教育部訂定《教育部補助辦理教師專業發展評鑑師實施要點》，做為推動的主要依據。以計畫、執行、考核來看，教育部在施政計畫中並未訂定中長程實施計畫，較難看出整體實施策略、實施時程、考核機制、經費編列等。

三、評鑑方案尚未獲得各方團體的共識

一項方案的實施如果能獲得相關利益團體或利害關係人的贊同，則方案較能順利推動，並獲致良好的執行成效。教師專業發展評鑑方案推動以來，行政機關與參與學者大多持贊同意見。在家長方面也表示

贊同，但對於評鑑結果不作為淘汰不適任教師，以及實施期程緩慢有意見。而一般參與評鑑方案的教師大多贊同以專業發展為評鑑目的之方案（林淑芳，2010；林惠苗，2010；林麗雪，2010）。但代表教師的教師會團體則較持反對意見，反對意見大多是配套措施未建立、此方案是教師分級的準備工作等。因此，如果確定教師專業發展評鑑是未來必然的發展結果，要如何取得共識的方案，是必須努力克服的課題。

四、評鑑方案配套措施宜再檢討修正

部分研究（吳東穎，2008；洪克遜，2008；翁博飛，2008；廖素梅，2009）指出希望教育行政機關提出適當有效的配套措施。教育部目前執行許多配套措施，包括提出高中職與國中小評鑑規準、評鑑人才培育、辦理各種研習、建立輔導網絡、建立教師專業發展網的平臺、編輯案例專輯、建立專業成長網絡、進行後設評鑑等，這些配套措施對於順利推動教師專業發展評鑑方案，有相當大的助益，教育部宜對這些配套措施進行成效評估，以做為未來改進的參考。

五、參與評鑑方案的學校教育階段與人數應擴大

教師專業發展評鑑實從自95學年度開始實施，全國各縣市計有高中職16所、國中26所及國小123所，共計165所學校參與試辦計畫。99學年度高中職206所、國中129所及國小455所，共計790所學校參與辦理（教育部，2011），學校數成長率為4.78倍。由上可知參與辦理的學校逐漸增多，但如果進一步分析99學年度參與教師專業發展評鑑方案的情形，可知一些現象。在教育階段方面，國小校數雖然較多，但僅占全國國小學校總數17%。國中學校參與學校數占全國學校總數18%，且集中在臺北市、高雄市、新竹市、屏東縣（占88所），新竹縣、臺中市、臺南縣、臺東縣僅有1所參加，雲林縣、嘉義市、臺南市則沒有國中學校參加評鑑方案。高中職學校參加學校數占全國學校總數33%，增加校數雖然較多，但是集中在私立高中職，公立高中職參加學校相對較少，且大多是偏遠或鄉鎮地區的公立高中職學校（教育部，2011）。由上可知，應再鼓勵大部分縣市國中及城市地區高中職學校參加教師專

業發展評鑑方案。

　　另外，依據規定，要原校校務會議通過才能參加，因此有許多具有領域優良專業的地方輔導團員無法參加教師專業發展評鑑方案，而整個評鑑方案的核心價值在於提升教師的課程教學與班級經營的能力，對於各縣市輔導團員平時就實際上擔負輔導教師工作來說，其人力資源無法整合，是件可惜的事。此外，許多行政人員反應，贊同第一年辦理教師專業發展方案要尋求共識經過校務會議通過，但第二年起如果學校有意願辦理，應不必經過校務會議再次表決即可繼續辦理。

貳、學校與教師方面

一、分享、參與、互助、主動的教師文化尚待建立

　　徐慧眞（2003）的研究指出，教師文化包括專業自主、批判反省、協同合作、進修成長及人文關懷等五項，其中協同合作的知覺是較低的。陳淑錡（2003）的研究指出：「教師知識的分享行為仍有待改進，學校分享知識的機制尚未建立。」黃怡絜（2007）指出，教師文化的「教師專業成長」與教師專業發展評鑑知覺呈現中度正相關，但「教師教育信念」、「生活互動型態」與教師專業發展評鑑知覺呈現低度正相關的結果。姜添輝（2000）提到教師文化有相當程度的保守性與個人化，其形成的主因之一是由於班級教學架構已將教師做物理空間的切割，教師因而被孤立，前後是穿不透的水泥牆，儘管旁邊的走道是透明玻璃，但是教師卻明顯抗拒別人的參觀，如果發生，在時間上總是處於短暫的，若是長期的性質，則這些觀察者將被教師視為是入侵者。此種文化與情境將阻礙教師之間互相觀摩的機會。過去學校較忽略教師的專業知識，因而讓教師平時累積的專業工作經驗，僅是個人獨享，或隨著教師的調校而消逝，難以作有效的經驗傳承與知識創新。上述說明教師存在著較保守、個人化及不善協同合作的教師文化，對於講求分享、參與、互助、主動等特性的教師專業發展評鑑之實施是不利的。

二、教師接受評鑑的意願有待激勵

　　教師專業發展評鑑雖然主要是透過教育行政機關與學校來推動，但是相關行政人員與教師才是推動的靈魂。因為一個好的政策，如果執行者不願意執行，則空有政策，實際上並無法達到效果（顏國樑，1997；Edmonds, 1979; Odden, 1991; Sweeney, 1982）。雖然參與教師專業發展評鑑的學校教育人員已逐年增加，參加評鑑方案的人員，大多持肯定的態度（江惠貞，2008；黃福賢，2009；陳世佳，2008；翁博飛，2008），但仍有大多數人抱著觀望的態度（林玉蓮，2010；趙祝凌，2010），林純美（2008）研究發現：國民中學教師不願參與教師專業發展評鑑者仍占多數；甚至認為評鑑是不尊重教師，向教師的權威挑戰的觀念，或者認為這是行政機關實施教師分級的先期步驟，而不願參與教師專業發展評鑑。

三、執行評鑑方案的人員能力仍需提升

　　能力係指一個人的技術及知識，人的技能與知識來自教育、訓練及經驗（顏國樑，1997）。在教師專業發展評鑑的評鑑層面主要包括課程設計與教學、班級經營與輔導、研究與進修、敬業精神與態度。教師專業發展評鑑相關執行人員包括教師、校長、教育行政機關人員，校長與教師除了教學與班級經營的專業要具備之外，部分參與教師對於評鑑方案的內涵與實際運作仍有待加強，包括評鑑方案本質的掌握、如何進行教學觀察與教學檔案、如何運用評鑑結果進行專業成長等。另外研究（黃福賢，2009；陳世佳，2008；陳恆聰，2010；陳楦政，2010）發現，校長的實際影響力最大，其次才是教務主任與教師同儕。由個人輔導的經驗與從制度的設計來看，並不是每位校長對評鑑方案的內涵都十分了解或具備評鑑的能力。再者，教育行政機關執行人員因時常變動，而且未有教學經驗；或者參加研習，但未實際進到教學現場實際操作，對於評鑑方案內涵或教師需求的掌握，則顯得較不夠。

四、教師工作負擔沉重，難以找到共同時間討論與對話

許多研究（吳偉全，2008；林淑芳，2010；翁博飛，2008；陳世佳，2008；廖素梅，2009）指出，教師工作負擔重，難有時間共同一起討論評鑑相關事宜，影響教師專業發展評鑑方案的執行成效。教師工作負擔重有些是制度的問題，平時教師教學工作繁忙，仍需要兼任行政工作，對於教學與兼任行政工作之外的活動，當然多一事不如少一事。如果推動教師專業發展評鑑，無法整合學校行事曆所列舉的工作，或是增加教師太多書面整理的工作，則會大大降低教師參與的意願與執行成效。因此如何整合學校校務活動，減輕教師工作負擔，是我們必須解決的問題。

教師工作負擔沉重，難以找到共同時間討論與對話的問題。在教職員所得課稅之後，所增收入將專款專用在補助國中小聘僱行政人力和輔導師資，以及降低國中小教師授課節數，或許將有改善的契機。

五、專業成長計畫有待落實

教師專業發展評鑑方案的主要目的在於增進教師專業發展，提升教學品質，以增進學生學習成果。研究發現肯定教師專業發展評鑑方案的目的（周紋如，2008；林淑芳，2010；陳恆聰，2010；黃淑萍，2008；廖素梅，2009），但根據個人實際輔導的經驗，許多參與辦理評鑑方案的學校，在進行自我評鑑，以及他評之教學檔案或教學觀察之後，卻較少進行實際專業成長的活動，這顯示方案的理想與實際目的有落差，有待縮短兩者之間的差距。

第四節　教師專業發展評鑑推動的策略

以下基於個人實際輔導的經驗、相關研究的發現，以及上述問題的分析，茲舉出下列執行教師專業發展評鑑的策略，以供相關單位或人員推動的參考。

壹、教育行政機關方面

一、制定教師評鑑的法律條文，以作為推動的依據

目前教育部推動的教師專業發展評鑑，是以行政命令的形式做為推動的依據，並不具有法律的位階。根據《行政程序法》的規定，攸關人民的權利義務必須以法律定之，以作為政府機關實施的依據。因此，在法源上，應在《教師法》中明訂教師需接受評鑑，以做為全國推動的依據。

2010年8月28、29日舉行之第八次全國教育會議結論之一：「於教師法中列入訂定中小學教師評鑑辦法之法源，並即推動『教師專業標準』及『教師專業表現標準』，以為教師評鑑的依據；另就現行推動之『教師專業發展評鑑要點』中相關機制（含評鑑工具與評鑑人員等事項）與教師評鑑相輔相成之措施妥為研議。」由上顯示教育部將推動教師評鑑法制化的工作，但在條文內涵與實施作法上是否目前推動方式以專業發展取向，或者未來要考量與教師績效考核、不適任教師、教師分級相關，需要衡量各種情況，妥適研擬適當可行的措施。

二、訂定中長程實施計畫，建立有效的組織與分工

在實施計畫方面，教育部宜訂定中長程實施計畫，就實施背景、目前執行情況與成效、計畫目標、實施時程、實施策略、實施內容、分工與負責單位、預期成效、績效評估標準與機制、經費編列等，訂定較周詳與明確的計畫，則有助於執行人員有執行的依據，減少執行人員誤解計畫的規定法令，降低執行人員在政策與計畫內容的爭論，促進計畫的順利推動。

在評鑑方案組織與分工方面，雖然大致完善，但仍有修正的空間。在教育部方面，高級中等學校負責單位除了教育部中部辦公室之外，中等教育司與技職教育司亦應參與，並加強國教司、中教司、技職司等各單位的橫向聯繫。在地方教育行政機關方面，應指派正式編制內的人員擔任承辦人，並搭配借調人員，一起合作推動，以避免因承辦評鑑方案

的人員常異動，影響方案的執行。另外，地方教育處與基層教育人員應參與「推動工作小組」，以徵詢地方意見。2012年1月，教育部組織調整開始運作，評鑑方案組織應依新制教育部組織與職權重新整合與適當分工，以發揮較佳的政策執行成效。

三、加強和教師團體的溝通

在高度分化及資訊多元化的現代社會中，一項新的政策想要順利推展，都必須與政策相關利害人溝通，政策目標才易達成。因此，教師專業發展評鑑的推動，涉及教師、家長、行政人員等，都應邀請進行溝通，藉由彼此對話，相互批判，彰顯教師專業發展評鑑的合理性。當然教師評鑑的最直接利害關係人是教師，因此更應邀請教師團體參與設計教師專業評鑑制度，包括評鑑的規準、評鑑方式、結果的運用等，以設計出教師較能接受與可行的教師評鑑制度。或者鼓勵與補助教師團體提出認為可行的教師評鑑方案。

四、持續改善教師專業發展評鑑人才培育課程

目前教育部透過人才培育課程的各種研習，研習課程包括推動知能研習、主任專修研習、校長及縣市承辦人專修研習、評鑑人員初階研習、評鑑人員進階研習、教學輔導教師研習、講師研習等，對於培育教師專業發展評鑑人才有莫大的助益，為讓各種研習課程更有效果，建議賦予各區人才培育中心，負責各種人才培育與認證工作。對研習學員進行研習回饋意見調查，以了解各種課程的研習過程與成效。其次，編製各種課程的研習手冊或研習講義，以利各種培育課程內容更標準化與精緻化。另外，將各種研習課程以影音方式拍攝，以利研習人員觀看，也發展成本土化影片的範例。最後，針對各種研習課程進行檢討，就其研習人員資格、時數、課程內容、實施方式，以及研習之銜接等作整體分析與考量。

五、繼續充實教師專業發展評鑑網的教學資源並加以運用

教育部為推展教師專業發展評鑑，建立「教師專業發展評鑑網」，

提供教師專業發展評鑑相關知識分享的平臺，網站主要內容包括（教育部，2011）：1.輔導諮詢人力：提供各區輔導委員、夥伴教師及中央輔導群等人力資訊。2.資源專區：包括文字與影音下載、資料交流、相關網站連結、常見問答。3.辦理現況：自95學年度起各縣市與學校辦理情況。4.研習課程介紹：說明初階、進階、教學輔導教師等各種研習課程時數、內涵等。5.討論區：提供有關教師專業發展評鑑的意見交流。6.新訊與研習活動：提供教師專業發展評鑑的消息。

此網站可整合相關資源，提升對教師專業發展評鑑的相關知能，讓大家能夠分享實施的經驗，減少重新摸索，提供專業發展整合平臺，讓教師獲得專業成長的管道與支援，符合21世紀知識管理的趨勢。所以，應繼續充實網站資源，並鼓勵參與評鑑方案的相關人員運用此網站所建置的資源，充實評鑑相關專業知識，選擇適合學校的評鑑規準、評鑑方式、評鑑手冊等，提供辦理經驗分享，以及運用此網站的平臺，讓自己的專業不斷成長，以提升教師本身的專業。

六、擴大參與教師專業發展評鑑的對象

目前各縣市設有輔導團系統，因法規規定，要原校校務會議通過才能參加，因此有許多領域專業的優良輔導團員，因為學校沒有參與辦理，而無法參加，實失之可惜。因為「教師專業發展評鑑方案」著重課程設計與教學、班級經營與輔導，除了需要了解方案有關評鑑制度之外，最重要的還是具備課程各領域專業水準的要求，對於實施同儕評鑑的教學觀察或教學檔案，才能給予正確與深入的建議。舉例來說，具有英文專長的輔導團員，應打破僅能透過原校參加，可自願或規定集體參與初階研習，如此可讓具有領域專業與評鑑他人的資格，促使輔導團系統與教師專業評鑑制度結合，並與中央輔導群配合，以擴大輔導效果。

另外，目前參與的教育階段集中在國小與高中職，而高中職參與學校公私立學校不平均，大部分是私立學校，而參與的公立學校集中在偏遠或鄉鎮地區。因此，應採取適當策略，例如將教師專業發展評鑑列入校務評鑑、教學卓越學校條件之一、教育部補助地方教育補助經費的指

標之一等，鼓勵國中教育階段的教育人員，以及公立與都市高中職的教育人員參與教師專業發展評鑑方案。

貳、學校與教師方面

一、以學生學習成果與教師專業成長作為教育的本質

任何教育政策的改革，都必須以教育本質為基礎，教育本質是教育的根源，若不知教育的根源，則政策的執行便容易偏差，甚至將目的與手段兩者之間的關係本末倒置。由此觀之，教師專業發展評鑑是整體學校教育改革的一環，僅是教育改革的手段之一，教師專業發展評鑑的實施能否達成方案的目標，都應以教育本質為評鑑的依據及規準。

教師專業發展評鑑方案的目的主要在透過提升教師的課程教學與班級經營之能力，以增進學生學習成果。換言之，學生學習成果與教師專業成長效果是驗證教師專業發展評鑑推動成效的依據。因此未來執行教師專業發展評鑑應以此為判斷的依歸，不論是執行策略或判斷執行成效，都不能脫離此項教育本質。

二、營造有利的評鑑環境，建立教師專業發展的評鑑文化

在高度分化及資訊多元化的現代社會中，一項新的政策想要順利推展，都必須與政策相關利害人溝通，政策目標才易達成。換言之，在學校要推動教師專業發展評鑑，需要學校開放的氣氛與教師的信任，讓教師暢所欲言，讓教師清楚明確了解評鑑的目的、評鑑方式、評鑑期程、評鑑後的專業協助等，並讓教師在評鑑過程皆能共同參與。

教師專業發展評鑑制度想要獲得教師的認同與接納，並不是一味去迎合教師的價值觀，因為教師文化有其封閉與保守的一面，而是要經過價值澄清與改變消極的學校文化，才有可能逐漸建立有助於教師專業發展評鑑的文化。因為不管評鑑制度設計的多周詳完善，也不管有多少人力、經費、資源的支持，如果教師沒有能力或沒有意願利用機會成長，則教師不可能經驗到專業發展。因此，在做法上，如進行教師文化的檢視與轉化、營造優質的評鑑氣氛、以教師專業發展為評鑑目的、提

供支持個人教師需求的資源等，皆是有助於建立優質的教師專業發展評鑑文化，進而促進教師專業發展。

三、提高參與教師專業發展評鑑人員的能力與意願

教師專業發展評鑑方案不管評鑑制度設計的多周詳完善，也不管投入多少人力、經費、資源的支持，如果參與教育人員沒有能力或沒有意願利用機會成長，則教育人員不可能經驗到專業發展的益處。

在做法上，應該持續辦理相關研習，以提升參與相關教育人員的專業素養與評鑑能力。提供獎勵誘因，建立教學輔導教師制度；提供支持教師需求的專業成長管道與資源，進行教師文化的檢視與轉化、營造優質的評鑑氣氛等，以提高教育人員參與評鑑方案的意願與能力。

四、倡導教師領導，建構教學輔導機制

教師領導（teacher leadership）的議題近年來受到重視。教師領導是以個人或集體方式，發揮其影響力，促進學校教師、行政人員、社區專業成長與提高學校效能，目的在改善學生的學習和成就以及提升學校效能。許多研究（彭中慧，2011；蔡進雄，2005；賴志峰，2010；Gigante, 2006; Katzenmeyer & Moller, 2001; York-Barr & Duke, 2004）指出教師領導無論在學生學習、學生參與學校活動或教師效能之提升都有正面的影響。

教師在學校裡可以承擔帶領學校同事提升教與學的領導者，此一理念，一方面符應「教師增權賦能」（teacher empowerment），另方面帶給學校同儕互動、建構專業學習社群的新力量。因此，建議辦理教師專業發展評鑑的學校，宜妥適遴選、培訓、配對教學輔導教師與夥伴教師（夥伴教師可以是初任教師、教學困難教師、或自願同儕成長教師），讓校內資深優良教師經由個人經驗傳承與同儕互動等多元輔導方式，擔負起教師領導的新角色（張德銳，2009）。

五、推動教師專業學習社群，促進教師專業成長

國內外研究（辛俊德，2008；吳貞慧，2011；倪惠軒，2011；

柳雅梅譯，2006；Hord, 2009; Robert & Pruitt, 2003; Seglem, 2009; Vescio, Doren & Adams, 2008）發現，學校專業社群能促進教師專業的成長。所謂「教師專業學習社群」是指一群志同道合的教育工作者所組成，持有共同信念、願景或目標，為致力於促進學生獲得更佳的學習成效，而努力不懈地以合作方式共同進行探究和問題解決（教育部，2009）。為何要組織教師專業學習社群，因為具有下列價值：1.減少教師之間的孤立與隔閡，2.激發教師進行自我反思與成長，3.提高教師自我效能與集體效能，4.促進教師實踐知識的分享與創新，5.提升教師素質，進而拉高學生學習成效，6.促使學校文化質變，行政教學相輔相成（教育部，2009）。

　　教師專業學習社群在組成方式上可以考量學校的資源、需求及發展，以多樣化方式組成，可以是同一領域、同一學年、跨校，以及共同主題的組合：如品格教育、電子白板教學、班級經營、數學教學、新進教師輔導、學生輔導等。在運作方式上，可採用專書閱讀、座談討論與分享經驗、教學檔案與教學觀察、個案分析、專題演講、行動研究等，而學校行政單位協助教師學習社群，需於每週安排共同的空堂時間，以利其每週聚會討論，進行課程與教學的研討或研發。

六、建立「以學校為本位，以教師為中心」的執行模式，整合學校資源，減輕教師工作負擔

　　過去科層體制的教育行政運作下，往往形成他律與權威管理，造成中小學長期以來缺乏自主性的教育改革能量，也就無法激發出學校教育人員主動不斷解決問題的內在能力。學校校長、主任、組長及教師都是執行評鑑方案的主要影響人員，如果以利害關係人來看，教師則是教師專業發展評鑑方案的中心，因此教師對評鑑方案的「理解」與「回應」就顯得相當重要。誠如孫志麟（2007）指出：「教師專業發展評鑑方案的持續實施，必須回歸到教師的主體，讓『專業』取代一切，讓『發展』成為討論的焦點，並鼓勵教師發聲、對話、參與、實踐及行動，以落實教師中心的評鑑實施模式，真正達到賦權增能的理想與目標。」

　　此外，學校應主動整合學校相關活動，將教師專業發展評鑑活動納入或融合在一起，因為此項評鑑方案本來就是存在於學校情境中，例如原本的教學觀摩則以教學觀察代替之；或者結合學校原來的領域社群來發展評鑑規準與研究等，則實施時不會讓老師認為是多一項不同的方案，而造成教師額外的工作負擔。

　　再者，教師專業發展評鑑實施過程需要許多行政事項的配合，包括需要相關經費的使用、研習人員的安排與研習課程的規劃、評鑑過程需要討論與研商，以及調整學校課程，以便安排共同時間等，這些評鑑相關事項都涉及學校資源的投入、分配及運用，學校行政必須因應教師專業發展評鑑的推動，加以妥善規劃與執行，讓教師專業發展評鑑的實施獲致較好的成效。

七、依據評鑑結果，針對教師不同的需求擬定專業成長計畫

　　教師接受評鑑結果會產生不同的需求，例如有的老師經自我評鑑知道自己管理學生秩序能力不足，需要班級經營方面的協助；有的教師經同儕教學觀察發現教學方法有缺失，需要精進教學法的幫助；有的教師經教學檔案發現行動研究能力不足，需要行動研究方面的學習等。因此，為了落實教師專業發展評鑑的目的，達到改進教學的效果，學校除了大部分老師碰到共同的問題，安排適當的進修之外，也必須針對個別老師的需求，擬定在職進修與輔導的專業成長計畫，以提升教師在教育專業方面的知識。

　　在做法上，教師自己可根據評鑑的結果，提出改善計畫，積極參與各項專業成長的進修活動，以提升本身不足的專業知能。另外，學校可根據教師專業發展評鑑的整體結果，訂定教師專業發展方案，進行個別的評估與安排，提供給能力好與能力差，以及新手教師和有經驗教師的專業發展資源，配合教師專業與生涯發展，鼓勵教師進修與研究，有效協助教師專業成長。

參考文獻

(一)中文部分

王仁勇（2010）。高雄市國中教師專業發展評鑑與專業成長關係之研究，高雄師範大學教育學系碩士論文，未出版，高雄市。

江惠眞（2008）。**教師專業發展評鑑促進學校革新之個案研究**。國立臺灣師範大學教育學系在職進修碩士班碩士論文，未出版，臺北市。

辛俊德（2008）。**國民小學社群特徵與教師教育信念及專業表現關係之研究**。國立臺北教育大學教育政策與管理研究所博士論文，未出版，臺北市。

吳東穎（2008）。**教師專業發展評鑑政策執行影響因素之研究**。輔仁大學教育領導與發展研究所碩士論文，未出版，臺北縣。

吳貞慧（2011）。**國民小學教師專業學習社群運作過程與成效之個案研究—以星星國小爲例**。國立新竹教育大學教育學系碩士論文，未出版，新竹市。

吳清山、張素偵（2002）。教師評鑑：理念、挑戰與策略。載於中華民國師範學院主編：**師資培育的政策與檢討**（177-218）。臺北：學富文化事業有限公司。

吳琇彥（2010）。**宜蘭縣國民中學試辦教師專業發展評鑑成效之研究**。佛光大學公共事務學系碩士論文，未出版，高雄。

吳偉全（2008）。**國民小學教師專業發展評鑑試辦之個案研究**。國立臺北教育大學教育政策與管理研究所碩士論文，未出版，臺北市。

周紋如（2008）。**臺東縣國小試辦教師專業發展評鑑實施現況與教師專業成長關係之研究**。國立臺東教育大學教育學系碩士論文，未出版，臺東市。

林玉蓮（2010）。**花蓮縣國民中學辦理教師專業發展評鑑之研究**。國立東華大學教育研究所碩士論文，未出版，花蓮縣。

林純美（2008）。**教師對教師專業發展評鑑之認知、態度與參與意願之研究**。輔仁大學教育領導與發展研究所碩士論文，未出版，臺北縣。

林淑芳（2010）。屏東縣國民小學教師對試辦教師專業發展評鑑看法之調查研究，國立屏東教育大學教育行政研究所碩士論文，未出版，屏東。

林惠苗（2010）。**「教師專業發展評鑑」歷程中的教師賦權增能之研究**，國立臺北教育大學課程與教學研究所碩士班論文，未出版，臺中市。

林麗雪（2010）。**國民小學教師參與教師專業發展評鑑支持系統之現況與需求調查**，國立臺中教育大學教育學系碩士班論文，未出版，臺中市。

洪克遜（2008）。**嘉義市國民中小學教師對實施教師專業發展評鑑態度調查**。國立嘉義大學教育行政與政策發展研究所碩士論文，未出版，嘉義縣。

倪惠軒（2011）。**國民小學教師專業學習社群個案研究—以彩虹國小為例**。國立新竹教育大學教育學系碩士班碩士論文，未出版，新竹市。

柳雅梅譯（2006）。Robert, S.M., & Pruitt, E.Z.原著，**學校是專業的學習社群－專業發展合作活動與策略**。臺北：心理出版社。

姜添輝（2000）。論教師專業意識、社會控制與保守文化。**教育與社會研究，1**，1-24。

孫志麟（2007）。理解與回應：教師評鑑制度試驗政策的實施。載於臺灣教育政策與評鑑學會、中華民國教育行政研究學會、高等教育評鑑中心基金會主辦：2007年會暨學術研討會論文集－**教師評鑑：挑戰、因應與展望**（頁129-156）。

翁博飛（2008）。**彰化縣國民小學推動與實施試辦教師專業發展評鑑之研究**。國立臺中教育大學教育系碩士論文，未出版，臺中市。

徐慧真（2003）。**桃竹苗四縣市國民小學教師文化之研究**。國立師範學院國民教育研究所碩士論文，未出版，新竹市。

教育部（2009）。**中小學教師學習社群手冊**（張新仁編輯小組主持人）。臺北：教育部。

教育部（2010）。**教育部補助辦理教師專業發展評鑑實施要點**。臺北市：教育部。

教育部（2011）。**教師專業發展評鑑網**。2011年7月26日，取自http://tepd.moe.gov.tw/ 教育部教師專業發展評鑑輔導支持網路專案計畫。

黃怡潔（2007）。**高雄市國民小學教師之教師專業發展評鑑知覺與教師文化之研究**。國立臺灣科技大學技術及職業教育研究所碩士論文，未出版，臺北市。

黃淑萍（2008）。**苗栗縣國小教師對專業評鑑意見之研究**。國立臺中教育大學國民教育研究所碩士論文，未出版，臺中市。

黃福賢（2009）。**新竹縣國民小學教育人員參與教師專業發展評鑑試辦之調查研究**。國立新竹教育大學教育系碩士班碩士論文，未出版，新竹市。

陳玉心（2009）。**國民小學教師專業發展評鑑指標之研究：以教師觀點為取向**。國立

臺東大學教育學系（所）碩士論文，未出版，臺東市。

陳世佳（2008）。**臺中市國民小學參與「教師專業發展評鑑」教師其教學效能之研究**。東海大學教育研究所碩士論文，未出版，臺中市。

陳光鑫（2008）。**國民小學教師專業發展評鑑知覺與學校效能關係之研究－以臺中縣、市為例**。國立嘉義大學教育行政與政策發展研究所碩士論文，未出版，嘉義縣。

陳恆聰（2010）。**南投縣國民中學推動與實施試辦教師專業發展評鑑之研究**，國立臺中教育大學教育學系碩士班論文，未出版，臺中市。

陳淑錡（2003）。**桃園縣國民小學教師知識分享動機與知識分享行為之研究**。國立師範學院國民教育研究所碩士論文，未出版，新竹市。

陳楦政（2010）。**臺中縣國民小學試辦教師專業發展評鑑之研究**，國立臺中教育大學教育學系碩士班論文，未出版，臺中市。

高嘉卿（2008）。**臺北市國民小學「試辦教師專業發展評鑑」之方案理論評鑑研究**。國立臺灣師範大學教育學系碩士論文，未出版，臺北市。

彭中慧（2011）。**桃竹苗四縣市國民小學教師領導之研究**。國立新竹教育大學教育學系碩士班碩士論文，未出版，新竹市。

張瑀健（2010）。**中部地區國民小學教師對教師專業發展評鑑功能知覺與教師教學效能關係之研究**，暨南國際大學教育政策與行政學系碩士班碩士論文，未出版，南投。

張德銳（2009）。中小學教師專業發展評鑑實施的問題與解決策略。研習資訊，26(5)，17-24。

游象昌（2008）。**教師專業發展評鑑與教師賦權增能關係之研究**。國立臺北教育大學教育政策與管理研究所碩士論文，未出版，臺北市。

楊憲勇（2008）。**臺北縣國民中學試辦教師專業發展評鑑之個案研究**。國立臺灣師範大學教育學系在職進修碩士班碩士論文，未出版，臺北市。

趙祝凌（2010）。**臺中市國民小學教師專業發展評鑑之後設評鑑研究**，國立臺中教育大學課程與教學研究所碩士論文，未出版，臺中市。

賴志峰（2010）。**學校領導新議題：理論與實踐**。臺北市：高等教育。

蔡進雄（2005）。中小學教師領導理論之探討。**教育研究**，139，92-101。

顏國樑（1997）。教育政策執行理論與實務。臺北：師大書苑。

顏國樑（2003）。從教育專業發展導向論實施教師評鑑的策略。載於教育集刊28輯－教育專業發展專輯（頁259-286）。臺北：國立教育資料館。

顏國樑（2007）。中小學實施教師專業發展評鑑的契機與作法。竹縣文教，358，1-5。

顏國樑（2010）。臺灣教師專業發展評鑑政策執行現況及其影響因素之研究。國科會專案成果報告。

劉恬妏（2008）。教師成績考核制度與教師專業發展評鑑制度整合之研究。國立臺北教育大學，教育政策與管理研究所碩士論文，未出版，臺北市。

廖素梅（2009）。教師專業發展評鑑實施現況之調查研究～以臺中縣國民小學為例。國立臺東大學教育學系（所）碩士論文，未出版，臺東市。

饒見維（1996）。教師專業發展－理論與實務。臺北：五南。

(二)英文部分

Edmonds, R. (1979). Effectiveness schools for the urban poor. *Educational Leadership*, *37*, 15-24.

Gigante, N. A. (2006). *Teacher leadership in context: Its relationship with social, material, and human resources in schools implementing reform*. Unpublished doctoral dissertation, Rutgers The State University of New Jersey.

Guskey, T. R. (2000). *Evaluation profession development*. CA: Corwin Press, Inc.

Hord, S. M. (2009). Professional learning communities: Educators work together toward a shared purpose. *Journal of Staff Development, 30* (1), 40-3.

Howard, B. B., & McColskey, W. H. (2001). Evaluating experienced teachers. *Educational Leadership*, February, 48-51.

Katzenmeyer, M., & Moller, G. (2001). *Awakening the sleeping giant: Helping teachers develop as leaders* (2nd ed.). Thousand Oaks, CA:Corwin Press.

Robert, M., & Pruitt, E.Z. (2003). *Schools professional learning communities :Collaborative & activities and strategies for professional development*. Thousand Oaks, CA: Corwin Press Inc.

Odden, A. R. (1991). New patterns of education policy implementation and Challenges for the 1990s. In A.R. Odden (Ed.), *Education policy implementation* (pp.297-327). Albany, NY:SUNY.

Seglem, R. (2009).Creating a circle of learning: Teachers taking ownership through professional communities. *Voices from the Middle, 16*(4), 32-37.

Strong, J. H. (1997). *Evaluation teaching: A guide to current thinking and best practice.* Thousand Oaks, CA:Sage.

Sweeney, J. (1982). Research synthesis on effective school leadership. *Educational Leadership, 39*, 346-352.

Vescio, V., Doren, R., Adams, A. (2008). A review of research on the impact of professional learning communities on teaching practice and student learning. *Teaching and Teacher Education, 24*(1), 80-91.

Wilson, B. L., & Buttran, J. L. (1987). Promising trend in teacher evaluation. Educational *Leadership, February*, 4-6.

York-Barr, J., & Duke, K. (2004). What do we know about teacher leadership? Findings from two decades of scholarship. *Review of educational research, 74* (3), 255-316.

問題與討論

一、請說明推動教師專業發展評鑑的重要性？教師專業發展評鑑的特性？

二、請說明推動教師專業發展評鑑的成效？應以何種教育本質做為推動教師專業發展評鑑的依據？

三、請說明推動教師專業發展評鑑有何需要克服的困境？

四、請從教育行政機關、學校及教師方面，說明推動教師專業發展評鑑的策略？

五、請說明如何推動教師專業學習社群，以促進教師專業成長？

第四章

國民小學小型學校的整合與發展策略

侯世昌

　　本章旨在探究國民小學小型學校的整合與發展策略，首先探討國民小學小型學校的成因與現況；其次敘述我國小型學校整合政策的發展歷程，第三探究小型學校整合步驟與策略，以100人以下的國民小學為對象，探討其整合發展策略，研擬可行的整合步驟及評估指標，最後以花蓮縣鳳林鎮進行區域模擬規劃，作為縣市政府評估小型學校整合發展的參考範例。

　　《國民教育法施行細則》中第二條第四款規定：國民中、小學規模之規劃以不超過48班為原則，此法規僅規範學校的最大規模，對於學校的最小規模則未有規定。唯學校如規模太小，在教育財政的觀點言，確實不利於整體教育的發展，因此，小型學校應如何發展確實值得加以探究。

　　國民小學小型學校依教育部統計資料之定義為12班以下之學校，而依教育部2011年統計資料顯示，99學年度12班以下的小型國小計有1335校，占全國2661所國小的50.17%，其中6班以下的國小有908校，占全國國小34.12%，足見小型國小已成為教育行政機關必須面對的問題。

　　由於新生人口數逐漸減少，未來國民小學學生數減少是可預期的趨勢，依教育部2011年統計資料顯示，全國100人以下之國小計有706所，這些學校合計班級數為4357班，有44,504位學生，每班學生平均為10.2人。此數值原低於教育部每班29人之標準，對教育投資之效益值得進一步研究。

　　本章共分四節，第一節為國民小學小型學校的成因與現況，第二節為小型學校整合政策的發展歷程，第三節為小型學校的整合步驟與策略，第四節為小型學校整合的區域模擬規劃，以花蓮縣鳳林鎮進行區域模擬規劃，作為縣市政府評估小型學校整合發展的參考範例。

國民小學小型學校的成因與現況

壹、小型學校的成因

　　2010年我國出生人口數為166,886人，此與1976年新生嬰兒425,125人相較，減少超過60%，除了少子化因素化外，人口往都市集中亦是造成小型學校眾多的原因。鄰近的韓國情形與我國類似，韓國自1982年開始進行小規模學校裁併政策，其主要原因有三：1.學齡兒童減少，2.農村人口往都市移動，3.農漁村學校教育條件欠佳（鄭同僚等，2008），農漁村條件不佳會造成農村人口往都市移動之現象，而近年來逐漸受到重視的家長教育選擇權則對學校學生的流動產生部分影響。故本文將小型學校的形成因素，從少子女化、人口往都市流動、學校選擇機會的擴大等三方面探究之。

一、少子女化

　　婦女總生育率（Total Fertility Rate，TFR即平均每位婦女一生中所生育之子女數）為2.1個子女數，是維持替代人口的水準，我國婦女總生育率自1950年後，即呈現一路下降的趨勢。從1984年起，總生育率下跌到不及2.1人的替代水準，警示未來人口將會衰退的訊息。1986年到1997年之間，總生育率平均維持在1.75人左右。但從1998年起，總生育率又繼續明顯下降，到2003年總生育率僅為1.23人，使得我國成為世界上所謂「超低生育率」的國家之一（內政部，2008），2009年總生育率更進一步下跌到1.03人的新低點。

　　就出生人口數來看，1945年戰後嬰兒潮每年出生人口數達25萬人以上，1950年代中期，出生人口數達40萬以上，為緩和人口成長，我國於1968年訂頒「臺灣地區家庭計畫實施辦法」、1969年訂頒「中華民國人口政策綱領」等人口政策，開啟了節育運動的年代，1983年進一步訂頒「加強推行人口政策方案」，當時目標為降低人口成長率。1984年我國人口淨繁殖率已出現代間不足替代的警訊，在人口學者呼籲之下，遂於1988年對人口生育政策展開通盤的檢討，1992年所修訂

的人口政策綱領，改以維持人口合理成長為目標（內政部，2008）。
人口政策因而由「二個恰恰好，一個不嫌少」轉變為「二個恰恰好，三
個則更好」（劉金山，2003）。

　　依內政部統計，1950年我國的粗出生率高達43.3‰，當時的嬰兒
出生數為32萬3,643人。之後，粗出生率開始減少，1970年的粗出生率
為27.2‰，約為1951年的二分之一強。2003年，粗出生率僅剩10.1‰，
2004年起粗出生率跌破10‰（內政部，2008），較已開發國家之11‰
略低，2010年之粗生率更降到7.21‰的新低點。至於「嬰兒出生數
量」，也是下滑趨勢，出生數量從1980年後開始遞減，到2006年時，
我國的出生嬰兒數量僅剩20萬4,459人，未及1960年出生數的二分之一
（內政部，2008），2010年我國的出生嬰兒數量僅剩16萬6,886人，此
與1976年新生嬰兒42萬3356人相較，減少超過60%。

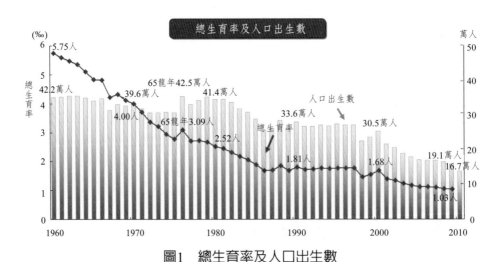

圖1　總生育率及人口出生數

資料來源：內政部（2011）。

二、人口往都市流動

　　學校規劃需配合人口發展趨勢做適當之調整，而此規劃又需考量各
縣市及地區的差異。由於經濟發展及都市化的影響，大部分的勞動人口

往都市流動。此種城鄉發展差距現象可由1961～2001年間的人口變化得知，五大都市（臺北市、高雄市直轄市及臺中市、臺南市、基隆市三省轄市）人口數占全國人口數的比率，由22.32%提升到27.94%；縣轄市人口數占全國人口數的比率更由13.13%提升到28.06%，鄉鎮的人口數則大幅減少，由63.1%降為43.22%（劉金山，2003），在五都直轄市於2010年12月整合後，五個直轄市及桃園準直轄市與其他16縣市的差距更加明顯。故人口集中都市化，造成新發展區內學校數不足，學校規模過大，而鄉鎮地區則因人口流失，形成眾多的小型學校，對教育的發展與學生的學習均有不利的影響。此外，部分特殊區域原本人口數就較少，如原住民地區、離島、戰地等，因地理位置因素，人口本來就不易集中，小型學校自然較多。

三、學校選擇機會的擴大

行政院教育改革審議委員會於1996年提出之總諮議報告書中提及四項教育改革理念是教育鬆綁、保障學習權、保障父母的教育權、維護教師的專業自主，其中父母的教育權明白指出家長應有教育選擇權，為其子女選擇最好的教育，包含教育決策之參與；教育基本法第八條三項：「國民教育階段內，家長負有輔導子女之責任；並得為其子女之最佳福祉，依法律選擇受教育之方式、內容及參與學校教育事務之權利」，更為家長參與的適法性下了最佳的註腳（侯世昌，2002）。由於家長教育選擇權——選擇私校、開放學區或自由學區學校增多，使得學校間的競爭增加，某些沒有特色、缺乏競爭力的學校，原本在學區制的保障下，可確保其學區內學生入學，卻因家長教育選擇權的開放，反而市場機制的運作，面臨學生流失的情形，成為小型學校。

貳、小型學校的現況

一、小型學校的定義與分布

日本將國小小校整併的規模以12～18班為標準，韓國則以未滿180名的小規模小學視為廢併對象（鄭同僚等，2008），我國國民小學小

型學校依教育部統計資料之定義則為12班以下之學校，此外，監察委員黃煌雄、趙榮耀、呂溪木於2004年要求教育部對100人以下的小型學校進行檢討，可見亞洲各國對小型學校的定義雖有不同，但大致以12班以下或100～200人以下為範圍。本文以國小12班以下學校為小型學校，100人以下學校為需考量整合發展學校。

99學年度12班以下的小型國小計有1335校，占全國2661所國小的50.17%，其中6班以下的國小有908校，占全國國小34.12%。其中尤以連江縣全縣國小均為小型學校、澎湖縣的小型國小比率超過90%為最高，另金門縣、臺東縣小型國小的比例亦均接近90%。92～99學年度學生數及學校數統計如表1，12班以下學校縣市分布如表2。

99學年度全國100人以下之小型學校計有706校，班級數共計4,357班，學生數44,504人，每校平均學生數為63人；每班平均人數為10.2人。其中50人以下之小型學校計有201校，班級數共計1,216班，學生數7,247人，每校平均學生數為36.1人；每班平均人數為6人，其累計分布情形如表3。

而依侯世昌（2005）調查顯示，92學年度100人以下之國小有535所，其中3公里以內有公立國小之校數計177所，其累計分布情形如表4。

表1　92～99學年度學生數及學校數統計

學年度	校數	班級數	教師數	學生數	12班以下校數	6班以下校數	100人以下校數	50人以下校數
92	2,643	64,006	103,797	1,913,000	1,286 (48.7%)	844 (31.9%)	522 (19.8%)	131 (5.0%)
93	2,652	63,447	102,882	1,883,533	1,290 (48.6%)	848 (32.0%)	537 (20.2%)	142 (5.4%)
94	2,665	62,634	101,662	1,831,873	1,298 (48.7%)	847 (31.8%)	566 (21.2%)	149 (5.6%)
95	2,659	62,011	100,692	1,798,393	1,294 (48.7%)	855 (32.2%)	576 (21.7%)	146 (5.5%)
96	2,664	61,655	101,360	1,754,095	1,298 (48.7%)	866 (32.5%)	590 (22.1%)	166 (6.2%)
97	2,667	60,630	100,206	1,677,439	1,314 (49.3%)	887 (33.3%)	624 (23.4%)	173 (6.5%)

學年度	校數	班級數	教師數	學生數	12班以下校數	6班以下校數	100人以下校數	50人以下校數
98	2,672	59,478	99,155	1,593,398	1,345 (50.3%)	898 (33.6%)	663 (24.8%)	182 (6.8%)
99	2,661	58,656	99,541	1,519,456	1,335 (50.2%)	908 (34.1%)	706 (26.5%)	201 (7.6%)

資料來源：整理自教育部統計處（2011a）。

表2　12班以下學校縣市分布表

	總校數	12班以下		6班以下	
		校數	比率%	校數	比率%
臺北市	153	15	9.80	8	5.23
高雄市	241	82	34.02	45	18.67
新北市	210	60	28.57	45	21.43
宜蘭縣	77	45	59.74	25	32.47
桃園縣	190	62	32.63	37	19.47
新竹縣	84	52	61.90	33	39.29
苗栗縣	121	76	62.81	62	51.24
彰化縣	175	92	52.57	48	27.43
南投縣	149	118	79.19	93	62.42
雲林縣	158	110	69.62	82	51.90
嘉義縣	127	90	70.87	67	52.76
屏東縣	167	102	61.08	56	33.53
臺東縣	92	79	85.87	59	64.13
花蓮縣	107	81	75.70	71	66.36
澎湖縣	41	37	90.24	30	73.17
基隆市	43	20	46.51	10	23.26
新竹市	32	5	15.63	4	12.50
臺中市	235	64	27.23	34	14.47
嘉義市	20	2	10.00	-	-
臺南市	212	118	55.66	78	36.79
金門縣	19	17	89.47	47	73.68
連江縣	8	8	100.00	7	87.50
合　計	2661	1335	50.17	908	34.12

資料來源：教育部統計處（2011b）。

表3　2011年100人以下小型學校累計分布表

全校學生數	校數	累計校數
10人以下	2	2
11-20人	14	16
21-30	44	60
31-40	54	114
41-50	87	201
51-60	119	320
61-70	112	432
71-80	90	522
81-90	94	616
91-100	90	706

資料來源：整理自教育部統計處（2011a）。

表4　與附近公立學校距離累計分布情形

距離	校數	累計校數
1公里	18	18
2公里	58	76
3公里	101	177
4-5公里	198	375
6-10公里	100	485
11公里以上	31	516
未知	19	535

資料來源：侯世昌（2005）。

第二節　小型學校整合政策的發展歷程

壹、學校整合的意涵

學校整合或學校整併（school consolidation或school merger）係指教育行政機關基於教育或經濟上的考量，將兩所或是兩所以上的學校合併成一所學校（Nelson, 1985；劉恩綺，2006）。林雍智（2006）歸納

認為日本的學校統廢合具有三項概念：一是指統合，即規模大的學校去合併人數較少或無法正常運作的學校；二是指廢合，即學校遭到廢校或與他校合併；三是整併附近幾所學校，再至新地點成立新學校。

貳、小型學校整合政策的發展歷程

一、臺灣省政府教育廳的小校整合發展

1984年我國人口淨繁殖率已出現代間不足替代的警訊，1988年政府對人口生育政策展開通盤的檢討，同時也對小型學校的議題進行處理。因當時國民中小學業務係屬臺灣省政府教育廳職權，1987年臺灣省教育廳頒布「小規模學校合併處理原則」，是最早訂定的小型學校處理原則，以併校後學生不住校、學生步行可於1小時內到達且無安全顧慮、學生乘車不必換車可一次到達且乘車時間不會過長為基本原則，並以3班以下之學校（包括分班、分校）學生在50人以下、且學生有逐年減少之趨勢者為整併對象。1989年教育廳則再次行文要求縣市政府針對國小全校學生50人以下或每班學生數不滿10人的學校，依據各地狀況、實際需要、家長意見、學生學業、交通情況及民意之反映等要素，檢討改進，逐年整併50人以下的小規模學校。1994年教育廳召開「臺灣省小規模學校辦學規模檢討會」，以小型學校相互整併為方向，併校原則以2至3所學校合併為1個學校，併校後每個年級不宜超過3班、每班人數不超過40人。1996年教育廳提出全省「迷你小學」合併計畫，規劃每年合併5所小型學校，預計三年內要整併15所小型學校。

二、教育部的小校整合發展

1998年為因應政治現實，政府進行臺灣省政府功能業務與組織調整，或稱精省作業，將臺灣省政府自治法人地位移除，教育廳及其他原省政府內部單位改為行政院派出機關，國中小的督導業務移由教育部負責，有關小型學校的整合議題也成為教育部的政策內容之一。不過由於1999年地方制度法訂定公布，及1994年以來教育改革鬆綁的訴求，縣市政府對於國中小教育的實質主導權擴大，故而對於小型學校的整

合，教育部處於被動的地位，僅能以經費補助的方式，尋求有意配合政策的縣市支持。

正因為如此，教育部對於小型學校的整合問題，大多以委託學者專家進行研究，再將研究結果提供縣市政府參考，或轉化為教育部的補助政策，其小型學校整合政策的主張對於縣市政府而言，是不具有任何強制約束力量的。教育部自2004至2009年共委託四位學者進行小型學校整合的相關議題研究，其研究主題、結論及建議如表5。

表5　教育部委託學者進行小型學校整合相關議題研究之研究主題、結論及建議

受託單位及主持人（年代）	委託案名稱	研究結論	研究建議
國立政治大學 吳政達（2004）	國民中小學學校最適規模與轉型策略	1.國民中學經營規模不經濟應為300人以下，班級數12班以下。 2.國民小學經營規模不經濟應為100人以下，班級數6班以下學校。	1.政府對於未來進行學校合併方案時，必須具備以下策略：(1)周詳的計畫；(2)明確的溝通；(3)社區的參與。 2.其具體作法：(1)第一階段先由本校改為分校區；(2)第二階段再由分校區改為分班；(3)第三階段分班裁併，將原來的分班併入該校。
國立臺中教育大學 侯世昌（2005）	國民小學最適學校規模及小型學校發展之研究	1.國民小學的最適經營規模為學生數100人以上。 2.小型學校的評估與整合指標計有一般性指標十項：(1)學生數；(2)學生數趨勢；(3)社區結構；(4)與最近公立國小距離；(5)與鄰近公立國小間有無公交通工具；(6)校齡；(7)整合後之學校是否需再增建教室及充實設備；(8)小型學校	1.教育主管機關應明訂學校規摸政策，並訂定鼓勵小型學校整合發展之措施。 2.小型學校的整合宜循序漸進。 3.整合之方式可採多元方式進行。 4.應依各不同縣市或區

受託單位及主持人（年代）	委託案名稱	研究結論	研究建議
		大部分教室屋齡；(9)原校區之用途；(10)社區對學校之依賴度；(11)其他。特殊指標四項：(1)該鄉鎮只有一所小學；(2)原住民地區學校；(3)到鄰近學校交通有重大安全顧慮（如經過土石流危險區域）；(4)其他。 3小型學校整併流程有十項步驟：(1)擬定併校要點；(2)選定學校；(3)與學校、教師、家長進行溝通；(4)尋求校長、地方意見領袖支持；(5)彙整地方與學校意見；(6)雙方達成意見與條件交換；(7)提案；(8)研擬細部整合計畫及執行內容；(9)學校及家長同意；(10)進行轉調他校。 4.地方人口外移社區逐漸沒落、學生人數少、學生人數逐年減少、鄰近有公立國民小學是小型學校需進行整併的主要考量條件。 5.小型學校與鄰近學校整併必須具備的配套措施交通車接送被裁撤學生上下學（含保險）、補助被裁撤學校學生交通費（含保險）、增加整併後學校之設備。	域需求，建立小型學校發展評估指標，每一或二年評估一次小型學校的發展方向。
國立政治大學鄭同僚（2008）	偏遠地區小學再生之研究	臺灣偏遠地區教育的發展，應走出向來「經濟效能」與「社會正義」兩種觀點的對峙，而積極建立以「主體價值觀」為取向的偏地教育發展前景。 目前偏地學校創新發展的限制因素主要有三點：(1)偏地小校政策方向的不確定性與不穩定性；(2)偏鄉小學創新發展的知識體系不足；(3)缺乏支持與鼓勵創新發展的制度設計。	1.確立以主體價值為基本理念的偏地小學政策並以立法為長程目標。 2.正視偏地學校的多元功能，以跨部會合作方式推動偏地小學發展計畫。 3.學童人數等量化數據不應作為裁併的唯一考量標準。

受託單位及主持人（年代）	委託案名稱	研究結論	研究建議
國立臺南大學黃宗顯（2010）	國民中小學整併或存廢問題之研究	1.各縣市國小學生人數逐年遞減，其中花蓮縣及臺南縣減少比率最高、班級數除新竹市等四縣市外，呈現逐年下降趨勢。 2.國小階段大規模的學校數六年來減少47所，中、小規模學校數陸續增加。 3.教育部已有之小型學校發展指標其內容明確性和項目尚有修訂空間，本研究修訂後之指標內容共有15項，其中一般性指標有11項：全校學生人數、學生數趨勢、社區人口流失率、社區產業開發、與同級公立學校之距離、與鄰近學校間有無公共交通工具、併入學校需再增建校舍情形、原校地校舍之用途、社區對學校之依賴度、學生學習成效、家長同意；特殊性指標4項：該市區、鄉鎮或離島只有一所國中/國小、原住民地區學校、到鄰近學校交通有重大安全顧慮、學校辦學特色。 4.受整併學校學生之就學替代方案內容，可以考量：(1)補助學生交通費；(2)補助學生午餐費；(3)補助學生簿本、教科書籍費；(4)補助學生學雜費；(5)補助學生代收代辦費；(6)補助學生住宿；(7)補助提供學生課後輔導或補救教學；(8)提供學生心理之照顧與輔導；(9)提供學生課程教材銜接之照顧與輔導；(10)進行學生轉校後之學習適應的追蹤評估；(11)將被整併學校的學生進行團體輔導。	1.各縣市對於學校整併之考量不宜僅以學校學生人數和經費支出做為考量，宜同時考量學生學習權益、社區人口和產生結構、學生交通安全、校舍使用、家長意見、社區對學校之依賴程度、學校辦學特色等多元因素。 2.各縣市對於受整併學校之學生及教職員宜訂有週全之配套措施。 3.教育部對於各縣市未訂有小型學校發展評估指標、學生就學替代方案和學校及教職員之輔導措施之縣市宜輔導其訂定和提供必要之協助。 4.教育部和各縣市宜針對小型學校學生之學習狀況進行比較性之深入研究，以做為決策之參考。

　　除了教育行政單位外，監察委員亦注意到小型學校的教育成本負擔問題。監委黃煌雄、趙榮耀、呂溪木在2004年所提出的「教育部所屬預算分配結構之檢討」調查報告中就指出：學校規模太小或學生數太少，不僅不符成本效益原則，抑且不利於學生之社會互動與人際關係的學習，同時校舍及教學設備不足，教學效果明顯受限，教師在教學上亦較無成就感，學生則因缺乏同伴競爭，學習興趣也會降低，政府教育資源配置並未隨著各級學校學生人數及學校校數的消長變化而為適切調整，92學年度全國各縣市有561所小規模國民中、小學，每年耗用之教育人事資源即已近51億餘元，亦即如能裁併一所學校，每年將可減省人事成本近千萬元；又就平均每位教師教導6.16位學生，每位行政人員服務46.24位學生計算，平均每位學生每年耗用之人事成本約為142000元，與一般國中、小學校每位學生分配之資源約10萬元相較，顯然偏高。基於有限資源之整合、分配與運用的考量，要求教育部應明確宣示政策走向，用以支持並鼓勵地方政府因地制宜推動小規模國民中、小學校之裁併，且建議教育部應前瞻教育人口之變化趨勢，依據各地區人文特性與地理環境，制定最適學校規模與數量，以供地方政府進行學校設置規劃或推動裁併工作之依循參考（監察院，2004）。

第三節　小型學校的整合步驟與策略

壹、學校整合的考量因素

　　侯世昌（2005）訪談屏東縣、嘉義縣、彰化縣、桃園縣的小型學校整合經驗，歸納小型學校的整合受到校內及校外兩個層面因素的影響。校內因素包括：1.學生學習效果不佳，2.團體學習文化刺激不足，3.學生未來社會適應能力堪憂，4.與人際交往溝通機會不足。校外因素則包括：1.學校附近交通發展的情形，2.學校附近環境不佳，3.鄉下地區人口流失，4.人口結構老化導致學生人數萎縮，5.民意代表支持，6.原住民少數人民生活能力照顧政策等。

　　就教育的觀點言，讓學生在最近的距離就學，應是教育的理想之

一；然而從行政的角度而言，如何有效的分配教育資源、運用教育人力，亦是重要的課題。學校整合需考量的因素甚多，一般而言，最直接的就是以學區學齡人數減少為主要考量，希望藉由學校整合，達到控制教育經費支出，有效利用教育資源的目的，然而，教育也有其自身的考量，故除了經費、人數的因素外，對於學校的區域特性、學生的就學權益、社區與學校間的互動關係等，亦不應加以忽視。林雍智（2006）將日本學校整併的考量歸納為教育專業與行政因素兩種。教育專業考量係指為了讓教育的功能在每一個學生上能發揮最佳效果，並考量學生接受義務教育所需最低限制原則之下，必須擁有的通學區域與適合的學校規模；行政因素考量則係指教育經費負擔與教育基礎設備的有效利用而言。

貳、小型學校整合的困境

反對小型學校整併者認為「低師生比」的小規模學校有利於學生的學習，是落實啟發教學、創造性思考的有利條件，對於促進教育機會均等，實現社會正義亦具有正面的意義；然而，贊成小型學校整併者則認為小型學校因學生人數過少，因而學生間的互動不足，導致學生群性活動較少，造成無競爭性的環境，無法提升學生的學習動機。甚至認為在學業成就表現傑出的學生，大多出自規模較大的學校，大多數家長也會將學生遷往都市較大型的學校就讀，因此裁併學校後反而能達成家長的期待。雖然有研究提出小型甚至過於迷你的學校，除了無法符合最適經營規模外，對於學生學習結果也沒有助益，甚至不利於學生的群性發展。然而依據葉子超（1996）及陳舜賢（2000）的研究發現，仍有高達60%以上的校長反對學校合併。而葉子超（1996）的研究更顯示小型學校校長依辦學經驗，對自己學校要被合併有61.5%反對，不但如此，侯世昌（2005）的研究結果亦顯示54.1%的縣市教育局（處）對小型學校的處理態度是維持現狀不改變，僅有28.7%考量改為分校或分班，17.2%考量與鄰近學校整合。可見學校最適經營規模並不是所有教育人員都能接受，尤其是會被整合的小型學校校長更是首當其衝。

Nelson（1985）歸納一般人反對學校整合的理由，包括：1.較多官

樣的文章，2.教師和行政者較少機會參與決定，3.師生關係緊張，4.缺少促進改革的局勢，5.需要較多的時間、努力與金錢，以致力於訓練問題，6.家長與教師互動較少，7.缺乏人際的接觸、產生挫折與疏離、學生和學校教職員士氣低落。侯世昌（2005）調查結果則顯示學校整合可以達到：1.節省人事經費支出，2.增加學生間同儕互動，3.避免教育資源重複投入之目的；但也會造成：1.學生上下學時間變長，2.社區居民失去精神支柱，3.原學校所在地區教育會被忽視，4.地方發展會受到影響，5.學生受教師照顧時間變短，6.學生生活適應短期間會有困擾等不利影響。

參、小型學校的整合步驟

雖然小型學校整合並不容易，但仍有其必要性，因此，如何透過適當的歷程，化解歧見與疑慮，並能兼顧教育功能與行政需求的考量，是十分重要的。陳憶芬（1994）認為小型學校整合過程需考量三個要素：1.周詳的計畫：包括：(1)確認學校之需求、(2)建立長程及近程目標、(3)建立程序、(4)建立評鑑標準、(5)規劃程序。2.明確的溝通：包括與學生、家長、學校教職員三方面的溝通。3.社區的參與：鼓勵社區成員積極參與學校決策，並藉由參與的過程了解學校最適經營規模的重要。

張夏平（1994）認為小型學校整合應包含四個階段：1.合併評估階段：評估學校是否有合併的必要。2.合併準備階段：與被合併學校有關的各界人士溝通、協調並整合各方面的意見。3.進行合併階段：選擇合併方式並完成各項合併配合措施。4.合併後評估階段：評鑑學校合併後的缺失並予以修正和改進。他並因此提出七點建議：1.學校合併有其必要性，現今的合併模式需重新檢討。2.訂定小型學校合併的評估標準與相關法令，將小型學校合併制度化。3.合併學校之前需與地方人士充分溝通，尋求共識。4.需完成合併的配合條件後，再進行學校合併。5.學校合併後，被合併學校的校地須充分利用。6.先選擇學校規模較小的學校試辦，評鑑成效後，再擴大辦理。7.一些評估後不需合併的小型學校，應設法增加人數，改善其缺點。

侯世昌（2005）則依據文獻及訪談結果歸納出小型學校整合的十

項步驟：1.擬定併校要點。2.選定學校。3.與學校、教師、家長進行溝通。4.尋求校長、地方意見領袖支持。5.彙整地方與學校意見。6.雙方達成意見與條件交換。7.提案。8.研擬細部整合計畫及執行內容。9.學校及家長同意。10.進行轉調他校。在此十項步驟中，溝通與尋求支持尤其重要，地方意見領袖與耆老的支持在整合的溝通過程中占有絕對影響因素，家長與校長在溝通過程中則扮演執行的工作，如果僅就生活機能問題（如：學生營養午餐、上下學交通等物質性因素）探討，反而有較大的討論空間，也較好解決；然而溝通的障礙往往是地方上非直接關係利害人，因情感皈依因素，視學校爲生命共同體，不肯讓步。因此小型學校整併過程中，參與溝通會議的領導者是十分重要的，協調領導者需運用多元的立場來協助輔導這些民眾、家長與地方人士的認知轉變，才有可能在溝通過程中達成共識。

依據侯世昌（2005）提出的十項步驟，苗栗縣政府在「國民小學小型學校整合發展實施計畫」將其具體化爲四個作業流程，使得小型學校的整合作業更加可行有效：

一、前置作業

由縣政府評估小組或學校進行區域評估分析，找出需要整合發展之個案學校。

二、評估階段

1.由個案學校向縣政府提出詳盡之整合發展細部計畫，明定整合發展之方案、程序、內容及相關配套措施；必要時得由縣政府聘請專家學者協助該校訂定計畫、協助輔導。

2.縣政府召集「國民小學整合發展作業評估小組」，依據個案學校所提計畫及小型學校發展評估指標，針對個案學校、分校、分班進行整體評估後，提出建議案。其評估方式包括：(1)召開評估會議，專案討論、聽取意見。(2)蒐集相關資料，了解個案學校社區、人文、地理等背景因素。(3)安排被併學校（或分校、分班）學生先至併入後之學校（或本校），接受相關課程與教學活動，觀察學生適應新環境之情

形。(4)問卷調查法：針對該校教師、家長、學生實施問卷調查。

三、溝通協調階段

　　與個案學校校長、教職員工、家長、學生、社區人士等相關人員進行實地訪談或雙向溝通、座談會等。

四、核定階段

　　1.由縣政府依據評估小組之建議案，提報教育審議委員會討論，並經縣長核准。

　　2.進行整合發展之行政作業，啓動配套措施。

肆、小型學校的整合策略

　　從相關研究了解每種類型學校都有其最適經營規模，當學校規模無法達到最適經營時，就要去思考如何進行轉型，以提升經營效能。否則教育資源會因爲這一代過度的浪費，而造成日後受教育孩子所享有的資源日益困窘。歸納學者（邱賢農，1998；施祐吉，2003；馬信行，1997；張夏平，1994）的研究，小型學校的發展方式可以朝幾個方式進行轉型：

　　1.公辦民營：如特許學校、衛星學校、管理合約學校、或交由民間承包學校。

　　2.學校改造：小型學校可從「改變體質」或「增強功能」兩方面著手，以提升經營效能。

　　3.策略聯盟：小型學校可以採用策略聯盟的進行程序，並不需要走入合併的階段，因爲合併意味著被合併的學校自主權將消失，而且，學校在社區中所代表的社會教育功能與文化傳承的意義也將消失。

　　4.學校整併：在四種轉型策略中，學校合併是國內外相關教育行政機構所普遍採用的一種方式，又可區分爲七種型態：

　　(1)本校裁併：將原來的小型學校併入鄰近學區的學校，原有學校行政人員另行安排出路，教師及學生移到鄰近學區的學校上課，簡言之，即廢校。

(2)本校改爲分校：將原來的小型學校併入鄰近學區的學校，改爲鄰近學校的分校；取消原有校長及主任的編制，改設分校主任一名；原有的教師及學生均留在分校上課。

(3)本校改爲分班：將原來的小型學校併入鄰近學區的學校，改爲鄰近學校的分班。原有行政編制取消，只設分班教師一至二名，原有學生留在分班上課。

(4)分校裁併：將分校廢除，原有教師及學生併入鄰近學區的學校或回到本校上課。

(5)分校改爲分班：將原來的分校改爲鄰近學區學校的分班，原有分校主任編制取消，只設分班教師一至二名，原有分校學生留在分班上課。

(6)分班裁併：將分班裁撤，原有教師及學生併入鄰近學區的學校或回到本校上課。

(7)獨立區域國中小合併：因爲生活圈獨立，且區域內之國中、小規模多不大，因此讓該獨立生活圈內的國中、小成爲一所學校，如：新北市烏來國中小、高雄市茂林國中小、三民國中小、苗栗縣泰安國中小、澎湖縣鳥嶼國中小等。

伍、小型學校整合的指標

陳舜賢（2000）認爲小型學校整合指標可以分爲學校不利指標（負向指標）及學校需求性指標（正向指標）。各層級的學校合併指標與權重，由高而低依序爲：1.隔代教養及單親家庭比率偏高（13%）、2.位於偏遠交通不便區（10.9%）、3.弱勢族群比率偏高（10.6%）、4.距離併入學校過遠（7.9%）、5.位於土石流危險區（7.7%）、6.學區學齡人口流失嚴重（6.8%）、7.學校學生數流失嚴重（6.6%）、8.代課教師比率偏高（6.4%）、9.位於活斷層（5.6%）、10.單位學生平均經常成本偏高（5.5%）、11.教師流動率偏高（5.2%）、12.總學生數偏低（5.2%）、13.位於地層滑動區（4.8%）、14.生師比偏低（3.8%）。

侯世昌（2005）則認爲小型學校整合指標僅是作爲評估學校有無必要進行整合規劃之參考，重要的是在於整合的歷程是否完善，故指標

應是學校或教育行政機關做為檢視之用，需因地制宜，保留縣市政府的彈性處理空間，故不宜訂定權重比例。據此，將小型學校發展評估指標分為一般指標及特殊條件指標二類，一般指標指學校的一般性條件，如評分愈低，即表示學校愈應考慮進行整合。特殊條件係指不宜整併之因素，只要學校符合其中任何一項指標，即表示學校不宜進行整合。依據侯世昌的研究結果，教育部於2008年11月14日以臺國(一)字第0970229540號函「國民中小學整併之處理原則」，將其建構之小型學校評估指標公布施行，並成為縣市政府訂定小型學校整合計畫的主要依據。評估指標如表6。

表6　小型學校發展評估指標

區分		分數				
		5	4	3	2	1
一般性指標（權重需另做調整）	1.學生數	81人以上	61-80人	41-60人	21-40人	20人以下
	2.學生數趨勢	遽增	緩增中	穩定	遞減中	遽減
	3.社區結構	社區人口成長中		社區人口穩定		社區人口外移
	4.距公立學校	3公里以上	2.1-3公里	1.6-2公里	1-1.5公里	1公里以內
	5.與鄰近學校間有無公共交通工具	無				有
	6.校齡	81年以上	61-80年	41-60年	21-40年	20年以下
	7.整合後之學校是否需再增建教室及充實設備	需大量增建教室及充實設備	需增建少數教室		僅需充實部分教學設備	完全不需增建教室或設備
	8.小型學校大部分教室屋齡	5年以內	6-10年	11-15年	16-20年	20年以上
	9.原校區之用途	十分不明確	不明確		明確	十分明確
	10.社區對學校之依賴度	高		中		低
	11.其他					
特殊性指標	1.該鄉鎮只有一所小學（100%）					
	2.原住民地區學校（100%）					
	3.到鄰近學校交通有重大安全顧慮（如經過土石流危險區域）（100%）					
	4.其他					

第四節　小型學校整合的區域模擬規劃

為對小型學校發展進行更具體之探究，本文以2004年花蓮縣鳳林鎮現有之國民小學及其學生分布、交通情形、與鄰近學校距離等，做模擬之規劃。

壹、區域簡介

花蓮縣鳳林鎮位於花東縱谷中間地帶，平原40%，河川地形占30%，餘為山（坡）岳地帶，東連豐濱鄉、北鄰壽豐鄉、西倚萬榮鄉、南界光復鄉，面積約120平方公里。人口約14,000人，全鎮共分為12個里。

轄內氣候溫和，極適農業生產，奠立早期農村社會發展型態，本地特產為畜牧業產品、西瓜。另外，本鎮人口中以客家人居多，是一個典型的客家庄，由於他們勤勞儉樸，重視教育，因而培育出許多士子，如花蓮縣的校長、教師，大半出自這裡，是本鎮最膾炙人口之處。該鎮為花東公路所貫通，鎮內大多學校係沿花東公路沿線而設，故而可藉由花東公路之交通聯絡各校，在地理環境上，與外界互動尚屬容易便利。

貳、學校分布

花蓮縣鳳林鎮內國小計有大榮國小（學生數84人，含中興分校）、北林國小（學生數55人）、鳳仁國小（學生數264人）、鳳林國小（學生數265人）、鳳信國小（學生數70人）、林榮國小（學生數63人）、長橋國小（學生數70人）等七校，全鎮國小學生數共計871人。

一、鳳仁國小

1961年9月1日成立，當時為鳳林國小之鳳仁分校。民國1962年10月1日獨立為鳳仁國民學校。學校位於鳳林鎮中心，在花東公路沿線上，從花蓮搭乘往鳳林的花蓮客運，至鳳林站下車，再步行約5分鐘即可抵達。全校目前計有12班，學生數264人，每班平均僅22人，與大榮

國小、北林國小、林榮國小三所小型學校間距離均不遠。該校有教室25間，其中含專科教室七間，教學空間充足。

二、鳳林國小

位於鳳林鎮中心，鳳林火車站附近，亦屬花東公路沿線學校，與鳳仁國小為鎮內二所較大之小學，亦為該鎮歷史最久之學校，從1920年設校至今，並先後設林田、萬里橋、北林、鳳信、鳳仁等分校，這些分校之後相繼獨立。目前學校有教師28人，職員2人，工友2人，學生265人。

三、大榮國小

成立於1914年3月1日，日本政府設校招日籍移民子弟，校名為林田尋常高等小學，至今已90年歷史，學校有如森林小學，綠樹林立，綠草如茵，春天一到，處處鳥語花香、蟲鳴鳥叫，學校除正常課程外，更編製美哉大榮的校本課程，介紹大榮社區、山興社區、中興社區和米棧社區的鄉土民情、自然景觀，養成學生愛鄉惜鄉的觀念。除本校外，該校尚有中興分校，目前全校有6班，教職員19人，學生84人，惟中興分校之學生均由該校二部交通車載送至大榮國小上課，分校已無學生上課。

四、北林國小

該校為距離花蓮市南方大約30公里的迷你小學，學校面積約1.20公頃，全校班級數計6班，學生53人，教職員14人，惟因學校規模較小，故除校長外，僅編制主任一人，社區結構90%以上為客家族群，近年因工商發達造成人口外流嚴重，學生數遞減，但仍以童軍教育、兩性教育和客家文化發展學校特色。

五、鳳信國小

該校創校於1964年，當時是鳳林國民學校分班，1968年奉准獨立為鳳信國民小學。該校位於鳳林鎮市郊南方，榮民醫院北方，花東公

路東側約300公尺，東臨中原農場，環境幽雅靜謐，校園林木參天，綠草如茵，鳥語花香，屬於純樸的農村社區，平地原住民（阿美族）居多，客家族群居次，大多務農工爲主。該校校地約1.1379公頃，班級數6班，學生數46人。

六、林榮國小

該校位於花東公路旁約15公尺處，1957年8月1日奉令設立南平國小林榮分班，1958年8月1日獨立爲林榮國小，校地面積約1.575公頃。現有6班，教師（含校長）11人、護士1人，幹事1人、工友1人計14人，學生數63人。普通教室及專科教室共計14間，綜合球場及網球場各一座，二百公尺跑道運動場，單身宿舍一間。

參、初步規劃構思

鳳林鎮於2001年曾做過整合方案之規劃，惟因部分地方人士之反對及配套措施不足，而未能成功。究其原因，被整合學校的反對及對政府政策貫徹的信心不足是主因，據電訪地方人士表示，因前南平分校廢除轉至北林國小就讀案，政府原承諾給予午餐補助及交通費補助，及原校區交由該地區社區發展委員會管理每年之一百萬元補助，均年減少，導致居民對整合方案之配套失去信心，加上地方人士認爲有學校政府才會重視地方的建設，也才會有文化教育功能，才能留住外流的人口，因此，在此地區的整合推動應首重與社區民眾的溝通及對未來整合優勢的規劃與說明，方案才有成功的可能。

鳳林鎮共計七所國小及一個分校，全鎮國小學生僅871人，因應其地區特性，本規劃將全鎮以鎮中心點（火車站）區分爲二大區，如圖3。北區以鳳仁國小爲主，整合大榮國小、中興分校、北林國小及林榮國小等四校一分校，全區學生數約466人；南區則以鳳林國小爲主，整合鳳信國小及長橋國小等三校，全區學生數約405人。

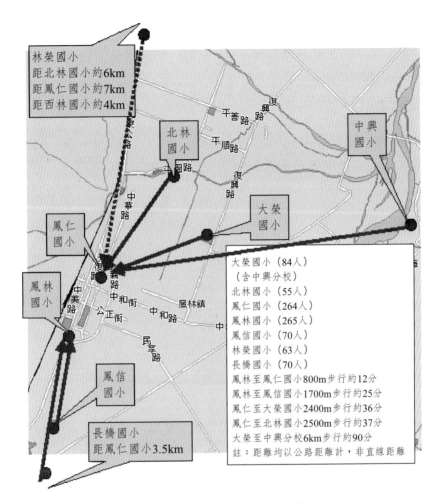

林榮國小
距北林國小約6km
距鳳仁國小約7km
距西林國小約4km

北林
國小

中興
國小

大榮
國小

鳳仁
國小

鳳林
國小

鳳信
國小

長橋國小
距鳳仁國小3.5km

大榮國小（84人）
（含中興分校）
北林國小（55人）
鳳仁國小（264人）
鳳林國小（265人）
鳳信國小（70人）
林榮國小（63人）
長橋國小（70人）
鳳林至鳳仁國小800m步行約12分
鳳林至鳳信國小1700m步行約25分
鳳仁至大榮國小2400m步行約36分
鳳仁至北林國小2500m步行約37分
大榮至中興分校6km步行約90分
註：距離均以公路距離計，非直線距離

圖3　鳳林鎮國小整合規劃圖

一、鳳仁國小

　　以目前12班規模估算，初期將北林國小、大榮國小及中興分校整合，整合後學生數403人，平均每班人數僅33.5人，無增班之需求。林榮國小則因距鳳仁國小約七公里，距離較遠，可維持原校，並可吸納部分北林國小學生就讀。惟因該鎮學生人數仍逐年遞減中，故長期仍可規劃將林榮國小一併整合，惟需有較佳之配套措施為宜。在配套措施方

面，為鼓勵小型學校間的整合，宜建立整合後之班級每班學生數不超過30人為原則，並配合花東公路上之公車或交通車之接送，給予學區學生就學之優惠。

二、鳳林國小

鳳林國小原有學生265人，整合鳳信國小及長橋國小等三校後，學生數約405人，平均每班人數僅33.5人，同樣無增班之需求。

參考文獻

(一)中文部分

內政部（2008）。人口政策白皮書。臺北市：內政部。

內政部（2011）。總生育率及人口出生數。2011年4月7日，取自http://www.ris.gov.tw/ch4/static/y7s700000.xls

吳政達、蕭霖（2004）。國民中小學學校最適規模與轉型策略之評估。教育部委託專案研究。臺北市：教育部。

林雍智(2006)。日本實施中小學校整併的情形對我國之啟示。教育行政與評鑑學刊，1，135-157。

邱賢農（1998）。裁併與創新──對省教育廳裁併偏遠小學的建言。政策月刊，30，21-23。

侯世昌（2002）。家長教育期望、參與學校教育與學校效能相關之研究。國立臺灣師範大學教育研究所博士論文，未出版。

侯世昌（2005）。國民小學最適學校規模及小型學校發展之研究。教育部國民教育司。臺中市：國立臺中教育大學。

施祐吉（2003）。策略聯盟概念應用於國民小學經營之現況研究──以屏東縣為例。臺東師範學院教育研究所碩士論文，未出版。

馬信行（1997）。國民教育公辦民營的可行性之探討。研考報導，38，44-58。

張夏平（1994）。臺灣省公立國民小學小型學校合併模式之研究。國立臺南師範學院

初等教育學系碩士論文，未出版。

教育部統計處（20111b）。小規模國中小縣市別分布。2011年4月7日，取自http://www.edu.tw/files/site_content/B0013/overview41.xls

教育部統計處（20111b）。主要統計表。2011年4月7日，取自http://www.edu.tw/statistics/content.aspx?site_content_sn=8869

陳賢舜（2000）。南投縣小型國民小學合併之研究。暨南國際大學教育政策與行政研究所碩士論文，未出版。

陳憶芬（1994）。山地小型國民小學合併之評估研究。國立高雄師範大學教育學系碩士論文，未出版。

黃宗顯、姜麗娟、蕭佳純（2010）。國民中小學整併或存廢問題之研究。教育部國民教育司（PG9806-0012）。臺南市：臺南大學。

葉子超（1996）。澎湖縣國民小學小型學校合併之研究。國立嘉義師範學院國民教育研究所碩士論文，未出版。

監察院（2004）。教育部所屬預算分配結構之檢討調查報告。2011年4月7日，取自http://www.cy.gov.tw/mp1.htm。

劉金山（2003）。臺灣人口成長與國民小學校數調整之研究。國立暨南大學教育政策與行政研究所碩士論文，未出版。

劉恩綺（2006）。面臨裁併的小型學校之教學與學習的特殊性與裁併意見之探討。2011年4月7日，取自http://faculty.ndhu.edu.tw/~ioed/95file/02_b07.pdf

鄭同僚、詹志禹、黃秉德、李天健、陳振淦、周珮綺（2008）。偏遠地區小學再生之研究。教育部國民教育司（PG9607-0031）。臺北市：國立政治大學教育學系。

(二)英文部分

Nelson, E. (1985). *School consolidation*. Oregon: University of Oregon.

問題與討論

一、何謂最適規模的學校？規模過大或過小的學校在教育實施上會產生哪些問題？

二、國中小學校整併的必要性及理由為何？學校整併議題的探討應思考的面向有那些？

三、有太多的整併只從經濟財務層面思考，忽略學校經營成效或學生學習成就的觀點。如何兼顧？

四、國中小學校整併議題應是全國性問題或是地方性的問題？目前教育部、直轄市、縣市政府在小型學校整併的政策為何？中央與地方、地方與地方間的政策有何差異？

五、學校整併後，對於廢棄的校園、校舍應如何處理？

六、小型學校整併與小型學校再生發展在理念和實施上有何相似之處？有何相異之處？

七、學校整併的理想流程為何？區域規劃在學校整併議題中具有什麼重要價值？

第五章

臺灣技職教育發展的契機與方向

張國保

一派青山景色優，前人田地後人收；
後人收得休歡喜，還有收人在後頭。

～宋－范仲淹～

　　技職教育為臺灣的經濟發展創造出令人驕傲的奇蹟。本章以文獻論述臺灣技職教育發展的契機與方向，第一節前言，敘述臺灣技職教育發展的演變歷程；第二節闡述當前臺灣技職教育發展面臨的挑戰；第三節分析臺灣技職教育發展的契機，第四節提出臺灣技職教育發展的方向，作為未來臺灣技職教育精進與改革的參考；第五節結論，就本章重要內涵加以總結。

第一節　　前　言

　　臺灣面積3萬6千多平方公里，山多平地少，可耕地及園藝面積占土地面積比率23%，人口數在全世界排名第48名，人口密度排名第9名（內政部，2011a）。是一個人口稠密，天然資源不足，卻能在2010年世界經濟論壇（World Economic Forum, WEF）競爭力之評比中獲得第13名佳績，也創造2010年平均國內生產毛額（Gross Domestic Product, GDP）18,588美元及國民生產毛額（Gross National Product, GNP）19,155美元，預估2011年平均每人GDP與GNP均可望突破2萬美元（行政院主計處，2011a）。行政院經建會訂定2011年經濟成長率4.82%、失業率4.9%、消費者物價指數上漲率不超過2%之國建目標值（劉憶如，2010）。顯然臺灣不因自然因素的限制猶能在國際經濟景氣低迷的大環境下不斷的競爭發展，其中重要的因素為人才的優質與政府多年來重視技職教育的成長，成功培育產業菁英，帶動產業的復甦與升級，使教育及產業互補受益。而人才的培育端賴教育長久的耕耘與扎根，尤其是務實致用導向的技職教育，與產業的連結及人才的培育關係更是緊密相扣。

　　臺灣的技職教育自1949年以來，完全配合經建發展的需求，不斷

調整擴充，尋求改革，記錄著經建發展、社會繁榮進步的腳印（江文雄，2004：1）。而政府於1973年修正《教育部組織法》增設教育部「技術及職業教育司」，主管技專教育、職業教育、職業訓練、建教合作及其他職業技術教育事項（全國法規資料庫，1973）。1974年為進一步提升高等技職教育品質，設立了第一所技術學院，技職教育之一貫體系終於成型。1980年代中期以後，我國經濟發展面臨國際化與自由化的強大挑戰，高等技職人力的需求大幅提升，教育部在1996年核准績優專科學校得以改制技術學院，具規模的技術學院得以改名科技大學；同時增設綜合高中，調整高職與普通高中（含綜合高中）學生比例為1：1（教育部技職司，2011a）。此外，教育部又厲行高職課程改革、多元入學、教學卓越計畫、跨領域學程、國際交流補助、產學創新、技職再造方案等政策，讓技職教育不斷卓越成長，更積極與國際及兩岸競爭合作、向上提升、為培育產業菁英而努力。

當21世紀知識經濟時代來臨，知識創新取代傳統勞力密集社會，產業不斷變革發展，社會結構也重新調整因應，臺灣正面臨多元文化與少子女化的衝擊與壓力。但全球化的趨勢，讓大專校院積極與國外學校接軌，招收外國學生來臺就學人數逐年增加，讓技職教育成功輸出越南、泰國、馬來西亞、新加坡、菲律賓及印尼等六個國家（教育部技職司，2011a）。2010年陸生三法（《臺灣地區與大陸地區人民關係條例》、《大學法》及《專科學校法》）的修正施行，大陸學生得有機會前來臺灣就學，大陸臺商對高級人才需求殷切，若能把握互動良機，將是臺灣技職教育發展的重要契機。

第二節　臺灣技職教育發展的挑戰

臺灣技職教育在多年的發展歷程中，培育各級技術優秀人才、提供低學術傾向學生就業及謀生技能、與產業建教合作提升人力素質、提供生活技能的學習動力、促進社會變遷及階層流動、提升國家核心競爭力、研發技術移轉與技職教育出口、提供弱勢族群技職教育機會等方面功不可沒（張國保，2008：3）。近十年技職教育的發展迅速，在發展

轉型的過程中，衍生技術人力的缺口、技職教育之二年制技術系產生銜接上的斷層、技職校院研究所的定位、私立技職校院的教育品質、教師學歷結構與產業實務經驗及少子女化與招生問題（張國保，2010：10-12）。這些問題加上教育市場的競爭，以及產業發展上的新需求，當前臺灣技職教育的重要挑戰事項，可歸納為少子女化趨勢、國際競爭、兩岸交流、產學落差、學用合一、教師專業、學生表現、就業能力及私立技職校院的教育品質等議題，說明如次。

壹、少子女化趨勢的考驗

依據內政部（2011b）的統計，2010年臺灣總出生人口為166,886人，創30年來最低點，不少專家推估係虎年所致，但2011年1-2月的出生人口數較2010年同月比較減少994人。少子女化現象影響技職校院的關鍵，在於當年出生人口數與18年後實際報考四技二專就學的關聯性。依此推估，1997年出生人口326,002人，將於2015年就讀四技二專；1998年驟降至271,450人，也將於2016年入學四技二專；2000年因龍年回升至305,312人。2001年開始又降至260,354人，之後連年下降，至2010年的166,886人新低點，短短十年負成長36%左右（內政部，2011b）。出生人口下降趨勢，顯示2015年以後，將是技職校院面對少子女化招生困境的開始，值得各校及早因應。

貳、國際競爭待強化

當國際化（internationalization）與全球化（globalization）的時代來臨，政府不但重視教育的投資，更於2009年提出「技職再造」方案（教育部技職司，2009a），積極鼓勵各校招收國際學生來臺就學。然多年來技職教育走向國際的難題在於國際化環境以及學生英語素質的提升，前者缺乏國際化的友善環境與配套；後者則顯現在技職學生無法將其卓越的專業心得與成就，應用外語對外溝通與表達。近年來政府積極正視此問題，並鼓勵學生透過英語證照檢定，如何向上提升，或許是技職教育危機中的轉機。

參、兩岸交流的競爭待突破

兩岸相同的語言、文化與生活習慣，使得兩岸間的情感密不可分。2010年8月陸生三法通過，為兩岸間的教育交流奠定法源基礎。但教育部政策上的三限六不原則（教育部高教司，2009）以及2,000名的限制總量，技職校院體系於2011學年度奉准包括臺科大等65校計招收877名，其中有34校招生名額低於10名以下（教育部高教司，2011），勢難讓臺灣的技職校院在兩岸發展競爭中凸顯其特色，與臺灣技職教育的優勢未成比例，而人數太少，不符合招生成本，更難顯現成效。

肆、產學存在落差現象

產學間必須建立良性合作關係，方能創造產學雙贏的目標。產學合作關係有二，一為人才培育，次為創新研發。人才培育的作法，除透過正規教育配合產業需求因應調整系所、學程規劃外，政策上尚有產業碩士專班、產業二技學士專班、產學攜手合作計畫、臺德菁英計畫、最後一哩學程、學士後第二專長學士學位學程（簡稱4$^+$學程）等不同學制班別或不同名稱之計畫方案，這些方案能否成功，均須掌握產業的需求導向。另創新研發方面，技職校院與產業間的產學合作已經啟動多年，但臺灣中小企業居多，產業通常忽略研發永續的重要性，欠缺整體性與持續性的合作關係。而教師對於主動積極協助輔導產業發展的誘因與機制，也都尚有持續檢討精進之處。

伍、學用合一的連結不足

技職教育欲縮小學用落差最重要的關鍵因素，在於學校的課程設計必須與產業發展亦步亦趨。技職教育的課程既以實用為導向，在規劃設計上自須強調專題製作能力、創新研發及業界實務經驗之提升，但課程與產業脫節的相關因素有未邀請業界共同規劃課程、理論實務無法兼顧、教學設備及實習設施汰換不及、市場供需失調猶未調整課程、授課內容老舊、缺乏新穎的資訊科技誘因及學生學習動機不足等現象。當全球景氣亮紅燈的期間，英國16到24歲沒有工作或正在學習的人數，暴增了約10倍；日本文部科學省鑑於年輕學生就業後卻立即離職者漸

增，對大學生職業、勞動觀，開始檢討所有大學及短期大學應該實施「職業指導」課程的方向；美國總統歐巴馬號召教育界努力達成2020年讓美國大學畢業率登上世界第一的地位（張國保，2009）。綜觀英國、日本與美國的相關措施，都是在強化學生踏入職場的競爭優勢，也正是臺灣技職教育必須要面對的重點。

陸、教師專業的提升待加強

在相關政策的導引下，技職校院反而漸趨普通大學化，技職教師失去實務化。如改名科技大學、改制技術學院、教師升等、教師評鑑及教學卓越計畫等規定，均要求技職教師具博士學位比例、教師發表學術期刊之研究成績，使得技職校院教師要面對技術研發，也要迎合學術著作發表的雙重要求，致產生高學歷、低實務；重學術、輕技術的經驗，以及放棄以技術報告升等，改以通過率較高的學術論文著作升等。如此發展的結果，使得技職校院的實務特色漸失。2008學年度技專校院教師未具實務經驗之專任教師占66.8%，比率偏高（教育部技職司，2009a），產業界更經常抨擊「教師只教自己會的，不是教業界所需求的」，因此，教師須走進業界，一方面發掘問題並加以指導；另以教師的專業研發成果，導引業界前瞻創新，提升教師的實務經驗。

柒、學生專業表現待提升

技職學生打從國中畢業開始分流後，高職學生在國文、英文、數學普遍低於普通教育學生，傳統的升學主義掛帥，學生的能力、興趣與性向並未與升學掛勾，在高職階段技職學生即被貼上不適學習的標籤，學生的學習動機甚低，加上學生課餘打工，或有些進入職場實習，真正能投入基礎學科及專業實務上的學習相當有限。教育部推動獎勵科技大學及技術學院教學卓越計畫、補助大學校院辦理跨領域學位學程及學分學程等措施，要培養符合產業所需的人才。要求大學建立學生輔導機制，訂定學生核心能力指標；提升學生實務能力，輔導學生取得專業證照及參與競賽；開設提升學生創意、創新、創業及專題製作課程；建立畢業生資料庫及流向追蹤機制，協助在校學生之選課、學習及職涯規

劃，以提高學生的專業實務競爭能力（教育部技職司，2010a）。

捌、就業能力須重視

技職教育強調能力本位的教育與訓練（competence-based education and training），重視學生情意目標的自我尊重（self-esteem），透過教育訓練及成果機制（mechanistic performance outcomes）增進學生的成就感（Hyland, 2006：302）。依行政院主計處（2011b）統計，2010年就業人口之教育結構，國中及以下與高中（職）程度者占總就業之比率逐年下降至22.50%與34.15%，大專及以上程度者比率則逐年上升至43.36%，就業人力素質明顯提升。若依教育程度別觀察失業率，國中及以下程度者為4.22%；高中（職）程度者為4.95%；大專及以上程度者為4.71%，其中大學及以上程度者為5.37%（行政院主計處，2011c）。可見「高學歷、高失業率」情況依然存在，就業能力的提升，仍須加以重視。

玖、私立技專校院的品質問題待提高

2010學年，大專校院學生1,343,603人，公立436,216人（約32.5%）、私立907,387人（約67.5%），其中技職體系學生660,617人（約49.12%），公立技專128,165人（約19.4%）、私立532,452人（約80.6%）（教育部統計處，2011）。私立技專校院占有技職體系超過80%的學生比例，辦學良窳將影響技職教育成敗。行政院於2010年舉辦「全國人才培育會議」強調培育「量足質精的優質人力」（教育部高教司，2010），唯有提升人數眾多的私立技專校院學生品質，方能達成「量足質精」的目標，而欲提升學生品質，就必先提高私立學校的辦學績效（張國保，2010：11）。

第三節　臺灣技職教育發展的契機

近幾年教育部提出「技職教育再造方案」、技職校院策略聯盟、產學攜手合作計畫、教學卓越計畫、提升就業力、產學合作、國際輸

出、兩岸互動以及配合十二年國民教育改進高級中等職業學校的種種努力，展現出技職教育發展的前景契機。

壹、推動技職再造方案

教育部在2009年提出「技職教育再造方案」，其目的在藉傳統觀念、教學資源、學生因素及產學變化等四大面向之努力，期消除社會「重視普通教育，輕忽技職教育」刻板印象的錯誤觀念；改善技職教育資源不足，提升教學品質；強化學生基本學科能力以利未來職涯發展的需要；同時增進技職教育與產業界互動，提高教師改善實務工作經驗，鼓勵教師以技術報告升等，推廣產學合作之誘因等（教育部技職司，2009a）。

該方案在「強化務實致用特色發展」及「落實培育技術人力角色」之定位下，期達到「改善師生教學環境、強化產學實務連結、培育優質專業人才」的目標。共提出十項施政策略，包括：1.強化教師實務教學能力；2.引進產業資源協同教學；3.落實學生校外實習課程；4.改善高職設備提升品質；5.建立技專特色發展領域；6.建立符合技專特色評鑑機制；7.擴展產學緊密結合培育模式；8.強化實務能力選才機制；9.試辦五專菁英班紮實人力；10.落實專業證照制度（教育部技職司，2009a）。

綜觀「技職教育再造方案」，以彰顯並強化「技職教育特色」為規劃實施之重點與策略。針對臺灣技職教育之弱勢及待強化改進之項目，虛心檢討並務實改革，有助臺灣技職教育的煥然一新。

貳、落實技職校院策略聯盟

為加強技專院校與高職之間的教學合作，協助高職學生能銜接技專校院課程並促進學生就近選擇技專校院就讀，推動技專校院建立策略聯盟計畫。內容強化學生專業技術能力及結合學生進路；協助高職學生銜接技專校院課程，促進就近升讀技專校院；藉技專教師協助高職教師提升專業技術能力，促進產學合作；協助高職與技專教學資源整合；推動技專校院為社區教育學習中心；營造教育夥伴關係，發揮技職一貫的教

育理想（教育部技職司，2011b）。

在強化學生專業技術能力部分，策略聯盟共同推動專題製作及專案研究；共同推動產學合作（包括建教合作）；共同規劃銜接課程及學校本位課程；及其他相關活動。高職教師及學生可以參與技專校院教師所主持的專案研究，技專校院教師也能藉此機會分享專題製作經驗，雙方藉由合作提升專題研究能力。策略聯盟團體可共同規劃高職與技專校院之間的課程銜接，也能協助高職加強其專業技能之培訓，發展出針對學校特色、學生需求的學校本位課程（教育部技職司，2011b）。

綜言之，技專校院與高職之間的策略聯盟，有助技職教育特色的提升，凝聚技職教育力量，落實技專校院與高職之垂直資源分享，強化技專校院、高職與產業間三合一的夥伴關係，堪為技職教育的一大契機。

參、強化產學攜手合作計畫

為實現技職教育與產業實務的結合，提升專業技術人才培育水準，教育部自2006學年度規劃「產學攜手合作計畫」，透過高職學校與技專校院間規劃彈性的學制與課程，培育產業需求技術人力，結合實務導向技術發展，兼顧經濟弱勢與學習弱勢學生的進修與就業，落實對產業特殊類科及傳統基礎產業人才的培育，並滿足缺工產業的人力需求（教育部技職司，2011c）。

產學攜手合作計畫，以兼顧學生就學就業為基礎之教育模式，發揚技職教育「做中學、學中做」務實致用之特色。透過學制彈性，協調廠商提供高級職業學校或技專校院學生就學期間工作機會或津貼補助，或設施分享，其對學生、對業界、對技職校院都有相當大的助益。對學生而言，可提升家庭經濟弱勢學生升學與就業意願；對廠商而言，除技術交流外，亦可滿足業界缺工需求，穩定產業人力，減少流動。對技專校院而言，與業界合作能據以發展系科本位課程規劃，因應社區發展與需求的特色，培養學生畢業即就業的能力，發揮技職教育之優勢。對高職而言，辦學績優之學校亦能成為區域特色指標學校。對技職學校體系而言，技專校院扮演大手牽小手的功能，做為社區高職學校的後盾，以奠

定推動十二年國民基本教育之良好基礎（教育部技職司，2011c），共同攜手培育產業所需人才，發揮技職特色與優勢。

肆、提升教學卓越計畫成效

我國大學數量在近幾年急速擴充，大學教育已從傳統的菁英教育轉型為大眾化的教育。大學的數量擴充但其質量卻沒有隨之提升，以至於高等教育的成效受到質疑（教育部技職司，2008）。

教育部為匡正科技大學及技術學院重研究、輕教學之傾向，營造優質之教學環境，協助教師專業成長，調整及改進課程，提升學生學習成效，以發展教學卓越技職校院典範，訂頒《教育部獎勵科技大學及技術學院教學卓越計畫要點》（教育部技職司，2010b）。期透過專案經費的補助，達到教師專業水準的提升，完善健全的課程規劃，學生學習意願的強化及教學評鑑制度的建立（教育部技職司，2008）。

教學卓越計畫的成果皆為公開可供檢核的資訊，各校可藉由教學觀摩互相學習各校的優點，教學品質也能藉由修正達到提升。透過競爭性的獎勵機制，落實教學、學生訓輔及其他有助於提升教學成效之創新作法，經由學校整體制度面之改革，促進大學教學品質的提升（教育部技職司，2010a）。

教學卓越計畫審查分為「共同性審核指標」及「學校特色審核指標」二類，前者包括提升教師教學品質、強化學生學習成效、改善課程學程規劃等面向；後者則由學校評估系所特性、師資結構、教學設備、學生素質等因素，考量發展願景及教育目標，研提具學校特色及創新性，可提升教師教學品質、強化學生學習成效、改善課程學程內容之措施（教育部技職司，2011d），確實助益教學成長。

伍、重視學生就業力的提升

政府為增加實習機會，考量國內經濟復甦緩慢，且青年失業率仍偏高，教育部檢討規劃「培育優質人力促進就業計畫」（2009～2011年），藉以特定性就業輔導計畫，提升大專畢業生的就業能力與機會（教育部技職司，2011e）。此外，全國人才培育會議與就業有關之內

容包括發展臺灣成為量足質精優質人力基地、促進國家人才培育與產業緊密結合以及全面提升產業及公共事務人力素質，使人才培育與產業發展、社會需求及國家政策密不可分（教育部高教司，2010）。2010年第八次全國教育會議以「知識經濟人才培育與教育產業」子議題，探討因應知識經濟發展的學生基礎能力、以成果導向模式提升教學品質及落實知識加值與產學合作等子議題之探討，都是期望學生提升能力，增進就業機會（教育部秘書室，2010）。

又，教育部於2010年首度開辦學士後第二專長學士學位學程（簡稱4+X學程），提供大學畢業生跨領域學習與進修，訓練第二專長，畢業後可取得第二張大學文憑（教育部技職司，2011f）。而教育部獎助技專校院推動最後一哩就業學程，在鼓勵學校聯結區域或相關產業，共同規劃最後一哩就業學程，協助技專校院志願就業畢業生轉銜至產（企）業界，並輔導充分就業，強化學生在學最後一年至二年綜合（再學習）、跨領域創新及實務經驗（教育部技職司，2011g）。

陸、強化產學合作績效

教育部除已設立六個區域產學合作中心外，也以精密機械與光機電、休閒與服務創新、綠色能源與環境生態、電力電子與通訊、生技醫療與精緻農業、文化創意與數位服務等六大領域設立技專校院技術研發中心及12所聯合技術發展中心暨夥伴中心，鼓勵技專校院運用既有技術成果進行產學合作，並將研發成果反饋教學，以落實務實致用特色（教育部技職司，2011h）。為健全產學合作法制，教育部訂定《大專校院產學合作實施辦法》等相關法規（教育部技職司，2011i），以深化技職教育之實務教學，培育具有實作力及就業力之優質專業人才，加強技職教育與產業接軌，提供學生零距離與無縫接軌之產業科技認知，縮短學校教育與業界人才需求之距離，也補助技專校院遴聘業界專家協同教學（教育部技職司，2011j）。

柒、積極技職教育輸出國際

全球化時代，無論是政治、經濟、社會及文化都受到影響

（Robertson, 2003:155-156）。教育當然也在全球化環境下更加熱絡與積極，為提升技專校院學生之外語能力，教育部推動技專校院與國外教育或職業及訓練機構進行實質之國際合作與交流，並配合階段性重點政策持續推動國際化工作，以期加速提升技專校院國際競爭力（教育部技職司，2011k）。

為協助各技專校院赴東南亞國家與當地國經教育部認可之大專院校合作開設專班，促進技專校院國際化，提升技專校院國際競爭力，輸出技職教育產業，強化學術外交，以越南、泰國、馬來西亞、新加坡、菲律賓及印尼等六個東南亞國家作為重點推動國際教育的目標（教育部技職司，2009b，2011a）。另訂補助技專校院學生出國參加國際性技藝能競賽及發明展，拓展學生國際視野，促進學生熟練專門技術，重視實作學習，發展學校特色（教育部技職司，20111）。

捌、穩健兩岸互動交流

兩岸雖然文字有正、簡體之分，惟尚能溝通無阻。在教育上影響深遠的陸生三法修正案於2010年8月經立法院三讀修正通過後，教育部於2011年相繼完成相關子法的修正施行，教育部參酌各校教學資源條件、招生名額及優勢、學生輔導機制、國際及兩岸交流經驗等審查項目，共核准一般大學體系包括臺大等67校、技職校院體系包括臺灣科大等65校，可以在2011學年度招收2,000名（不含離島）陸生修讀正式學位，其中技職體系計877名（教育部高教司，2011），雖未足敷技職校院需求，惟仍可穩健發揮兩岸交流互動效益。

玖、規劃中等技職教育體系改革

近幾年政府積極規劃十二年國民基本教育、優質化高中職、公私立高中職免學費政策、國民中學學生基本學力測驗轉型及國中技藝教育學程等政策，對技職教育之扎根與影響深遠。

一、十二年國民基本教育政策

依據《中華民國憲法》第二十一條「人民有受國民教育之權利與義

務。」《教育基本法》第二條第一項明定「人民爲教育權之主體。」根據聯合國教科文組織（United Nations Educational, Scientific and Cultural Organization, UNESCO）的統計，目前全世界實施10年以上國民基本教育的國家計有40餘國（教育部，2011a）。2010年第八次全國教育會議中，社會各界呼籲政府儘早實施十二年國民基本教育。因此，行政院旋即成立跨部會「十二年國民基本教育推動小組」，由副院長擔任召集人，教育部亦成立「十二年國民基本教育工作小組」及「十二年國民基本教育工作圈」，積極研議相關政策（教育部，2011a），對未來建構優質健全的後期中等教育體系，應有正向的效果。

二、優質化高中職

教育部爲鼓勵家長及高中職學生就近選擇鄰近的社區學校就讀，除積極辦理高中職社區化，達到均質化與均衡化目標外，爲提升高級中等學校辦學品質及績效，達成高中職優質化之目的，透過高中職評鑑機制，提升各校辦學品質，並實施「高中職優質化輔助方案」（教育部，2010a）。爲配合職業學校群科課程綱要內容相關的輔助儀器、設備設施基準，改善高職設備，於「技職教育再造方案」中，核定補助國立高級職業學校、高中附設職業類科學校、特殊學校（含綜合職能科）、綜合高中專門學程、實用技能學程及附設進修學校等124校補助經費。爲因應高級中等教育發展趨勢，增進學校財務經營管理能力，於國立高級中等學校實施校務基金（教育部，2009），賦予高級中等學校更大的學校本位經營權責。

三、公私立高中職免學費政策

教育部爲協助私校弱勢族群學生順利完成高中職學業，並提升私校教育品質，促進後期中等教育的均衡發展，落實就近入學政策，奠定推動十二年國民基本教育之良好基礎，自2010年實施齊一公私立高中職（含五專前三年）學費方案（教育部，2010b）。此外，實用技能學程、產業特殊需求類科、建教合作班、進修學校家戶年所得30萬元

（含）以下學生、原住民學生及特殊身分學生等，都分別有學費全免或一定額度的補助，讓弱勢學生不必憂心學費問題（教育部，2010b）。馬英九總統於中華民國建國百年元旦文告宣示：「預定2014年高中職學生全面免學費、大部分免試入學。」（教育部中教司，2011），此項重大政策，當為我國教育史上的一大利基，也是全體國民之福。

四、國民中學學生基本學力測驗轉型

為紓緩國中學生升學壓力，促進國中教學正常化，建構優質的國民基本教育，教育部配合2014年高中職學生大部分免試入學之實施，已著手檢討修訂「國民小學及國民中學學生成績評量準則」，以有效、公平的評量學生在校學習表現，確保學生品質及提升，達到學生適性學習發展、教學正常化之政策目標。此外，國民中學學生基本學力測驗的轉型方向，將以學生適性發展為規劃核心理念，其目的在於貫徹國民中學教學正常化、適性輔導及給孩子希望、開創國家未來（教育部中教司，2011）。

另，教育部於「技職再造方案」中，規劃試辦五專菁英班紮實人力，招收性向明顯且具潛能性之優秀國中畢業生，投入適合長期培育、新興或特定領域；配合專業證照取得或實習經驗累積，兼顧就業能力與適性學習發展；彈性銜接高等教育階段學制（校內5＋2方式），以利學生學習一貫及深化，暢通升學管道，滿足務實致用專業人才需求，彌補產業技術人力需求之缺口（教育部技職司，2009a）。這項方案提供國民中學學生的多元選擇，也是值得肯定的一項政策。

五、國中技藝教育學程

學生在經過七、八年級（國一、國二）生涯發展教育課程，對職業性向明確的同學，可在國三（九年級）選修技藝教育學程。基於職業試探的理念，課程主要為試探性質，實作多於理論，使學生可多一些實務之學習，以加深對職業生涯的認識，並培養對工作倫理與職業道德的認識（教育部，2011b）。技藝教育學程的學生畢業後，可優先升讀高中職三年免學費之實用技能學程，或可參與各項多元入學方案，就讀高

中、高職及五專。技藝教育學程的教學透過實務練習，藉以激發學生的學習興趣，使學生能自我探索，增進學習的自信心，達成適性教育之理想。國中技藝教育學程之成效可提供學術成就較低學生另類的選擇、提供性向偏向學生及早學習技藝教育機會，減少學生中途輟學。是以本學程對加深學生生涯試探，培養學生自我探索、生涯探索、觀察模仿、模擬概念及實作技巧等五種核心能力，幫助學生未來生涯之發展（教育部，2011c）。

第四節　臺灣技職教育發展的方向

　　行政院經建會為使我國經濟穩定永續發展，在2011年提出「創意優質人力規劃」，在人才培育上包含改善教育品質、培育優質人力、加速創新研發等三大內涵（劉憶如，2010）。教育部技職司（2011a）技職教育簡介之未來展望，包含實施十二年國民教育、普及並深耕全人教育、提升技專院院教學品質、評鑑引導技專校院特色發展、培育務實致用專業人才、打造東亞高等教育重鎮、積極拓展兩岸學術交流、鼓勵開拓多元回流教育及強化實踐社會服務責任等九大項。本章歸納未來臺灣技職教育的發展，可包括因應少子女高齡化、務實致用、卓越精進、專業能力、產學創新、就業能力、行銷國際、兩岸交流及終身學習等九大方向。

壹、因應少子女高齡化導向

　　鄰近的日本、韓國及新加坡等國家也都面臨少子女化的趨勢（Call, Sheffield, Trail, Yoshida, & Hill, 2008）。而我國自1993年起邁入高齡化社會，2010年兩性平均餘命79.24歲，六十五歲以上老人所占比例已達10.7%，且持續攀升（內政部，2011c），行政院有必要成立跨部會之「少子女高齡化應變小組」，由副院長或政務委員任召集人，除鼓勵生產，並協調政府相關部會資源，使少子女高齡化衝擊與傷害降到最低。教育部在政策上有必要鬆綁總量規定，授予學校更大自主因應與面對。學校方面，必須更寬廣的增闢生源，如境外之大陸學生、國際學

生、華僑學生、或設境外據點、開設境外專班、雙聯學制班等；辦理成人需求之學位或學分專班、在職進修專班；開辦產業界需求之在職訓練專班、產學攜手專班、學士後第二專長班、產業回流班；服務社區民眾進修需求之學習課程（張國保，2011）。

此外，學校行政單位要適時檢討及修正相關規章。如訂定系所基本運作成本之最低規模、訂頒教師資遣相關辦法、檢討教師聘約規範、修正組織規程及開源節流。學術單位應檢討學院系所資源與重點方向、加強招生宣導、重視教學輔導成效、落實產學合作、提高競爭優勢及深耕國際兩岸等努力（張國保，2011）。私立學校董事會也應審慎檢討辦學成效，評估學校轉型、合併或退場的可能性與因應，同時應積極擴大募款來源，充實私校營運的財源（張國保、陳殷哲，2010）。

貳、務實致用導向

為了培養學生務實致用的觀念與能力，有必要推動技專校院學生校外實習課程，及職場實務訓練，以促進產學人才培育之連貫性，促使學生及早體驗職場工作，增加學生於職場的適應力與競爭力（教育部技職司，2011h）。學校應負責尋找合作廠商，簽訂人才培育合約，要求課程的規劃必須與產業連結，且須將務實致用的相關能力或證照列為畢業門檻。教師負責專業實務的教學，應以產業需求的主題進行研發，並將成果融入教學。學生應學習理論與實務結合之課程，並將業界實習與證照考試列為必修與門檻。產業除了提供實習場所與機會外，應指派專業技術人員擔任專業技術教師，使學生獲得雙師的指導。

參、卓越精進導向

追求卓越是學校共同發展的願景，教育部為提升大學品質，透過頂尖一流大學及教學卓越計畫之經費補助，期各校教學、研究、課程規劃、教師教學、學生學習成果及國際競爭等，均能相對成長與進步。為提高私立技專校院的辦學水準，教育部核撥整體發展獎補助經費給私立技專校院，用以提升各校師資擴充、教師進修研究、硬體設備採購及改善、軟體資源的升級（教育部技職司，2011m）。近幾年已明顯看到這

些政策成效，宜持續推動，以落實培育優質人才為目標。

肆、專業能力導向

產業人力需求從過去的勞力密集到今日以服務業為趨勢的需求，技職教育都配合調整因應。政府選定生物科技、綠色能源、精緻農業、觀光旅遊、醫療照護及文化創意等六大新興產業（行政院經建會，2011）為發展重點，技職教育的人才培育、課程規劃、教學實習、證照考試等有必要配合產業的變革，重新規劃培育具有專業能力的學生。至於學生的性向、興趣與能力是否勝任學習、實習及產業需求，則需從學生學習成果導向來加以落實輔導與評估。

伍、產學創新導向

我國推動產學合作多年，已有初步成果，如何強化成效，縮小產學間的鴻溝與落差，需再深化高等教育人才培育與產業需求連結，建立親產學校園環境，並加強學校育成中心與專業服務單位連結（劉憶如，2010）。因此，必須建構適合產學溝通互動、相互研發的平臺與機制，政府站在媒合的立場，需積極扮演催生與制度建置的角色，使業界願意合作，也使教師於教學、研究與服務輔導的同時，視產學合作與創新為升等與服務的一環。此外，產學研發成果的稅賦也需檢討建置，方能強化學校、產業及教師三方的誘因與意願。

陸、就業能力導向

透過職場學習（work-based learning ,WBL）來診斷知識、技能與經驗的教育成果，已成為技職教育的重要改革方向（Hyland, 2006：303-304）。我國2011年6月就業人數1,069萬6千人，較5月增加2萬6千人或0.25%；較上（2010）年同月亦增21萬3千人或2.03%。失業人數為48萬6千人，較上（2010）年6月減少8萬4千人或14.67%（行政院主計處，2011c），顯見國內景氣回升。失業人數減少，也象徵就業人口的就業能力符合產業需求條件或標準。換言之，無論是職前正規教育，或透過產學訓培育的各種產學專班，或是在職人員進修第二專長等機

制，都以提升學生或在職人員的就業能力為導向，值得教育部與各技職
校院積極規劃推動。

柒、輸出國際導向

2007年技專校院國際合作招收外籍學生1,261人次，至2009學年度
成長到1,835人次，就量的增加而言，成長45.52%，可謂績效卓著。教
育部為打造臺灣成為東亞高等教育重鎮，未來將以深耕東南亞計畫為推
動基礎，規劃擴大招收東南亞國際學生、培育東南亞高階人才、深化與
東南亞交流互動。期望增加來臺灣攻讀學位之東南亞學生至2012年達
到15,000人、2014年達17,000人（教育部技職司，2011a）。為使政策
目標如期達成，技專校院應成立專責單位，建置友善的國際學生學習環
境，以學校優勢特色領域為招生宣導重點，透過正規生、交換生、雙聯
學制、師生交流及產學合作關係，培育國際生回國就業的謀生能力，以
提高來臺就學之意願。

捌、兩岸交流導向

技職校院招收大陸學生來臺就學之優勢條件，包括技職校院的辦學
經驗，可提供大陸高等技職校院參考；技職校院的類科多樣化，可符
應業界的不同需求；學制多元，利於陸生銜接獲取學位，或攻讀研究
所學位；師資陣容堅強，理論實務兼具。且兩岸都重視技職教育的發
展，少子化帶來師資及校舍資源的充裕條件，加上大陸高考未錄取者仍
多（張國保，2010），各校可發揮學制多元的優勢性，規劃多元選擇
學程；跨岸產學研發，提高創新成效；籌募獎學金，吸引優秀陸生就
學；建立大陸招生據點；與大陸臺商合作，提供實習場所與學成返陸就
業機會等機制，落實兩岸技職教育交流與產業人才培育（張國保、楊淑
涵、張馨萍，2011：12-17）。

玖、終身學習導向

2010年我國兩性零歲平均餘命79.24歲，較98年之79.01歲增加
0.23歲。男性零歲平均餘命76.15歲、女性82.66歲（行政院主計處，

2011d）。在少子女高齡化的社會，終身學習是人民的權益，也是政府應予保障的義務。任何教育或訓練都能強化成人的潛能、生存發展的新技能、勝任職場角色及生活的調適（Hunt & Jackson, 1992：25）。政府將規劃年滿22歲工作滿4年者皆有機會進入大學校院的政策，也是各技專校院發展的機會，各校要考量不同階層人員需求，強化職能的重建與再造，滿足成年人回流進修與學習新科技知識與能力的挑戰，善盡學校應有的社會責任。

第五節　結　論

　　技職教育對臺灣教育及產業的價值與貢獻，無庸置疑。政府計畫在2012年實施中央行政機關組織改造，教育部在僅有8個司的一級單位中猶能保留「技術與職業教育司」的設立，顯見政府在組織與人員精簡的過程，仍相當肯定技職教育的重要性。過去，技職教育成功地為產業培育許多菁英與各級專業技術人才，使臺灣國民所得提升，經濟繁榮。未來，因應十二年國民基本教育的推動、少子女高齡化趨勢、大環境轉型、產業升級、科技創新、全球化與國際競爭、兩岸交流與合作及國家政策的導航下，臺灣技職教育勢必繼續成長，為培育優秀的產業人才不遺餘力。

參考文獻

(一)中文部分

內政部（2011a）。**內政國際指標**。2011年2月8日，取自http://sowf.moi.gov.tw/stat/national/list.htm

內政部（2011b）。**內政統計月報**。2011年2月8日，取自http://sowf.moi.gov.tw/stat/month/list.htm

內政部（2011c）。**內政統計通報—99年底人口結構分析**。2011年8月2日取自http://

sowf.moi.gov.tw/stat/week/list.htm

行政院主計處（2011a）。100年7月29日發布國民所得統計及國內經濟情勢展望。
　　2011年8月2日取自http://www.dgbas.gov.tw/ct.asp?xItem=29569&ctNode=2858

行政院主計處（2011b）。2010年報提要分析。2011年3月26日，取自http://www.
　　dgbas.gov.tw/public/Attachment/13109581571.pdf

行政院主計處（2011c）。2011年6月人力資源調查提要分析。2011年8月2日，取自
　　http://www.dgbas.gov.tw/ct.asp?xItem=29555&ctNode=3248

行政院主計處（2011d）。99年國人零歲平均餘命估測結果。2011年3月30日，取
　　http://www.dgbas.gov.tw/ct.asp?xItem=15409&CtNode=4595&mp=1

行政院經建會（2011）。六大新興產業。2011年3月29日取自http://www.cepd.gov.tw/
　　m1.aspx?sNo=0012445&ex=1&ic=0000015

江文雄（2004）。兩岸技職教育。臺北：師大書苑。

全國法規資料庫（1973）。教育部組織法。2011年2月9日，取自http://law.moj.gov.
　　tw/LawClass/LawAll.aspx?PCode=H0000001

教育部（2009）。國立高級中等學校校務基金設置條例。2011年3月29日，取自http://
　　edu.law.moe.gov.tw/LawContentDetails.aspx?id=FL048845&KeyWordHL=&StyleTy
　　pe=1

教育部（2010a）。教育部補助高中優質化輔助方案經費審查原則。2011年3月22日，
　　取自http://edu.law.moe.gov.tw/LawContentDetails.aspx?id=GL000014&KeyWordHL
　　=&StyleType=1

教育部（2010b）。教育部辦理齊一公私立高中職（含五專前三年）學費方案說帖。
　　2011年3月29日，取自http://www.tve.edu.tw/Public/HotNews/2010727235250141.
　　pdf

教育部（2011a）。十二年國民基本教育資訊網。2011年3月22日，取自
　　http://140.111.34.179/about01_origin.php#

教育部（2011b）。技藝教育資訊網：國中技藝教育學程。2011年3月29日，取自
　　http://140.122.71.231/Ptae/web2006/news.asp

教育部（2011c）。公私立高級中等學校辦理實用技能學程三年免學費經費補助注意
　　事項。2011年3月29日，取自http://edu.law.moe.gov.tw/LawContentDetails.aspx?id

=GL000017&KeyWordHL=&StyleType=1

教育部中教司（2011）。十二年國民基本教育入學方式與國中基測轉型。2011年3月
　　29日，取自http://www.moe.gov.tw/news.aspx?news_sn=4323&pages=0&unit_sn=14
　　&keyword=%b0%ea%a4%a4%b0%f2%b4%fa&d_1=99-01-01

教育部技職司（2008）。**教育部技職司資訊傳播網：臺灣技術及職業教育簡介**。2011
　　年3月28日，取自http://www.tve.edu.tw/Aboutus.asp?catid=43&item=1

教育部技職司（2009a）。技職教育再造方案。2011年3月29日，取自http://www.edu.
　　tw/plannews_detail.aspx?sn=194&pages=4

教育部技職司（2009b）。技職校院赴東南亞開設境外專班試辦要點。2011年3月28
　　日，取自http://edu.law.moe.gov.tw/LawContentDetails.aspx?id=FL042667&KeyWor
　　dHL=&StyleType=1

教育部技職司（2010a）。**教育部技職司教學卓越網：教學卓越願景**。2011年3月28
　　日，取自http://campusweb.yuntech.edu.tw/~eminent3/

教育部技職司（2010b）。**教育部獎勵科技大學及技術學院教學卓越計畫要
　　點**。2011年3月22日，取自http://edu.law.moe.gov.tw/SearchAllResultList.
　　aspx?KeyWord=%u6559

教育部技職司（2011a）。**中華民國技術及職業教育簡介**。臺北市：作者。

教育部技職司（2011b）。**教育部補助技職校院建立策略聯盟**。2011年3月27日，取自
　　http://alliance.cust.edu.tw/Alliance/AllNews.jspx?menuOid=276

教育部技職司（2011c）。**教育部推動產學攜手合作計畫作業參考手冊**。2011年3月27
　　日，取自http://www.tve.edu.tw/HotNews.asp?NewsId=276

教育部技職司（2011d）。公布100～101年度獎勵科技校院教學卓越計畫審核結
　　果。2011年3月27日，取自http://www.news.high.edu.tw/news050/2011020917.
　　asp?c=0500

教育部技職司（2011e）。**畢業不是失業，把握就業機會**。2011年3月27日，取自
　　http://www.moe.gov.tw/news.aspx?news_sn=3886&pages=0&unit_sn=13&keyword=
　　%b9%ea%b2%df&d_1=99-01-01

教育部技職司（2011f）。99學年度大學校院辦理學士後第二專長學士學位學程
　　（4+X）。2011年3月27日，取自http://www.techadmi.edu.tw/search/4plus/

教育部技職司（2011g）。教育部獎助技專校院推動最後一哩就業學程要點。2011年3月28日，取自http://edu.law.moe.gov.tw/LawContentDetails.aspx?id=FL043400&KeyWordHL=&StyleType=1

教育部技職司（2011h）。教育部產學合作資訊網。2011年3月28日，取自http://www.iaci.nkfust.edu.tw/Industry/CP.aspx?s=5&n=18

教育部技職司（2011i）。技術職業教育法規體系。2011年3月28日，取自http://edu.law.moe.gov.tw/LawCategoryContentList.aspx?id=05&CategoryList=05

教育部技職司（2011j）。教育部補助技專校院遴聘業界專家協同教學實施要點。2011年3月28日，取自http://edu.law.moe.gov.tw/LawContentDetails.aspx?id=FL050603&KeyWordHL=&StyleType=1

教育部技職司（2011k）。教育部補助技專校院辦理國際合作與提升學生外語能力計畫申請要點。2011年3月28日，取自http://edu.law.moe.gov.tw/LawContentDetails.aspx?id=FL047331&KeyWordHL=&StyleType=1

教育部技職司（20111）。教育部補助技專校院學生出國參加國際性技藝能競賽及發明展作業要點。2011年3月28日，取自http://edu.law.moe.gov.tw/LawContentDetails.aspx?id=GL000462&KeyWordHL=&StyleType=1

教育部技職司（2011m）。教育部獎勵補助私立技專校院整體發展經費核配及申請要點修正規定。2011年3月28日，取自http://tvc-fund.yuntech.edu.tw/Rules/standard.aspx

教育部秘書室（2010）。第八次全國教育會議即將啓動－教育資料展揭幕，看見教育在進步。2011年3月27日，取自http://www.moe.gov.tw/news.aspx?news_sn=3820&pages=0&unit_sn=2&keyword=%a5%fe&d_1=99-01-01

教育部高教司（2009）。教育部針對開放招收陸生及採認大陸學歷相關規劃說明。2011年3月21日，取自http://www.moe.gov.tw/news.aspx?news_sn=2880&pages=0&unit_sn=3&keyword=%a4j%b3%b0%be%c7%be%fa

教育部高教司（2010）。全國人才培育會議圓滿落幕－建立「育才、留才、攬才」共識擘劃人才培育改革策略藍圖，2011年3月22日，取自http://www.moe.gov.tw/news.aspx?news_sn=3077&pages=0&unit_sn=3&keywor

教育部高教司（2011）。教育部核定100學年度大學招收陸生名額。2011年3月27日，

　　取自http://www.moe.gov.tw/news.aspx?news_sn=4261&pages=1&unit_sn=3&d_1=1 00-01-01

教育部統計處（2011）。**重要教育統計資訊**。2011年3月26日，取自http://www.edu. tw/statistics/content.aspx?site_content_sn=8956

張國保（2008）。少子女化的技職教育特色與因應策略。**研習資訊**，25(5)，3-9。

張國保（2009, 10月10日）。從first mile到last mile談大學適性教育。**高教技職簡訊**， 34。2011年3月21日，取自http://www.news.high.edu.tw/news034/2009100201. asp?c=0600&vers=034

張國保（2010）。近十年臺灣技職教育發展談招收大陸學生來臺就學之問題與策略。 **高等教育**，5(1)，1-35。

張國保、陳殷哲（2010）。臺灣私立技專校院相關法規對技專校院發展之影響。**教育 資料集刊**，47，51-76。

張國保（2011）。高等教育面對少子女化的因應。**高教技職簡訊**，53。2011年8月2日 取自http://120.96.85.10/news053/2011050904.asp?c=0200

張國保、楊淑涵、張馨萍（2011）。兩岸高等教育交流相關議題與政策方向之探討。 **教育政策論壇**，14(3)，1-32。

劉憶如（2010）。**中華民國100年國家建設計畫簡報**。2011年1月29日，取自http:// www.cepd.gov.tw/m1.aspx?sNo=0014720

(二)英文部分

Call, L. L., Sheffield, R., Trail, E., Yoshida, K., and Hill, E. J. (2008). Singapore's falling fertility: Exploring the influence of the work-family interface. *International Journal of Sociology of the Family, 34*(1), 91-113.

Hunt, J. & Jackson, H. (1992). *Vocational education and the adult unwaged developing a learning culture*. London: Kogan Page Limited.

Robertson, R. & White, K. E. (2003). *Globalization critical concepts in sociology: Analytical perspectives*. London and New York: Routledge Taylor & Francis Group.

Hyland T. (2006, September). Vocational education and training and the therapeutic turn. *Educational Studies, 32*(3), 299-306.

問題與討論

一、臺灣為何需要發展技職教育？

二、從哪裡可以看得到臺灣技職教育發展的貢獻？

三、臺灣技職教育的競爭優勢有哪些？

四、臺灣技職教育的發展有哪些契機？

五、未來臺灣技職教育要發展的方向是什麼？

第六章

教育政策評估標準之發展與應用

謝美慧

> 評鑑標準並不能預先規劃，是要考量特定的受評主體後，藉
> 由定義可衡量的操作性細節，釐清評鑑中的焦點問題後，才
> 能協商訂定的。
>
> ～Stufflebeam, 2000～

　　本文旨在分析教育政策評估標準之發展與應用。首先，闡述教育政策評估之發展沿革；其次，探討教育政策評估標準之內涵；第三，分析教育政策評估標準之應用；第四，提出幼稚園評鑑標準之案例；最後是結語及建議。

　　一個評估研究的品質是藉由檢驗它的實用性、可行性、正當性、正確性來決定。教育政策評估標準應用的步驟包括：熟悉政策評估標準、釐清政策評估目的、了解政策評估內涵、依據政策評估目的與內涵運用每項評估標準、決定如何處理評估結果。但由於並非每個實際評估工作都必須公平考慮每個評估標準的重要性，因此，評估者必須運用其「專業判斷」決定在實際情境中哪個評估標準是重要的。

第一節　　前　言

一、政策評估為教育政策發展中的重要課題

　　政策評估為政策之持續與終結、人民支持、認定新問題、訂定適合政策之基本前提（丘昌泰，1995）。1957年，蘇俄人造衛星史潑尼克（Sputnik）搶先美國升空的事件，激起美國大眾對公立學校低效率辦學的不滿；聯邦基於國家安全與民主自尊，也大量增加對教育補助；因質疑教育經費是否發揮其應有效果，致使教育財源減少與要求學校評鑑功能；教育行政的分權化，家長與地方人士積極參與學校系統運作；課程改革的需要，評鑑作為課程方案改進的重要過程；教育科技的發達，已由工具科技推展至系統科技等六項因素，都影響教育政策評估活動的發展，也是政策評估研究的有利時代背景（Cronbath, 1980；李允

傑、丘昌泰，1999）。

　　評估（evaluation）是最近半個多世紀以來，深受教育界普遍關心的一個重要課題，所謂教育政策評估（Educational Policy Evaluation）便是在各界熱切關注教育政策成效的浪潮之下所產生的一個觀念（Glasman & Nevo, 1988；陳恆鈞譯，2001）。若干先進國家，例如70到80年代的美國多半都是由於政府大力的推動，和部分教育工作者的積極投入，而在教育評鑑上蓬勃發展、創造出驚人的成就，形成了所謂的「教育評估時代」（Evaluation of Education Era），其影響遍及全世界。

　　回顧臺灣教育評估的發展狀況也深受美國影響，例如，1975年轟動一時的大學、專科學校、國中、高中、高職、幼稚園評鑑。最近幾年，由於當年教育評估的熱潮減退，全心投入教育評估問題探究的研究也大量減少（羅清水，2000）。其實臺灣目前推動教育改革不遺餘力，因此也制定許多教育政策以推動教育改革，除建議應該將評估的部分納入教育決策過程之中，也同時要注意以政策為主導的教育評估是否會流於純技術性的活動，而日趨僵化。

　　在國內某些政府體制中，雖然有研考單位的業務，但是或許要調整考核的涵義，所謂研究發展與考核也就是研究、發展與評估（Research, Development and Evaluation），多半偏重研究發展而無法發揮政策評估功用（Comfort, 1982）。教育研究最大的目的在改善教育的實施，因此評估無所不在，教育研究也愈來愈具有評估的性質（吳清基，1992）。教育政策的評估在近年來的教育研究日受重視，已有左右教育研究應用價值的趨勢。

二、教育政策評估的重要性

　　任何一個組織所能使用的資源是有限的，尤其是行政機關，本身並無實體產出，主要是依賴稅收取得所需經費，而稅收並非無限，唯有發揮其使用效率，落實施政成效，才能獲得民眾的支持。一般而言，當人民所得水準日增、教育程度提高之後，人民對於政府政策的需求與期許也愈來愈高。因此，如何將有限的資源做最佳的利用，便成為現代政府

的一項重要課題，而政策評估就是設計來協助有效分配資源、了解政策實施成效的一項重要工具（林鍾沂，1987）。一項政策是否持續，民眾對於政策是否支持，甚至於政策實施之後是否產生新的問題均有賴政策評估來認定。此外，就系統理論的觀點而言，評估是行政系統有效發揮回饋功能的關鍵，對政策之成敗影響甚鉅。

教育政策評估是以科學的方法與技術，藉由相關資料的蒐集、進行分析、從事價值判斷，讓教育政策順利執行，達到教育政策目標的歷程（楊文雄，1980）。教育政策評估的目的在於在政策執行的前中後都應該進行，各階段各有不同的功能。教育政策執行前，主要在於了解教育政策的需求、執行期間的評估在於了解教育政策執行的情形及問題、終結階段則在了解教育政策執行的效果及問題。教育政策評估經過了解政策目標、建立評估指標、進行評估及書面報告與追蹤輔導的過程（Freeman, 1977）。由於臺灣教育政策評估有評估觀點的缺乏、專業人員與單位的不足、未建立可觀的評估指標、以及無評估回饋制度的問題，未來教育政策評估應可朝向評估多樣化、科學化、專業化、檔案化、追蹤輔導、質量並重、歷程與結果並重等方向努力。

三、教育政策評估的研究價值

教育政策評估理論的發展與公共政策研究密不可分，且政策評估的發展常受到社會相關領域問題的研究所影響。政策評估是傳統政策科學家所關心的焦點，他們在方法上相當重視實驗設計，在目標上重視官方所設定的政策目標，至於評估目的則是爲了提高效率，增強計劃效果、強化政策制定的功能等。很明確地，在這種理念之下，政策評估者必須爲計劃管理者服務，評估結果當然偶爾會受到計劃管理者所支持，這種取向後來受到當代政策科學家的挑戰（Kappa, 1971）。

教育政策學是一門相當新穎的學科。雖然教育政策研究對象確定爲所有教育主體，但是教育政策之研究方法、研究工具或所持研究理論，仍沿用其他專業學科，例如：實驗科學、行政學、管理學、社會學、心理學等。這也是教育政策常被界定爲應用科學的原因（Nachmias, D. & Nachmias, C., 1979）。在理論的運用上，教育政

策學最高度相關的學門，不外乎是公共政策學，公共政策所運用之學理，例如：政策分析理論、政策分類、政策形成、政策管理、政策評估等。但是過於依賴其他學科領域的研究理論與方法，是沒有辦法形成一門成熟學科的，如何從教育政策研究過程當中，建立與形成教育政策科學的理論、方法與技術，是有待教育研究學者努力的。

第二節 教育政策評估標準之發展與應用

一、教育政策評估標準之發展背景

美國教育研究學會（American Educational Research Association）、美國心理學會（American Psychological Association）、國家教育評量協會（National Council on Measurement in Education）共同修訂美國心理學會1966年版的美國教育與心理測驗標準。在經過謹慎的討論之後，他們發現評估的標準並未列於這份測驗標準之中，因此主張組成規劃小組討論這個議題。這三個學會認為需要再擴充規劃小組的成員，以提昇評估標準的品質。因此，在1975年由12個組織聯合成立了「教育評估聯合委員會」（The Joint Committee on Standards for Educational Evaluation），並開始運作（Weiss, 1992）。

經過多年的努力，該委員會於1981年將研究成果《教育政策、計劃與教材評估標準》（*Standards for Evaluations of Educational Programs, Projects, and Materials*）印製成書。但由於這本書並未將自我評量與潛在政治力影響列入考量，以說明一些容易受情緒影響的（emotion-laden）議題。因此，該委員會另外於1988年發表《個人評估標準》（*The Personal Evaluation Standards*）一書。而委員會真正發表比較有系統評估標準的過程可以從西密西根大學所出版的《教育評估標準委員會的運作過程》（*Operating Procedures of the Joint Committee on Standards for Educational Evaluation*）一書中有比較清楚的描述（Weiss, 1992）。教育政策評估標準的形成過程當中，有許多評估專家、評估的使用者、關心評估品質的教育專家，以及數以百計

的教育與社會科學工作者加入評估標準的發展。

教育評估聯合委員會在1989年通過美國國家標準機構（American National Standard Institute, ANSI）的認證，因此它所研發出來的評估標準也已提升到國家級的標準，並且在全球都可以使用。並且在同一年重新檢視1981年所發表的教育政策、計劃與教材評估標準，不但合併原先的評估標準，也加入了一些新的標準，以增加應用的範圍。更重要的是，這次的修訂加入了學校之外會影響評估標準的各類利益團體，例如：中小學、大學、法律、醫學、保育、軍事、商業、政府與社會福利等機構，這反映出該評估標準的適用範圍已經考慮到日增的標準使用者（Weiss, 1992）。

教育評估聯合委員會所提出的30個標準同時也提供一個評估工作哲學，因為該標準凸顯出該委員會引導與管理計劃評估結果的主要信念，而該委員會也提出對評估標準使用時的相關建議。其實設立評估標準主要的目的是要提供評估者一個有效評估的標準，但是標準本身並不能提升評估的品質，必須依賴評估者的專業判斷，才能夠確保在特定的情境之下適當的使用評估標準。該委員會很自信的表示，教育政策評估標準將會引導出實用的、可行的、倫理的、適當的政策評估，而這些評估工作也將會促進不同教育階段朝向更具意義與更好的發展。

二、教育政策評估標準的界定

教育政策評估的準則是評估方案的核心部分，反映評估活動中價值的尺度和界限，也反映出客觀性的特質。其客觀性的程度決於其來源、依賴某種客觀的基礎。所以教育政策評估的準則反映了教育政策評估主體的需要和利益，也反映了評估者的價值標準，同時也反映了教育政策的客觀現實狀態（Popham, 1993）。

(一)相關名詞定義

1.標準（Standard）：指的是經過一群人以專業的角度相互同意的準則，這個準則可以提升專業運作，例如評估的品質與公平性。

2.評估（Evaluation）：對於現象價值或優點進行系統的探究。

3.政策（Program）：依據某項基準所持續進行的教育活動。

4.計劃（Project）：在特定時段所提供的教育活動。

5.教材（Materials）：教育活動內容，包括教科書、指引、軟硬體、影片、錄音帶等。

6.評估標準（Evaluation standard）：在評估專業工作中，經由一群人所共同設定的準則。

7.評估者（Evaluator）：引導評估工作實施者。

8.資訊（Information）：量化或非量化的資料呈現。

9.顧客（client）：被評估的個人、團體或機構。

10.利益關係人（Stakeholder）：與評估有關或受到評估工作影響的個人或團體。

(二)標準的範圍

評估標準主要用來指引教育政策、計劃或教材的設計、執行與檢討。從某項教育政策的具體性和各國政治、文化、教育背景的差異性來看，很難歸類出一個共同的教育政策評估準則，因此教育政策評估通常採用以下兩種形式，其一是指標系統（indicator system），其二是概括性問題（general issue）。指標是一種具體、可測量的、行為化的的評估準則，根據可測或具體化的標準而確定的評估內容；概括性的問題是針對教育政策評估所關心的方面，用一系列較為抽象的問題作為評估的準則（Norris, 1990）。

(三)影響的對象

評估工作影響的對象包括：任命評估工作者、指導評估工作者，以及使用評估結果者。

(四)標準的本質與組織

1.實用性（Utility）標準：可引導評估工作產生有用的資訊、符合時效與產生影響。

2.可行性（Feasibility）標準：評估工作經常是一個互動的過程，而不只是單項的設立或計算政策的價值。

3.適當性（Propriety）標準：反映出評估工作是以各種方式影響許多不同類型的人。

4.正確性（Accuracy）標準：決定評估工作是否可以形成正確的資訊。

第三節　教育政策評估標準之內涵

　　教育政策評估的準則是評估方案的核心部分，反映評估活動中價值的尺度和界限，也反映出客觀性的特質。美國教育評估聯合委員會於1981年所發表的《教育政策、計劃與教材評估標準》一書提出了教育政策評估的實用性、適當性、正確性與可行性標準，現已經廣爲各領域政策評估所使用。茲分別說明如下（Anderson & Ball, 1978; Posavac & Carey, 1997; Sanders, 1994）：

一、實用性標準

　　實用性標準設置主要的目的是在於促使評估結果更能夠滿足相關使用者在資訊上的需要。茲分述實用性分項標準定義如下（Sanders, 1994, 23-24）：

　　(一)U1：確認利益關係人：應確認與評估工作有關或受其影響的個人，以便於能夠注意與滿足其需求。

　　(二)U2：評估者可信度：指引評估者應該是值得信賴的，並且有能力擔任此評估工作，爲使評估結果能夠達到最大信度與接受度。

　　(三)U3：資訊範圍與選擇：資訊蒐集必須經過大量的篩選，以便能夠提供中肯的問題來了解想要評估的政策，並且能夠回應被評估者或其他特定利益關係人的需要與利益。

　　(四)U4：確認價值：必須謹慎的描述用來詮釋評估結果的觀點、過程與理論基礎，以確保評估價值判斷的根據是很清楚的。

　　(五)U5：報告的說明：評估報告必須清楚描述評估的內容、目的、過程與結果，以確保評估報告能提供充分與易了解的資訊。

　　(六)U6：報告時效與宣傳：有意義的期中研究發展與評估報告應該

可以先提供給評估使用者先了解，以便他們能夠及時掌握最新資訊。

(七)U7：評估影響：評估應該是經過計劃、指導，並以各種方式呈現報告，來鼓勵利益關係人能和評估者有類似的想法，以增加評估報告將來被關心人士使用的機率。

二、可行性標準

設立可行性的標準最主要的目的在於確保評估是真實的、謹慎的、得體的，且花費較少的。茲分述可行性分項標準定義如下（Sanders, 1994, 63）：

(一)F1：實際執行過程：評估的過程應該是實際可行的，並且當需要提供評估資訊時，能夠將評估解釋錯誤的可能性降至最低。

(二)F2：政治可行性：評估工作在計劃階段與進行的過程當中，應該讓代表不同立場利益團體參與發表意見、提供合作的機會，以降低這些團體阻礙、抵制評估執行或誤用評估結果的可能性。

(三)F3：花費效能：評估工作必須有效的提供有意義、有價值的資訊，為使資源花費有其正當性。

三、適當性標準

適當性標準設立的目的在於希望評估工作在執行時能夠合法、合乎倫理規範，以及顧及相關利益者或可能受其結果影響者福利。茲分述適當性分項標準定義如下（Sanders, 1994, 81-82）：

(一)P1：服務方向：評估的設計必須強調與有效滿足所有評估參與者與機構的需求。

(二)P2：正式約定：如果邀請對方正式參與評估工作必須以書面訂定正式的合約說明權利義務（例如：應該做些什麼事情？如何做？和哪些人合作？以及工作的時間多長？），以確保這些參與者將來在正式評估工作的時候，能夠確實遵守這些正式合約的規定，以及說明在哪些狀況之下雙方必須重新談判。

(三)P3：人權問題：評估工作必須在設計與執行上能夠尊重、保護人類的權利與福祉。

(四)P4：人際互動：評估工作必須在人際互動的過程當中尊重人性的尊嚴與價值，以確保參與者不會受到威脅與傷害。

(五)P5：完整公平評量：當評估報告的優點與缺點將面臨檢驗與記錄的時候，評估就應該是完整且公平的。如此一來，才可以凸顯評估的優點，以及解決所發現的問題。

(六)P6：結果公開：評估正式參與者應該促使評估結果能夠關注到實際運作上易受個人因素影響的限制，因此任何人都有權利考慮自己是否要接受評估的結果。

(七)P7：利益衝突：評估者應該公開與誠實的處理評估中利益衝突的問題，以確保它不會危及評估的過程與結果。

(八)P8：財政績效：評估者的定位與資源的支出應該確實反映評估過程中的合理績效，以及謹慎或在倫理上負責的態度，為使公共支出能夠發揮其適當的效用。

四、正確性標準

正確性標準設立的目的在於促使評估能夠針對決定被評估政策價值或長處的特質，在技術上揭露或傳達適當的資訊。茲分述正確性分項標準定義如下（Sanders, 1994, 125-126）：

(一)A1：資料處理：評估者必須清楚與正確的描述與整理預定評估的政策，以確保能夠清楚的定義該項政策。

(二)A2：內容分析：應該詳細檢視政策中的內涵，以便能夠清楚界定相類似的影響因素。

(三)A3：描述目的過程：應該監控與詳細描述政策評估的目的與過程，以便能夠清楚的界定兩者。

(四)A4：可辯護的資訊來源：應該詳細描述政策評估中的資訊來源，以便能夠提供適當的資訊。

(五)A5：有效資訊：在評估過程當中，所獲得的資訊必須經過選擇、發展，以便在應用時能增加其解釋特定使用對象的效度。

(六)A6：可信資訊：在評估過程當中，所獲得的資訊必須經過選擇、發展，以便在應用時能增加其有意義說明特定使用對象的信度。

(七)A7：系統資訊：評估中資訊的蒐集、處理與報告都應該以系統的方式來呈現，以便能發現與更正任何可能的錯誤。

(八)A8：量化分析資訊：必須適當的、有系統的分析評估中的量化資料，以便能夠有效的解答評估的問題。

(九)A9：質化分析資訊：必須適當的、有系統的分析評估中的質化資料，以便能夠有效的解答評估的問題。

(十)A10：有正當理由的結論：評估所下的結論必須經過嚴謹的正當化過程，以便利益關係人能夠判定其價值。

(十一)A11：公正的報告：評估報告應該注意盡量避免個人情感因素或政黨立場所造成的不良影響，以便其能夠公平公正的反映評估的發現結果。

(十二)A12：後設評估：針對上述或其他適當的評估標準本身再次進行形成性與總結性的評估，以確保這些指引方向是適當的。若從競爭的角度來看，利益關係人也可以藉此更深入的檢視評估標準的優缺點。

綜上所述，教育政策評估的「實用性」標準強調：確認利益關係人、評估者可信度、資訊範圍與選擇、確認價值、報告的說明、報告時效與宣傳與評估影響；「可行性」標準則重視：實際執行過程、政治可行性與花費效能；「適當性」標準偏重：服務方向、正式約定、人權問題、人際互動、完整公平評量、結果公開、利益衝突與財政績效；而「正確性」標準則是重視：資料處理、內容分析、描述目的過程、可辯護的資訊來源、有效資訊、可信資訊、系統資訊、量化分析資訊、質化分析資訊、有正當理由的結論、公正的報告以及後設評估。

表1　教育政策評估標準應用檢核表

評估標準		評估項目	有強調	部分強調	沒有強調	未使用
實用性	U1	確認利益關係人				
	U2	評估者可信度				
	U3	資訊範圍與選擇				
	U4	確認價值				
	U5	報告的說明				
	U6	報告時效與宣傳				
	U7	評估影響				
可行性	F1	實際執行過程				
	F2	政治可行性				
	F3	花費效能				
適當性	P1	服務方向				
	P2	正式約定				
	P3	人權問題				
適當性	P4	人際互動				
	P5	完整公平評量				
	P6	結果公開				
	P7	利益衝突				
	P8	財政績效				
正確性	A1	資料處理				
	A2	內容分析				
	A3	描述目的過程				
	A4	可辯護的資訊來源				
	A5	有效資訊				
	A6	可信資訊				
	A7	系統資訊				
	A8	量化分析資訊				
	A9	質化分析資訊				
	A10	有正當理由的結論				
	A11	公正的報告				
	A12	後設評估				

資料來源：摘自 *The program evaluation standards: how to assess evaluations of educational program* (pp. 18-19), Sanders, J. R., 1994. Thousand Oaks, CA.: Sage Publications.

第四節　教育政策評估標準之應用

一、各政策評估階段之評估準則

Chelimsky（1985）、House（1986）、Mohr（1992）、袁振國（1996）界定教育政策評估的準則通常包括有：1.認定問題是否正確；2.政策目標是否適當；3.政策方案是否可行；4.政策執行是否得力；5.政策效益是否最佳。茲從預評估、執行評估與後果評估三方面來說明教育政策評估的準則：

表2　教育政策評估之準則

評估類型	主要評估準則	評估準則子項目
預評估	1.認定問題是否正確	1.重視問題的程度 2.問題結構是否良好 3.問題是否正確合理
	2.政策目標是否適當	1.目標是否契合問題 2.目標是否達成利益團體間平衡 3.目標程度是否適中 4.子目標間是否協調有序 5.目標表達型態是否具體明確
	3.政策方案是否可行	1.政治上是否可行 2.經濟上是否可行 3.人員素質上是否可行 4.文化、傳統上是否可行 5.訊息、設備及時機是否可行 6.政策制定過程是否合法
執行評估	1.是否依照政策方案實施 2.政策執行資源是否充足 3.政策執行機構是否健全 4.宣傳、傳播對象是否適當 5.是否因時、因事、因地制宜 6.是否有監督機制	

評估類型	主要評估準則	評估準則子項目
後果評估	政策效果是否明顯	教育政策結果 教育政策效果
	教育政策效益／效率	交替成本 執行成本 時間成本
	教育政策影響	正面與負面影響 短期與長期影響 直接與間接影響

資料來源：整理自教育政策學，袁振國，1996。江蘇：江蘇教育出版社，頁412-415。

二、多元論者之政策評估標準

多元論者評估公共政策的標準是多元的（張鈿富，1995；Nagel, 1988; Wolf, 1990）：

(一)效果

效果是指某一政策方案能否產生有價值的行動結果，這個結果與技術理性一致，通常以能夠提供的產品數量或服務單位來衡量。例如，從技術理性分析，核能比太陽能產生更多能量，因為核能所能產生的效果，遠比太陽能大得多。

(二)效率

效率是指產生某一效果水準所需要付出努力的程度。效率標準其實就是經濟理性，通常以單位成本或以每一單位成本所能產生的貨品或提供的服務單位為衡量單位。凡是能夠以最小成本獲取最大效果的政策就是好的政策。

(三)充分

充分意指某一政策水準能夠滿足問題的需要、價值或機會之程度，通常它表示政策方案與有價值後果之間的關係強度，如果關係強度愈密切，就表示充分性愈高。

(四)公平

公平意指政策資源公平（Equity）分配於不同團體的情形，其意義和社會與法律理性相似。一個公平的政策必然是一個政策資源能夠公平分佈的政策。例如，累進稅政策期望能將財富公平分配，貧富不要過於懸殊。當代許多民主先進國家非常強調分配正義的理念，公共政策的制定必然不能脫離政治或公道的基準，這就是一種公平標準的表現。

(五)回應（Responsiveness）

回應意指政策滿足某一特定團體的需求、偏好或價值的程度。一個滿足效果、效率、充分與公平的政策建議，如果不能回應某些特殊族群的需要與期望，仍然不是好的政策。例如，休閒計劃的選定，縱使都符合了前述的標準，但如果老人不覺滿意，則該政策仍有修改的必要。

(六)適切（Appropriateness）

適切其實就是實質理性的問題，換言之，一個適切的政策就是同時滿足效果、效率、充分、公平與回應的政策建議。

三、教育政策評估標準的使用

評估標準主要用來指引教育政策、計劃或教材的設計、執行與檢討。因此有必要明列教育政策評估標準使用之步驟，以便評估者能夠依序完成政策評估的工作。以下茲說明教育政策評估的五項步驟（Sanders, 1994, 10-12）：

(一)步驟一：熟悉政策評估標準。

評估標準應以通俗易懂的方式來呈現，以便評估者能夠參考指引說明與案例做法，快速的了解如何使用該項標準。

(二)步驟二：釐清政策評估目的。包括：

1.評估對象需要的優先次序？

2.用什麼方式滿足其需求？

3.評估計畫有哪些是需要保存或修正的？

4.所有評估參與者都要接受同樣的評估標準嗎？

5.在評估過程中應該進行什麼樣的活動？

6.評估結果應該廣為公開宣傳嗎？

(三)步驟三：了解政策評估內涵。包括：

1.評估的對象。

2.評估的內容。

3.可使用的資源。

4.潛在的政治問題。

(四)步驟四：依據政策評估目的與內涵運用每項評估標準。包括：

1.評估是定期或特別補助？

2.評估計畫中是否有瑕疵？

3.需要重新思考評估計畫嗎？

4.評估是否需要繳交期中報告？

(五)步驟五：決定如何處理評估結果。

1.評估者必須與決策者、被評估者，以及其他相關人討論評估的結果。

2.必須特別注意評估過程中受到爭議的議題、對於提升評估品質的評論、有助於蒐集進一步資訊的方法，以及改善組織評估能力的建議。

由此可見，教育政策評估標準的應用必須經過熟悉政策評估標準、釐清政策評估目的、了解政策評估內涵、依據政策評估目的與內涵運用每項評估標準、決定如何處理評估結果等五個步驟。另外，教育評估聯合委員會強調：並不是在每一次的評估工作中，都必須公平考量每個評估指標的重要性。因此，評估者必須運用其「專業判斷」決定在實際情境中哪個評估標準是重要的。再者，評估者同時也必須謹慎地注意到在某些應用脈絡之中，有些評估標準之間是彼此有相互影響關係的。因此，必須依據適用情境判斷各項評估標準的重要性，並依其重要性決定應用的情境。

第五節　案例討論－幼稚園評鑑規準

　　在實施特定教育活動的評鑑時，由於需要依據一些準則進行價值判斷，所以需要依據這些特定教育活動中的事物或人物屬性，作為衡量該教育活動及價值的準則（曾淑惠，2000）。幼教評鑑若希望達到多種的目的，就需要多種模式同時進行。例如，針對一般納稅人的安全保證，可進行公安檢查模式。若要保證行政管理績效，則應針對政府所補助的設備辦理評鑑，了解經費補助使用情形。對於幼稚園例行視導結果要求改善時，則可針對單項業務辦理輔導改進評鑑。至於希望引導幼稚園朝向專業發展，則需要制定一份專業發展指標，採取專業發展評鑑模式，由專業團體協助進行。這些模式可以分開進行，但同時皆須完整地設計。例如，在公安檢查模式，則評鑑內容是法令項目，評鑑標準是法令要求達到的程度，評鑑時間只需半天，評鑑人員為公安專業人員，評鑑結果則可顯示出哪些項目已經達到法令要求，評鑑資訊也可全部公開給家長。目前教育部已經在2006年完成「研編幼托整合後幼兒園評鑑規準」的計畫，目前幼稚園基礎與專業評鑑的方向也是依據該報告的結果，朝向「系統評鑑」的概念繼續發展相關的辦法草案。

　　目前的幼托整合後幼兒園評鑑規準規劃是包含基礎評鑑與專業評鑑。其中幼兒園基礎評鑑是政府公安設備等法令檢查，是隨時檢查，兩年一輪，內容包含園務基本資料及設置條件、資源管理、教保活動、評量與輔導、家庭與社區、安全與健康等六層面。是由地方政府之教育局行政人員邀集資深教保人員及消防、衛生、建管單位之行政人員共同組成評鑑小組，針對未達標準者，限一年內改善。而幼兒園專業評鑑則是提升教保品質之專業評鑑，需要有兩年準備期，採自願申請。評鑑項目包含園務領導、資源管理、教保活動、評量與輔導、家庭與社區、安全與健康等六層面，是由兩位以上幼兒園專業評鑑人員組成評鑑小組，評鑑過程包括自評、實地訪評一天、追蹤輔導。兩者的關係是，通過基礎評鑑者方可參加專業認證評鑑（曾憲政、許玉齡、蔡春美、歐姿秀，2007）。比較兩者，可以發現評鑑項目基本上大致雷同，只有在行政

項目上，基礎評鑑只要求基本資料及設置條件，而專業評鑑則強調園務領導，這是同一項目要求層次上的不同而已。

第六節　結　語

　　教育政策評估標準的應用必須經過熟悉政策評估標準、釐清政策評估目的、了解政策評估內涵、依據政策評估目的與內涵運用每項評估標準、決定如何處理評估結果等五個步驟。另外，教育評估聯合委員會強調：實際評估工作中，每個評估標準的重要性不盡相同。因此，評估者必須運用其「專業判斷」決定在實際情境中哪個評估標準是重要的。再者，評估者同時也必須謹慎地注意到在某些應用脈絡之中，有些評估標準之間是彼此有相互影響關係的。因此，必須依據適用情境判斷各項評估標準的重要性，並依其重要性決定應用的情境。

一、教育政策評估標準發展

　　評鑑工作需要健全、客觀的評鑑標準來認可其專業，因此評鑑標準需要專業的社群來討論與建立，例如：美國國家標準局（ANSI）所提供的國家標準、美國國家數學教學委員會所建立的數學教育標準。由於得到ANSI的認可需要經由廣泛獲得共識的歷程，所以每五年需要重新檢視與更新一次評鑑標準，才能夠維持其認可資格。美國教育評估聯合委員會所出版的《教育政策、計劃與教材評估標準》在1989年通過ANSI的認證，認可其所研發的評估標準提升到國家級水準，並在全球都可使用。

二、教育政策評估標準內涵

　　一個評估研究的品質是藉由檢驗它的實用性、可行性、正當性、正確性來決定。其中，1.實用標準：可引導評估工作產生有用的資訊、符合時效與產生影響；2.可行性標準：評估工作經常是一個互動的過程，而不只是單項的設立或計算政策的價值；3.適當性標準：反映出評估工作是以各種方式影響許多不同類型的人；以及4.正確性標準：決定評估

工作是否可以形成正確的資訊。

三、教育政策評估標準應用

　　教育政策評估標準應用的步驟包括：熟悉政策評估標準、釐清政策評估目的、了解政策評估內涵、依據政策評估目的與內涵運用每項評估標準、決定如何處理評估結果。但由於並非每個實際評估工作都必須公平考慮每個評估標準的重要性。因此，評估者必須運用其「專業判斷」決定在實際情境中哪個評估標準是重要的。

參考文獻

(一)中文部分

丘昌泰（1995）。公共政策：當代政策科學理論之研究。臺北：巨流。

吳清基（1992）。教育行政決定理論與實際問題。臺北：文景。

李允傑、丘昌泰（1999）。政策執行與評估。臺北：國立空中大學。

林鍾沂（1987）。公共政策評估理論之研究—理論之重建。國立政治大學政治研究所博士論文，未出版。

袁振國（1996）。教育政策學。江蘇：江蘇教育出版社。

張鈿富（1995）。教育政策分析—理論與實務。臺北：五南。

陳恆鈞譯，James P. Lester & Joseph Stewart, JR.著（2001）。公共政策—演進研究途徑。臺北：學富。

曾淑惠（2002）。教育方案評鑑。臺北：師大書苑。

楊文雄（1980）。教育評鑑理論及其在教育行政決策上的應用。臺灣省立屏東師範專科學校。

羅清水（2000）。教育政策執行評估之研究—以高職實用技能班政策為例。國立臺灣師範大學工業教育所博士論文：未出版。

教育部（2006）。研編幼托整合後幼兒園評鑑規準計畫。計畫執行單位：國立新竹師範學院。

曾憲政、許玉齡、蔡春美、歐姿秀（2007）。研編幼托整合後幼兒園評鑑相關辦法草案。教育部委託國立新竹教育大學專案計畫。

(二)英文部分

Anderson, S. B. & Ball, S. (1978). *The profession and practice of program evaluation*. San Francisco: Jossey-Bass Publishers.

Chelimsky, E. (1985). *Program evaluation: Patterns and directions*. Washington D.C.: The American Society for Public Administration.

Comfort, L. K. (1982). *Education policy and evaluation-A context for change*. New York: Pergamon Press.

Cronbath, L. J. et al. (1980). *Toward reform of program evaluation*. San Francisco: Jossey-Bass.

Freeman, H. E. (1977). The present status of evaluation research, *Evaluation Studies Review*, 2, 17-25.

Glasman, N. S. & Nevo, D. (1988). *Evaluation in decision making: The case of school administration*. Boston: Kluwer Academic Publishers.

House, E. R. (ed.). (1986). *New directions in educational evaluation*. London; Philadelphia: Falmer Press.

Kappa, P. D. (1971). *Educational evaluation & decision making*. Itasca, Ill.: F. E. Peacock Publishers.

Mohr, L. B. (1992). *Impact analysis for program evaluation*. Newbury Park: Sage Publications.

Nachmias, D. & Nachmias, C. (1979). *Public policy evaluation: Approaches and models*. New York: St. Martin's Press.

Nagel, S. S. (1988). *Policy studies: integration and evaluation*. New York: Praeger.

Norris, N. (1990). *Understanding educational evaluation*. New York: St. Martin's Press.

Popham, W. J. (1993). *Educational evaluation*. Boston: Allyn and Bacon.

Posavac, E. J. & Carey, R. G. (1997). *Program evaluation: methods and case studies*. Upper Saddle River, N.J: Prentice Hall.

Sanders, J. R. (1994). *The program evaluation standards: how to assess evaluations of educational programs*. Thousand Oaks, CA.: Sage Publications.

Staffflebeam, D. L. (2000). The CIPP model for evaluation. In D. L. Stufflebeam, G. F. Maduas &T. Kellaghan. *Evaluation models: Viewpoint on educational and human services evaluation*. (2nd ed.), 279-317. Boston: Kluwer Academic Publishers.

Weiss, C. H. (1992). *Evaluation research*. Englewood Cliffs, N. J.: Prentice-Hall, Inc.

Wolf, R. M. (1990). *Evaluation in education: Foundations of competency assessment and program review*. New York: Praeger.

問題與討論

一、請說明「標準」、「評估」、「政策」三個名詞的定義為何？

二、教育政策評估標準分為哪些向度？各評鑑標準向度分別包含哪些分項標準？

三、在預評估、執行評估、過程評估三種類型下，主要包含哪些政策評估準則？

四、多元論者主張教育政策評估應該注重哪些方面的標準？

五、說明在使用教育政策評估標準時，可依循哪些使用步驟來進行？

六、評估者在運用教育政策評估標準時，應如何決定標準的重要性？

七、請分析臺灣的幼稚園評鑑政策的規劃內容與評鑑項目之適用性？

第二篇

教育行政方面

第七章

教育行政專業倫理的意涵及重要發展趨向

蔡進雄

知道因你的存在，能讓另一個生命呼吸得更順暢，你就擁有
了成功。

　　　　　　　　　　　　　　　～愛默生（R. W. Emerson）～
　　　　　　　　　　　　　　　（引自蒙光俊等譯，2010：86）

愛是在別人的需要上看到自己的責任。

　　　　　　　　　　　　　　　　　　　　　　～德蕾莎修女～

半畝方塘一鑑開，天方雲影共徘徊，問渠哪得清如許，唯有
源頭活水來。

　　　　　　　　　　　　　　　　　　　　　　　　～朱熹～

　　近年來各領域之專業倫理，如企業倫理或醫學倫理等，均備受社會
大眾的矚目與關注，而教育界亦掀起一股品格教育之風潮，校長倫理領導
及教育行政專業倫理也逐漸成為教育行政之重要研究議題，且文獻日益增
多。是故，教育行政專業倫理是教育行政人員的必備知能，基於此，本文
在敘述教育行政專業倫理的意涵及重要性之後，從「建立教育行政倫理成
為一門獨立的學科」、「加強教育行政倫理學之跨科際整合」、「提升教
育行政人員的專業倫理素養」、「探討教育行政的倫理議題」、「訂定教
育行政人員倫理守則」、「重視教育行政領導者倫理領導行為的表現」等
方面闡述教育行政倫理的重要發展方向，以供教育行政倫理研究及教育行
政人員之參考。

第一節　　前　言

　　近年來各領域之專業倫理，如企業倫理或醫學倫理等，均備受社
會大眾的矚目與關注，而教育界亦掀起一股品格教育之風潮，校長倫
理領導及教育行政倫理也逐漸成為教育行政之重要研究議題，且文獻
日益增多（林明地，1999；蔡進雄，2008；謝文全，1998; Campbell,

1997; Furman, 2004; Greenfield, 2004; Hudson, 1997; Lickona, 1993; Maxcy, 2002; Quick & Normore, 2004；Sergiovanni, 1992; Shapiro & Stefkovich, 2005）。倫理學或稱道德哲學，其最根本的預設是：人的存在，除了物理的、生理的、心理的層次之外，還有更高的一種層次，那就是「向善之心」的實行（鄔昆如，1993：373）。簡言之，倫理學是有關人與人關係的學問（何懷宏，2002：7-8），且由於社會各行各業專業分工程度愈來愈明顯，因而專業倫理已是各專門行業所必須正視的課題，藉以規範專業人員的言行舉止，並表現適合該專業的倫理行為。

　　Gardner於1983年提出著名的多元智慧理論，晚近Gardner又發表決勝未來的五種心智，分別是修練心智、統合心智、創造心智、尊重心智及倫理心智（陳正芬譯，2007），可見倫理心智是人們未來必備的重要心智能力。進一步而言，倫理是行政的基礎，行政績效與行政人員的倫理行為實有密不可分之關係。因此，各國對執行公共服務（public service）的行政人員莫不予以相關的道德倫理規範，希望使公務人員在執行職務時能有所遵循，避免行為偏差，而使公眾的權益受損（張石光，2000：31）。事實上，正直、公平及倫理態度也是教育行政領導者的重要標準（Wilmore, 2002）。吳清山（2002：27）亦認為倫理規範是維繫社會有效和健全運作的重要防線，而學校是一個傳遞文化的場所，倫理道德也更凸顯其重要性，職此之故，學校行政倫理將會成為學校行政研究的重要課題。

　　一般道德是指人在扮演做為一個人的角色時，所應遵守的行為規範，而專業倫理是規定每一個專業從業者應有的行為要求（林火旺，2007：12）。教育行政需要專業倫理的理由為「教育領導應建立在倫理的基礎之上」、「學校是道德教育的組織」、「沒有倫理引導的教育行政領導是盲目的」、「以德服人勝於以勢服人及以術服人」、「可維護學生的最大利益」、「可確保教育行政服務品質」等（蔡進雄，2008：12-14）。Fullan（2001：4）亦指出在這複雜的時代，欲成為有效的領導者則必須要由道德的目的來引導。是故，教育行政專業倫理是教育行政人員的必備知能，且教育行政專業倫理本身即是目的，基於

此，本文在敘述教育行政倫理的意涵及重要性之後，將闡明教育行政倫理的重要發展趨向，以供教育行政倫理研究及教育行政人員之參考，本文最後並提一案例並加以分析討論。

| 第二節 | 教育行政專業倫理的意涵 |

　　由於教育行政專業倫理是屬於專業倫理的一環，因此以下先陳述倫理及專業倫理的意涵，之後再針對教育行政倫理之意涵加以闡述。

　　Feeney和Freeman指出倫理學是關於對與錯、責任與義務的研究，倫理的重要內容都反映在道德上，所以很多人把倫理學稱爲道德責任的科學（張福松、楊靜和陳福美譯，2007：8）。王臣瑞（1995：8）認爲倫理學是做人之道。牛格正和王智弘（2008：13）陳述從西方文化或中國文化來看倫理，可發現其中的共通點：都是主張倫理就是人際關係中互動的規範或原則。傅佩榮（2010：78）表示倫理學是想要說明一個社會中的善惡概念，「應該」與「不應該」的判斷基礎，以及人爲何應該行善避惡。雖然對於倫理的定義各家看法略有不同，但整體而言，倫理可以定義爲人際間的行爲規範或標準。

　　至於專業倫理的意涵，Feeney和Freeman認爲專業倫理關注的是工作場所中行動的對與錯，是一個公共性的問題（張福松、楊靜和陳福美譯，2007：9）。朱建民（2000：5）表示「一般倫理」指的是那些適用於社會所有成員的規範，而「專業倫理」所涵蓋的規範則是特別針對某一專業領域中的人員，諸如醫師、教師、記者、律師等。牛格正和王智弘（2008：13）指出專業倫理就是專業人員的專業人際角色與他人互動行爲的規範。何德才（2008：218）認爲專業倫理是指對某一特定領域的專業人員所做的倫理規範，因此專業倫理就好比是一種行事規則，當你從事某種專業時，什麼事是你應該做、什麼事是你不該做，或是你應該如何做的行事規則。周崇儒（2008：142）則指出專業倫理是專業人員所應遵守的行爲準則或規範。黃昆輝和張德銳（2000：685）陳述教育行政倫理係指行政人員進入教育行政機構服務後，在心理態度上，對學生、對老師、對學校、對專業團體、對地方社區乃至整個社會

所持有的一種認同看法或規約；或是行政人員本身對其長官、同事和部屬，所持有的一種角色扮演的分寸或責任。

　　總括來說，倫理是人際間的行為規範或標準，而專業倫理係指特定某一專業人員的行為規範或行為標準，以確保專業服務品質並實踐專業理想。綜合上述各家對倫理及專業倫理的看法，筆者認為教育行政專業倫理是倫理學與教育行政學的結合，是教育行政人員本身及其與服務對象間的行為規範或標準，使教育行政人員在行政運作中融入倫理的考量，而在行政行為及決定上能依循倫理規範與原則，表現出正確而正當的行為，並積極盡責、追求創新卓越，為學生謀取最大的利益，以促進教育目標的達成。此外，值得一提的是，在本文之行文當中筆者盡量以「教育行政專業倫理」一詞取代「教育行政倫理」的使用，以突顯教育行政人員是專業人員及教育行政的專業性。

第三節　教育行政專業倫理的重要性

　　本文第三節參酌拙作（2008：8-10）《教育行政倫理》一書從「維護學生的最大利益及確保行政服務品質」、「學校是道德教育的組織」、「沒有專業倫理引導的學校行政領導是盲目的」、「教育領導者宜以德服人」等方面闡述教育行政倫理的重要性（蔡進雄，2008）。

壹、維護學生的最大利益及確保行政服務品質

　　學校行政人員透過倫理決定，兼顧公正、公平與人道的倫理原則，以保障學生的學習權利（范熾文，2000：57）。換言之，學校存在的目的與價值在於透過適當的教育與教學使學生成長，而學校行政倫理的積極目的也是在於促進學生的學習並維護學生的最大利益。Shapiro和Stefkovich（2005）也是持同樣的看法，他們認為在探討各種教育專業倫理時應該以學生的最大利益（best interests of the student）為最核心的考量。另一方面，在努力實踐教育行政專業倫理的過程亦可確保教育行政服務品質，如同醫師遵守醫學專業倫理，可確保病人有一定的服務品質。

　　質言之，教育行政專業倫理的重要性在於透過適切的倫理決定，以確保學生的學習品質及受教權，使學生獲得最大的利益，此乃因為學生是教育的主體，而實踐教育行政專業倫理可以維護學生的最大利益，同時亦可確保行政服務品質。

貳、學校是道德教育的組織

　　學校教育目標強調「德智體群美」五育並重，其中又以德育居先，所以學校是一道德教育機構，是故學校行政領導者之所作所為應該符合倫理道德規範，表現出正確恰當的行為，如此才能做為師生的表率（蔡進雄，2008）。再者，一般社會大眾對於校長及教師的倫理道德行為表現均持較高的標準，是以教育行政專業倫理的倡導更顯其重要性。

參、沒有專業倫理引導的教育行政領導是盲目的

　　管理領導人才的培育不只是要擁有技術及知識，更要培養未來權位所需要的高度道德及倫理素養（引自林火旺，2011：172），此乃倫理領導是決策的靈魂（Hudson, 1997）。倫理涉及價值判斷，因此熟悉各種倫理取向，可作為教育領導者行政決定之依據及參考（蔡進雄，2008：8）。Sergiovanni（1992）曾陳述領導之手、領導之頭、領導之心之概念頗受大家的引用，Sergiovanni認為領導行為只是領導之手，價值觀與信念是領導之心，而領導之手是受領導之心來指揮的。因此，要改善或修正領導行為最根本的方法是培養領導者正確的倫理及價值信念，以引導校長做對的事（to do the right things）（蔡進雄，2005：115-116）。可見，沒有倫理及價值引導的學校行政領導是盲目的（蔡進雄，2008）。要言之，教育行政專業倫理常涉及價值判斷，故倘若沒有教育行政專業倫理的適當引導，則教育行政領導易失去方向、無所適從。

肆、教育領導者宜以德服人

　　如圖1所示，Etzioni所提出的順從理論（compliance theory）認為組織運用強制權力（coercive power）產生敵意，導致疏離的投入，功

	強制	功利	規範
疏離	×		
算計		×	
道德			×

圖1　Etzioni的順從類型

資料來源：Lunenburg & Ornstein, 2004: 64.

利權力（utilitarian power）產生算計的投入，而規範權力（normative power）創造道德投入（Lunenburg & Ornstein, 2004：64）。值得注意的是，學校如太強調使用強制型權力，則容易造成師生間心理疏遠的現象，在教育實質上所付出的代價必大（黃昆輝，1989：144）。質言之，疏離型組織之成員消極、不快樂，而且不想要成為團體一員；算計型組織之成員不斷評估成為團體一份子或不再歸屬於團體的利弊得失；而道德型組織之成員會為大我而犧牲小我（吳秉恩，2006：177）。

　　領導方式下焉者是權術領導，靠手腕、以「術」來服人；中焉者靠能力、學問、職務賦予的權威來領導，亦即以「勢」服人；而以「德」服人，人格的領導，才是上焉的行政領導（郭為藩，1992：260）。因此，教育領導者宜以德來服人，而盡量不要靠術、勢服人或以強制方式來使成員順從（蔡進雄，2008：9）。

第四節　教育行政專業倫理的重要發展趨向

　　謝文全（1998：251）認為學校行政人員若能從批判倫理、正義倫理、關懷倫理、做好道德選擇與替代領導等五個途徑入手實施道德領導，則學校行政與學校教育將可呈現出另一種風貌。朱建民（2000：14）指出一個良好專業道德教養的專業人士應該具備幾個條件：1.具有良好的一般道德教養；2.對於自身專業領域涉及的倫理議題有相當的認識；3.對於自身專業領域的一般倫理原則有相當的認識；4.在自身專業

具有相關的知識；5.將倫理原則應用在專業領域而能解決問題。吳清山
（2006：86）表示為了有效落實教育行政倫理，擴大教育行政倫理效
果，必須從人員的職前教育及在職進修，以及塑造和制度建立等各方面
進行，才能奏效。

茲綜合各家觀點、參酌相關文獻及融合個人之見，筆者從「建立教
育行政倫理成為一門獨立的學科」、「加強教育行政倫理學之跨科際整
合」、「提升教育行政人員的專業倫理素養」、「探討教育行政的倫理
議題」、「訂定教育行政人員倫理守則」、「重視教育行政領導者倫理
領導行為的表現」、「塑造符合倫理道德的優質學校文化」、「認清教
育行政倫理兩難的價值判斷」、「充實教育行政人員的教育及輔導專業
知能」、「了解教育行政人員的利害關係人」、「提升教育行政人員的
生命境界」、「掌握教育行政的核心價值」等方面闡述教育行政倫理的
重要發展方向。

壹、建立教育行政專業倫理成為一門獨立的學科

所謂應用倫理學也稱實踐倫理學，即研究怎樣應用倫理原則、規
則、理由去分析和處理產生於實踐和社會領域裡的道德問題（何懷
宏，2002：203）。有學者認為專業倫理學包括在應用倫理學的範圍之
內，是一般道德原則的應用，只不過是它應用的對象特別限於某一專業
領域的人員或問題（朱建民，2000：5），但也有學者陳述專業倫理或
應用倫理學不是一般倫理學的應用或延伸，因為在某些專業倫理學之內
容主要是結合了和該專業相關的理論，以及專業的行為規矩準則或處理
程序，而非應用理論倫理學（引自甯應斌，1997）。

職此之故，筆者認為教育行政專業倫理學是屬於應用倫理學，且也
是一門專業倫理學。但教育行政倫理學可以努力發展成為一門獨立自給
自足的學科，而不是一般倫理學的附庸或應用，就像教育心理學與普通
心理學的關係，教育行政學與行政學的關係。但這並不代表教育行政倫
理學的發展過程不需要一般倫理學的支援，教育行政倫理學依然可以參
考或應用一般倫理學的理論，重要的是，教育行政倫理學要努力發展建
構屬於自己獨特的學術風貌，畢竟教育行政倫理學有異於其他專業的倫

理問題與議題。綜言之，短期之內也許教育行政倫理是理論倫理學的應用，但長期來看，教育行政倫理應該朝成爲一門獨立自足學科之理想目標而努力。

貳、加強教育行政倫理學之跨科際整合

宗教、道德與法律是維持社會秩序的三種方式，宗教是神對人的管理，道德與法律是人與人之間的相互約束（林麗珊，2007：240）。因此，教育行政倫理與宗教、法律都有密切相關，從學術研究的角度觀之，倫理學與法律學、政治學、心理學、宗教學等其他學門之間常是彼此有所關聯且彼此滲透的。此外，吾人也要了解倫理學與各學門間的關係與差異所在，例如王臣瑞（1995：12）曾指出倫理學關心的是人類行爲「應該不應該」的問題，而心理學是關注行爲的「爲何」的問題，倫理學注意人良心的健康，而心理學注意人心理的健康。又如倫理與宗教有密切的連結，但並非全然要將倫理立基於宗教之上（周伯恆譯，1999：62）。

進一步來說，誠如何懷宏（2002：40）所說，倫理學必須吸收各學科的知識，而各學科碰到的倫理問題也使各學科領域的學者不能不關注道德。朱建民（2009）亦認爲專業倫理不應侷限於倫理，而應該廣義地包括倫理與法律。是故，除了了解教育行政倫理與其他學門的關係外，未來應該加強教育行政倫理學之跨科際整合，例如法律與教育行政倫理的連繫與整合，因爲諸多行政倫理的決定需要法律知識的支援，教育行政人員亦必須釐清哪些行爲是合乎道德規範且合乎法律規定，而有哪些行爲是合倫理道德但不合法的。

參、提升教育行政人員的專業倫理素養

教育行政人員是朝專業化的方向發展，是以教育行政人員應自許爲專業人員，既然是專業人員就必須具有專業倫理之相關素養，而經由職前培育、在職進修及證照制度的落實應可提升教育行政人員專業倫理的知能。

至於教育行政人員專業倫理素養之內容應包括目的論、效益論、德

行論、正義倫理、關懷倫理、批判倫理、倫理領導、倫理議題、倫理決定等。質言之，教育行政人員應該兼具行政管理專業知識及專業倫理知能，才能扮演好教育行政人員的角色，進而展現專業權威。

　　環顧國內教育行政相關系所，在開設教育行政倫理課程方面並不普遍，有鑑於教育行政倫理之重要性，未來值得國內教育行政相關系所在課程設計上將教育行政倫理納入規劃考量。此外，由於品格或道德教育必須包括認知、情意與行為等三個層次（黃德祥和洪福源，2004），是以在教育行政倫理之教學上，亦應兼顧認知與情意、理論與實務，並重視省思，使教育行政人員在行政倫理上能融合知行思，以有效提升教育行政人員之專業倫理素養。

肆、探討教育行政的倫理議題

　　由於教育組織所面對及發生的倫理議題與其他各行各業所有不同，因而教育行政倫理才會發展出屬於自身的獨特學術風貌。具體而言，醫學倫理、企業倫理、運動倫理、工程倫理及教育行政倫理等所衍生的倫理議題是有所不同的，亦即各專業倫理均有各自的專業倫理內涵與議題。舉例而言，法律人共同的基本倫理是維護法治精神、實現公平正義、獨立性之維持、提升專業能力、謹言慎行與促進公共利益（魏千峰，2000：51），21世紀醫學所面臨的倫理問題是生殖科技、醫療糾紛、安寧照顧、醫病關係等的倫理問題（戴正德和李明濱，2000），而企業的倫理議題則包括企業對員工、消費者、股東、社區及環境等的倫理義務（葉保強，2008）。

　　教育行政常面臨的倫理議題大致有不適任教師、師生衝突、職務分配、編班、資源分配、導師及行政人員的安排、教師與行政人員的衝突等，將來教育行政倫理在學術研究方面應該對於屬於教育組織的倫理議題深入探討，並提出可行的策略，以供教育行政實務工作者之參考。

伍、訂定教育行政人員專業倫理守則

　　所謂行有行規，教育行政人員之倫理守則的訂定是刻不容緩，因為倫理守則具有引導性及理想性，能提供教育行政人員在行事作為及進行

行政裁量權上重要的參考依據。

　　國內中華民國學校行政研究學會已提出「學校行政人員倫理守則」，未來可由具公信力之教育組織訂定「教育行政人員倫理守則」，並將教育行政機關的教育行政人員一併納入，而藉由教育行政人員倫理守則之訂定，可提供教育行政人員在專業服務過程及進行倫理決定時之重要依據。值得注意的是，教育行政人員倫理守則實施時宜適時修訂，以因應時代環境及社會之變遷。

　　至於如何訂定教育行政人員倫理守則，則應考慮以下幾個W（蔡進雄，2008：27）：1.為什麼要訂定教育行政倫理守則（why）？2.教育行政人員專業倫理守則要包括哪些內容（what）？3.誰來訂定教育行政人員的倫理守則（who）？4.要如何推動與實施（how）？要言之，教育行政倫理守則是屬於由外控的途徑來規範教育行政人員，具引導作用且有其必要性，此亦是將來臺灣地區教育行政倫理可發展的重要方向。

陸、重視教育行政領導者倫理領導行為的表現

　　領導者以身作則對於成員的倫理行為表現影響頗大，所謂上樑不正下樑歪。因此，教育行政領導者必須力行倫理領導及道德領導，自己的言行能符合倫理行為標準，對教師及部屬能關懷照顧並協助其自我實現，對組織經營能具前瞻性並以願景帶領教師共同為校務發展努力。

　　Yukl（2006）在《組織領導》（*Leadership in Organizations*）一書中提到倫理領導的多項規準，值得參考。由表1可知，在領導者權力之運用方面，倫理領導是服務追隨者及組織，而非倫理領導是滿足個人的需求；在處理多元利害關係人之利益方面，倫理領導是設法平衡與統整，而非倫理領導是偏袒能提供最大利益的結盟夥伴；在組織願景的發展方面，倫理領導是考量追隨者的需求、價值及想法，而非倫理領導僅推銷領導者的願景；在回應批評與異見方面，倫理領導是尋找解決問題的方式，而非倫理領導是壓抑任何批評與不同意見；在發展追隨者的能力方面，倫理領導是運用指導等各種方式使成員能力獲得開展，而非倫理領導是使成員軟弱並依賴領導者。

表1　評量倫理領導的規準

規準	倫理領導	非倫理領導
領導者權力與影響力的使用	服務追隨者及組織	滿足個人需求及生涯目標
處理多元利害關係人的不同利益	設法平衡與統整	偏袒能提供最大利益的結盟夥伴
組織願景的發展	基於追隨者的需求、價值及想法	設法推銷自己的願景，並視為組織成功的唯一方式
領導者行為的正直	行動與信奉價值一致	做有助於獲取自己目標的事
領導者決定與行為的冒險	願意冒個人風險並作必要的決定	避免涉及領導者個人風險的決定或行動
相關訊息運作的溝通	對於事件、問題及行動，做完全和及時的訊息公開	對於問題及進展，使用欺騙及扭曲以左右追隨者的知覺
回應追隨者的批評與異見	鼓勵批判性的評鑑，以找到更好的解決方式	不鼓勵並壓抑任何的批評及異見
追隨者技能與自信的發展	使用教練、指導及訓練來發展追隨者	使追隨者軟弱並依賴領導者

資料來源：Yukl, 2006：424.

　　概括來看，Yukl的觀點確實能提供教育行政人員在進行倫理領導的重要依據與規準，例如教育領導者應服務部屬及成員、重視組織發展、行為正直、訊息公開、包容不同意見及協助部屬自我實現等，都相當值得吾人參考。質言之，以德服人勝於以勢及以術服人，教育行政領導者若能實踐倫理領導，將可使教師及成員心服口服，並能贏得部屬的敬重。

柒、塑造符合倫理道德的優質學校文化

　　Schein（1992：12）將組織文化定義為：一個既有團體在學習處理外在適應與內在統整問題時，創造、發現或發展出來的基本假定型態。其運作被視為有效，並被教導給新成員，作為覺知、思考、感覺相關問題的正確方式（陳慧芬，1997：46）。Hoy和Miskel（1996：129）認為組織文化即共享導向（shared orientation），而使個體間融合並且賦予明顯的認同感。要言之，學校文化可定義為係指學校組織與

內外在環境長期互動後的產物，此產物包括信念價值、行為規範、態度期望、典禮儀式等，組織成員在平日學習之後，就自然而然表現出來，而形成組織的獨特現象（蔡進雄，2001：152）。

締造一種鼓勵倫理行為的組織文化，有利於成員的倫理行為（張培新，2007：48）。學校組織文化包括一所學校的象徵器物、行為規範及價值信念等要素，因此塑造符合倫理道德且優質的學校文化不僅有利於學校教師倫理行為的表現，也是未來教育行政倫理重要的發展方向。在具體作法上，學校領導者可透過各種場合及機會溝通傳遞學校的核心價值，進而影響師生的倫理行為，並彰顯於可見之象徵器物。

總括說來，學校環境與文化會影響教師及成員的價值與行為，例如學校重視分享互助的校園文化，則教師就易表現出利他助人的倫理行為，是故塑造符合倫理的優質學校文化以影響教師的倫理行為是實踐教育行政倫理應重視的面向。

🈴、認清教育行政專業倫理兩難的價值判斷

基本上，倫理學關心的是行為的價值判斷，它要討論行為的價值判斷之合理性，亦即反省對於某個行為的價值判斷是否有足夠的理由去支持它（杜保瑞與陳榮華，2008：37）。然而教育行政人員面對倫理兩難問題往往沒有「食譜」或「操作手冊」可直接參考，特別是價值判斷層面通常沒有絕對的對或錯。舉例而言，卓越與均等是兩種不同的價值，學校教育在資源分配上是要照顧少數菁英朝卓越發展，還是要照顧所有學生之均等發展，是一種價值選擇與判斷。

Robbins陳述道德抉擇的三種不同準則為功利主義（utilitarianism）、權利（right）及正義（justice），而此三個準則各有優劣（李青芬、李雅婷、趙慕芬譯，2006）。Shapiro和Stefkovich（2005）則從正義倫理、關懷倫理、批判倫理及專業倫理等多元典範來討論各種複雜的教育兩難問題，最後是要以學生的最大利益（best interests of the student）為核心。Kidder提出下列四種面對倫理兩難困境的策略值得參考：1.領導者對於倫理標準必須明確知覺，且樂意以此為基準；2.考慮各選項的可能結果及影響情形、以眾所接受的道德規準檢測各個選

項、使用黃金規準（golden rule）檢測選項等檢視兩難困境；3.可經常尋找替代方案，避免「非此即彼」的思考方式；4.領導者應培養反省習慣（黃乃熒、鄭杏玲和黃婉婷譯，2007）。

申言之，教育行政人員勢必會面對事實面向或價值面向的問題，屬於事實面向的問題較易以科學方式處理及決定，例如校園規劃或校服的選擇，但處理價值面向的問題往往涉及價值選擇，而各種價值本身並無對錯之分，端視教育行政人員的抉擇，是以教育行政人員必須認清其價值選擇及判斷之源由，亦即不僅要知其然還要知其所以然。除此之外，身處後現代的教育環境對於多元的過度強調，容易造成價值混淆（張學善，2003；蘇永明，2000），是以後現代教育行政倫理之兩難困境策略更應展現理解的行動及並多進行溝通與協商（黃乃熒，2004）。

玖、充實教育行政人員的教育及輔導專業知能

教育行政人員面對的倫理問題或兩難情況，許多問題是要回歸教育專業或輔導專業來加以判斷，例如學校行政人員常面臨不適任教師的處理問題，要了解不適任教師的教學是否良好適切，就必須由該領域教學專業加以判斷，再配合行政的程序並考量正義倫理與關懷倫理等面向，以處理不適任教師的問題。又，學校行政人員也常要處理學生問題或師生衝突，在處理過程除了融入倫理考量外，更要具有教育及輔導專業知能，才能做出較佳的倫理決定，例如學生情緒障礙而演變的導師班級經營及教學的困擾，其行政層面的處置方式，除了必須同時兼顧多數學生及個案學生的利益外，行政人員還要有輔導專業知能，如此在進行相關決定時，才能有較為妥善的處置，而且也能適時以專業論述來說服學生家長及學校教師。

專業倫理的基本條件是專業。如果不夠專業，對於服務對象必然帶來傷害（朱延智，2009：140）。簡言之，在專業方面具有相關的知識，才足以認清事實，做出正確的事實判斷（朱建民，2000：14）。因此，教育行政人員面對的倫理問題，有些不是一般倫理學理論所能套用或應用的，也不是僅憑直覺或個人主觀意識加以判斷，而是要回歸教

育專業，職此之故，教育行政人員必須隨時充實並具備教育專業相關知能，就像醫師要具備醫學知識一樣，如此才能進行有效的專業及倫理判斷。

拾、了解教育行政人員的利害關係人

不同的教育人員面對不一樣的利害關係人，教師的利害關係人主要是學生、家長、學校主管、同事等，而校長常面對的利害關係人是教師、行政團隊、學生、家長、民意代表、校友、社區人士、上級長官、媒體等（如圖2所示），可見教育行政人員的利害關係人比教師較為多元而複雜，因此教育行政人員必須釐清利害關係人對校務的影響，並進一步發展與利害關係人適切的互動，舉例而言，校長與教師的關係宜從傳統階級權威轉變為專業協助的關係，而校長與家長亦應是合作夥伴的關係。

拾壹、提升教育行政人員的生命境界

吾人若一味強調自我實現，則自我仍十分膚淺，最後只會變成自我中心者（沈清松，1996：62），是以教育行政人員宜提升生命境界，

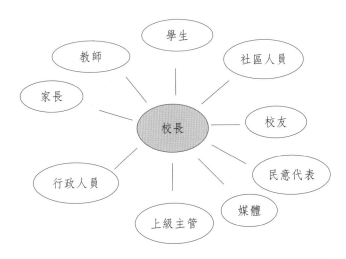

圖2　校長的利害關係人

並藉由從自我到超越自我，以追求更高層次的人生理想，這也是教育行政倫理較高層次的具體表現。自我與超越自我是兩個不同的概念且有層次之別，如表2所示，自我的發展方向是個人潛能的發揮，而超越自我是從小我到大我，從成己提升到達人，超越自我的人不把個人利益擺在第一順位，而能尋找超越個人之上的生命意義。個人自我實現較偏向利己，而超越自我偏向利他。個人自我實現是服務自己，而超越自我的人重視的是服務人群。就學術領域而言，自我的探詢是心理學研究的範疇，而倫理學家認為除了自我追尋外，更應該自我超拔、超越自我。

小我是大我的起點，大我是小我的擴充（沈清松，1996：35），職此之故，從倫理道德的角度觀之，教育行政人員應該從個人自我提升至超越自我的理想境界，個人實現自我之後進一步貢獻己力、服務他人，因此教育行政人員宜以個人自我實現為基礎努力往超越自我之路邁進。古今中外，值得令後人尊敬懷念的政治家、宗教家、教育家，多數皆達到超越自我的層次，例如國父孫中山、印度國父甘地，比比皆是的宗教家及教育家都是超越自我的。

特別是教育行政工作者所從事的是專業的助人工作，服務教師進行教學並協助學生成長茁壯，因此教育行政人員應該努力由服務自我擴大至服務人群，從自我中提升至追求超越自我的理想，而事實上吾人往往在超越自我之倫理實踐中也無形地完成了自我。

表2　自我與超越自我的比較

	自我	超越自我
方向	發揮個人潛能	小我到大我
重點	成己	達人
利益	利己	利他
服務對象	服務自我	服務人群
學術領域	心理學	倫理學

拾貳、掌握教育行政倫理的核心價值

Federickson（1997）在《The Spirit of Public Administration》一書中指出任何把事情做得更爲經濟、有效率、有效能的標準，都只是屬於管理的問題，但公共行政更重要的是處理有關於價值、信念及倫理的議題，即價值問題才是公共行政的核心靈魂（蔡金火，2005；Cooper, 1998）。沈清松（1996：159）亦認爲現代化社會最大的問題在於工具理性大幅膨脹，而價值理性逐漸萎縮。研究亦發現，核心價值是保持企業永續過程中關鍵性的角色（廖文祿，2006），Collins和Porras在《基業長春》一書也提到想要成爲高瞻遠矚的公司應該從確定核心價值開始，而這些價值觀必須禁得起時間的考驗（眞如譯，2002：324）。

職此之故，明確界定行政倫理核心價值的實質內涵，有助於實務上行政倫理的提倡與實現（詹靜芬，2006）。質言之，一個學校有優質的價值領導，便能啓迪親師生個人合理價值與觀念，讓學校辦理之方向明確清晰，且能營造和樂安詳的校園氣氛（李錫津，2001：39），是以教育行政人員應該遵守及履行某些的核心價值，例如正義、關懷、尊重、誠實、正直等。

進一步而言，牛頓型組織在技巧、產品、架構中尋求自己的認同，而其核心價值觀就是利潤、效率、成功或是獲利上的優異卓越，但新典範科學的組織則由較具深度的願景和較持久的價值觀中，找到目標與動力（謝綺蓉譯，2001：123）。Sergiovanni（1992）亦指出領導行爲只是「領導的手」（hand of leadership），領導者的價值觀與信念是「領導的心」（heart of leadership），而「領導的手」是受「領導的心」來指揮。因此，要改善或修正領導行爲最根本的方法是培養領導者正確的價值信念，以引導校長做對的事（to do the right things）（蔡進雄，2008）。

綜言之，教育行政人員應超越領導行爲技巧層面，進一步培養建立教育行政倫理的核心價值、意義與使命，而爲使教育及學校能永續經營，教育行政領導者應著重較高層次的核心價值理念領導而非限於技術的領導行爲，因爲沒有核心價值信念引導的教育領導是容易迷失教育及辦學的方向。

第五節　案例分析與討論─揭發弊端或保守祕密

案例：

日日國中是一所新設立的國民中學，校長、行政人員與教師都兢兢業業企圖把這所學校辦起來，但負責學校大樓建築的總務主任卻與建商有不當的往來，更有收取回扣及圖利廠商之情形，這些違法事情學校其他成員並不知情，總務處出納組C組長卻知道這一回事且掌握具體證據。

C組長心理上陷入兩難，如果舉發總務主任的不當行為，不僅會讓總務主任吃上官司，更會影響學校校譽及未來的招生，但若不舉發則對不起自己的良心，且也有可能因總務主任收取回扣而影響學校建築品質。

如果您是C組長，您會選擇揭發弊端還是選擇沈默？您這樣決定的理由是什麼？

從上述案例（引自蔡進雄，2008：193）的陳述可知，不論社會對弊端揭發的評價如何，揭發者將面臨行政倫理的兩難困境，是要服從組織忠誠的要求？還是遵從道德良心的倫理判斷？尤其實務上更將面對揭發後組織報復、人際關係的緊張、保護措施不足及弊端未來發展不確定等風險與危險（黃宏森，2005：39）。而對於揭發弊端有幾個努力方向（關中，2010：17）：1.致力於營造透明的行政環境；2.法制上增加對於弊端揭發者的保護；3.鼓勵公益揭發，但不能鼓勵非真正弊端揭發者。

綜言之，吾人應持平看待揭發弊端之行為，事實上任何組織都可能會有弊端揭發者，為降低因揭發弊端而產生對組織的傷害，教育行政人員平日應致力溝通管道的暢通，營造透明的教育行政組織環境，減少黑箱作業之情形，重要決策應民主化並公平公開地處理教育行政事務，如此將可預防揭發弊端之情形。

第六節　　結　語

　　教育行政專業倫理是教育行政學與倫理學的融合，其目的在於引導教育行政人員表現出合乎倫理道德的行政行為，能有所為而有所不為，以增進學校效能並達成教育目標。國內有關教育行政專業倫理學的發展正處於萌芽階段，教育行政相關系所亦未普遍獨立開設教育行政倫理，教育行政倫理的教導大都是融入於一般教育行政學的探討，因此為了彰顯教育行政專業倫理的重要性及價值性，期待更多的教育研究者投入此一領域，使教育行政專業倫理能發揚光大而讓教育行政人員之行政作為更有遵循之方向，在消極面可使教育行政人員避免踏到「地雷區」，如圖利貪污、違法犯紀，在積極面可使教育行政人員在情理法及多元價值之間進行較佳的選擇，並促進教育行政人員表現更為卓越的行政行為，且能以學生之最大利益為考量。由此觀之，教育行政倫理對教育行政人員有其重要性及價值性。

　　基於上述，本文從「建立教育行政專業倫理成為一門獨立的學科」、「加強教育行政倫理學之跨科際整合」、「提升教育行政人員的專業倫理素養」、「探討教育行政的倫理議題」、「訂定教育行政倫理守則」、「重視教育行政領導者倫理領導行為的表現」等方面闡述教育行政倫理的發展方向，最後並以案例輔以說明，以供教育行政倫理之學術研究及實務的參考。總之，學校是道德的社群（Sergiovanni, 1996：57），教育原本強調德智體群美，其中又以德育為首，而教育行政人員在校務及德育教育發展上扮演著「大齒輪」的帶動角色，因此教育行政人員更應以身作則並表現出合乎專業倫理之行為，此外，在教育行政專業倫理之學術研究方面，國內還正處於萌芽階段，需要更多的教育學術研究夥伴共同努力耕耘此一領域，以引導教育行政倫理實踐與理論之發展。

參考文獻

(一)中文部分

牛格正、王智弘（2008）。**助人專業倫理**。臺北：心靈工坊。

王臣瑞（1995）。**倫理學**。臺北：臺灣學生。

朱延智（2009）。**企業倫理**。臺北：五南。

朱建民（2000）。大學專業倫理教育與教學。載於專業倫理課程委員會彙編，**專業倫理與教育-論文集(三)**（頁1-19）。臺北：輔仁大學。

朱建民（2009）。倫理的現代化：談專業倫理教育的理想目標。**高教技職簡訊**，32，16-18。

何懷宏（2002）。**倫理學是什麼**？臺北：揚智。

吳秉恩審訂（2006）。**領導學：原理與實踐**。A. Shriberg, D.L. Shriberg, & R. Kumari 原著。臺北：智勝。

吳清山（2006）。教育行政的倫理面。載於謝文全等合著，**教育行政學：理論與案例**（頁69-99）。臺北：五南。

李青芬、李雅婷、趙慕芬（譯）（2006）。**組織行為學**。Stephen P.Robbins原著。臺北：華泰。

李錫津（2001）。校園的價值領導。**師友月刊**，408，36-39。

杜保瑞、陳榮華（2008）。**哲學概論**。臺北：五南。

沈清松（1996）。**追尋人生的意義－自我、社會與價值觀**。臺北：臺灣書店。

周伯恆（譯）（1999）。**倫理學入門**。H.J. Gensler原著。臺北：韋伯。

周崇儒（2008）。**國民中小學校務評鑑專業內涵建構之研究**。臺北市立教育大學教育學系博士論文，未出版，臺北市。

林火旺（2007）。專業倫理與社會責任。載於王惠光等著，**法律倫理核心價值探討**（頁1-30）。臺北：新學林。

林火旺（2011）。**品德教育**。新北市：空大。

林明地（1999）。重建學校領導的倫理學觀念。**教育政策論壇**，2(2)，129-157。

林麗珊（2007）。**人生哲學**。臺北：三民。

邱德才（2008）。**解決問題的諮商架構**。臺北：張老師文化。

范熾文（2000）。**學校行政決定的革新趨向：倫理決定**。學校行政雙月刊，8，55-67。

眞如（譯）（2002）。**基業長青**。J. Collins & J. I. Porras原著。臺北：智庫文化。

關中（2010）。行政倫理的重要議題—從保護弊端揭發人談起。載於國立高雄大學政治法律學系著，公益揭發：職場倫理新趨勢（頁1-21）。高雄：巨流。

張石光（2000）。領導風格、行政倫理與組織公民行爲之研究—以高雄市稅捐處爲例。**國立中山大學人力資源管理研究所企業人力資源管理診斷專案研究成果研討會**。

張培新（2007）。企業倫理的理論與實踐初探。**應用倫理研究通訊**，44，36-51。

張福松、楊靜和陳福美（譯）（2007）。**幼兒教保人員專業倫理**。S. Feeney和N. K. Freeman原著。臺北：五南。

張學善（2003）。從後現代思維談E世代青少年異性交往價值觀的輔導。**學生輔導**，89，8-19。

郭爲藩（1992）。教育專業。載於郭爲藩和高強華著，**教育學新論**（頁238-277）。臺北：正中書局。

陳正芬（譯）（2007）。**決勝未來的五種能力**。H. Gardner原著。臺北：聯經。

陳慧芬（1997）。**國民小學組織文化之研究——一所臺中市國民小學的個案分析**。國立臺灣師範大學教育學系博士論文，未出版，臺北市。

傅佩榮（2010）。**哲學入門**。臺北：正中。

黃乃熒（2004）。後現代學校行政倫理及其兩難困境之解決。**教育研究集刊**，50(3)，1-29。

黃乃熒、鄭杏玲和黃婉婷（譯）（2007）。**教育領導與組織永續發展**。D. Fink原著。臺北：華騰。

黃宏森（2005）。弊端揭發者（Whistle-blowers）面臨的難題與抉擇之研究。公共行**政學報**，14，39-78。

黃昆輝（1989）。教育行政學。臺北：東華。

黃昆輝、張德銳（民89）。行政倫理。載於賈馥茗等編著，**教育大辭書**（頁685-686）。臺北：景文。

黃德祥、洪福源（2004）。美國品格教育的內涵與實施。**臺灣教育**，625，17-29。

甯應斌（1997）。「應用倫理學」是「理論倫理學」的應用嗎？**應用倫理研究通訊**，3，8-9。

葉保強（2008）。**企業倫理**。臺北：五南。

鄔昆如（1993）。**哲學概論**。臺北：五南。

蒙光俊，簡君倫和郭明仁（譯）（2010）。**勇氣心理學：阿德勒觀點的健康社會生活**。J. Yang, A. Miller, & M. Blagen原著。臺北：張老師文化。

蔡金火（2005）。行政核心價值理論的衝突與調適：兼論我國行政核心價值的演變。**國家菁英季刊**，1(2)，169-186。

蔡進雄（2001）。**學校行政領導**。臺北：師大書苑。

蔡進雄（2005）。**學校領導理論研究**。臺北：師大書苑。

蔡進雄（2008）。**教育行政倫理**。臺北：心理。

魏千峰（2011）。法律人的共同倫理。載於臺北律師公會主編，**法律倫理**（頁47-69）。臺北：五南。

戴正德、李明濱（2000）。**醫學倫理概論**。載於作者編著，醫學倫理導論（頁1-13）。臺北：教育部。

謝文全（1998）。道德領導—學校行政領導的另一扇窗。載於林玉體主編，**跨世紀的教育演變**（頁237-253）。臺北：文景書局。

謝綺蓉（譯）（2001）。第三智慧—運用量子思維建立組織創造性思考模式。D. Zohar原著。臺北：大塊。

蘇永明（2000）。後現代與道德教育。**教育資料集刊**，25，147-168。

(二)英文部分

Campbell, E. (1997). Ethical school leadership: Problems of an elusive role. *Journal of School Leadership, 7*(4), 287-300.

Cooper, T.L.(1998). *The responsible administrator: An approach to ethics for the administrative role* (4th ed.). San Francisco:Jossey-Bass.

Frederickson, H.G.(1997). *The spirit of public administration*. San Francisco : Jossey-Bass.

Fullan, M. (2001). *Leading in a culture of change*. San Francisco: Jossey-Bass.

Furman, G .C. (2004). The ethic of community. *Journal of Educational Administration,*

42(2), 215-235.

Greenfield, W.D.(2004). Moral leadership in schools. *Journal of Educational Administration, 42*(2), 174-196.

Hoy, W.K., & Miskel, C.G.(1996). *Educational administration: Theory, research and practice* (5 th ed.). New York: McGraw-Hill.

Hudson, J.(1997). Ethical leadership: The soul of policy making. *Journal of school Leadership, 7*(5), 506-520.

Lickona, T. (1993). The return of character education. *Educational Leadership, 51*(3), 6-11.

Lunenburg, F.C., & Ornstein, A.C.(2004). *Educational administration: Concepts and practices* (4th ed.). Belmont, CA:Wadsworth.

Maxcy, S.J.(2002). *Ethical school leadership.* Lanham, Md: Scarecrow Press.

Quick, P.M., & Normore, A.H.(2004). Moral leadership in the 21st century: Everyone is watching-especially the students. *The Educational Forum, 68*(summer), 336-347.

Schein, E.H.(1992). *Organizational culture and leadership: A dynamic view.* San Francisco: Jossey-Bass.

Sergiovanni, T.J.(1992). *Moral leadership: Getting to the heart of school improvement.* San Francisco: Jossey-Bass.

Sergiovanni, T.J.(1996). *Leadership for the schoolhouse: How is it different? Why is it important?* San Francisco: Jossey-Bass

Shapiro, J.P., & Stefkovich, J.A.(2005). *Ethical leadership and decision making in education: Applying theoretical perspectives to complex dilemmas* (2nd ed.). Mahwah, N.J.:Lawrence Erlbaum.

Wilmore, E.L.(2002). *Principal leadership: Applying the new educational leadership constituent council (ELCC) standards.* Thousand Oaks: Corwin Press.

Yukl, G.(2006). *Leadership in organizations* (6th ed.). Upper Saddle River, NJ: Prentice Hall.

問題與討論

一、專業倫理及教育行政專業倫理的意涵為何？

二、教育行政專業倫理有哪些重要的發展趨向？

三、國內國民中小學有哪些重要的教育行政專業倫理議題？如何面對與有效處理？

四、在後現代社會，教育行政人員在實踐教育行政專業倫理，如何有所為？有所不為？

五、教育行政的核心價值為何？請提出您個人的觀點。

第八章

由組織變革觀點析論
我國之教育發展議題

楊振昇

吾心信其可行，則移山填海之難，終有成功之日；
吾心信其不可行，則反掌折枝之易，亦無收效之期也！

〜孫文〜

近年來，受到社會整體大環境的影響，教育行政組織與學校教育遭受到教育系統內與教育系統外雙重因素的劇烈衝擊，無形中對於教育行政組織與學校的形象，造成相當程度的影響。本文主要係從組織變革的觀點，探討組織變革之內涵，進而析論今後我國之重要教育發展議題，包括教育部與教育局／處所應積極進行之努力方向，如建構教育發展願景、規劃並落實中小學校長之證照制度、建立教師分級制度、提升課長督學之課程教學專業知能、以及成立工程營繕專責單位等，期能形塑嶄新的組織發展契機，發揮教育導引社會正向變遷的功能。

第一節　前　言

在當今社會上，唯一不變的就是「變」，雖然此為耳熟能詳的說法，卻道盡社會快速變革的事實。盱衡人類自從18世紀工業革命之後，逐漸進入由機器引導社會進步的時代，隨之而來的，乃是工具理性的高漲，形成唯物的理性主義；直到量子力學（quantum mechanics）、渾沌理論（chaos theory）之提出，非線性思考模式始逐漸受到重視。對臺灣而言，2010年也產生了許多組織的變革。首先是11月16日，立法院三讀通過《國家教育研究院組織法》，象徵國內教育研究邁進了一大步；其次，則是11月27日完成五都的選舉，並在同（2010）年12月25日正式完成新北市、臺中縣市、臺南縣市、以及高雄縣市的合併與定位。

著名的管理學者P. Drucker曾在《21世紀的管理挑戰》（*Management challenges for the 21st century*）一書中指出，現在就能開始面對挑戰、並裝備自己與組織來迎接挑戰的人，就會成為明天的領袖，而反應遲緩的，就會被遠遠拋在後頭，可能永遠沒有趕上的一天（劉毓玲

譯，2000）。誠然，21世紀乃是一個強調創新求變的知識經濟時代，也是一個超越組織疆界的全球化時代，面對知識經濟的競爭挑戰與全球化浪潮的衝擊，唯有突破傳統科層體制的線性思維，掌握社會變遷的脈動，適時調整領導風格，始能促進組織發展。

　　然而，近年來，受到社會整體大環境的影響，教育行政組織與學校教育遭受到教育系統內與教育系統外雙重因素的劇烈衝擊，使得教育革新的成效受到社會各界的批評與質疑，無形中對於教育行政組織與學校的形象，造成相當程度的影響；就此而言，如何針對相關教育發展議題，審慎研議，規劃前瞻作為，實有其必要性！基於此，本文主要係從組織變革的觀點，析論今後必須重視之若干教育發展議題；全文主要分成三大部分，首先針對組織變革進行概念分析，其次申述應掌握組織變革契機、有效促進教育發展，再其次則研提結合中央與地方力量、構築教育發展新圖像之前瞻作為！

第二節　組織變革之概念分析

　　囿於篇幅，以下就組織變革之意義、類型與模式分別加以說明：

壹、組織變革之意義

　　就組織一詞而言，各家所論不盡相同，或從靜態的角度出發，認為組織是一種階層體系與權責分配的體系或結構；或從動態研究的觀點，強調組織乃是一群具有共同目標的人，為達成目標所進行的交互作用；或從心態的角度出發，認為組織乃是一群具有情感、需求、思想、及人格者，所結合而成的精神體系，彼此尊重、相互協助，以達成共同目標；或從生態觀點著手，強調組織乃是一種不斷適應環境變遷而持續生長的有機體，藉以達成共同的目標。為能掌握組織的精義，對組織意義的探討應整合上述靜態、動態、心態、與生態的觀點。因為靜態的研究只重視組織的階層體系與權責分配，動態的探討偏重成員間的互動，心態的探究較重視成員心理需求的滿足，而生態的分析則較強調因應外在環境的變遷與組織的發展。因此，組織乃是指兩個以上的成

員，彼此間具有共同的目標，經由適當的分工與持續、不斷的交互作用，相互尊重人格、彼此滿足需求，並能有效因應周遭環境的變遷，為組織的發展貢獻心力、全力以赴，以期能達成共同的目標。

其次，近年來，「變革」（change）一詞逐漸受到各界高度的重視。例如，湯明哲（2007）強調，變革已成為企業或組織進步與發展的DNA，唯有主動式的變革，才能使組織的生存立於不敗之地。此外，2008年美國民主黨總統初選參選人B.H. Obama在多次公開演講中，即以變革為其主要訴求。誠如T.L. Friedman（2005）在《世界是平的》（*The world is flat*）一書中指出，把握時代變革的趨勢，在21世紀才有競爭力（楊振富、潘勛譯，2005）；Friedman進一步剴切呼籲，如果美國再不好好拼教育，年輕人的雄心會不如人，科學研究的水準也會不如人，尤其，北京的微軟亞洲研究院已經是微軟在全球最有創意的研發中心了。

因此，就組織變革之意義而論，係指當組織遭受內外在因素的衝擊時，為配合環境需要，乃針對相關的人、事、物等因素進行調整，期能持續維持組織的平衡，促進組織的進步。因此，組織變革乃是一個中性的名詞，變革的結果有可能比原來好，但也可能比原來差；而組織變革乃是一個「過程」（process）而非「突發事件」（event），是一個複雜、非直線性的過程，也是一個未定的旅程，其中將會產生許多不確定性（Fullan, 1999）；而在組織變革過程中，如何在變革過程中，將可能引發的抗拒（resistance）降至最低，化阻力為助力，則是不容忽視的重要課題。

貳、組織變革之類型

有關組織變革的類型，根據Hanson（1996）的觀點，變革可區分為以下三種類型：

一、計畫性變革（planned change）：強調方法的系統性、周延性，以及目標的可預測性。

二、自發性變革（spontaneous change）：變革的發生主要是基於自然環境的因素以及隨機而生，並無既定的企圖或目標。

　　三、漸進性變革（evolutionary change）：係相對於革命性變革（revolutionary change）而言；漸進性變革強調累積、與逐步的過程，而革命性變革則往往採取激烈的手段，容易陷入求快求變的迷思當中。

　　同時，Robbins（1996）也指出計畫性變革強調企圖性（intentional）與目標導向（goal-oriented）；而Owens（2001）則進一步分析計畫性變革的三種策略取向（strategic orientations）：

　　一、經驗理性的策略（empirical-rational strategies）：這種取向重視學理與實務間的連結，藉以去除兩者之間的鴻溝；一般而言，強調研究、發展、傳播、與應用（research, development, diffusion, adoption, 簡稱RDDA）的過程。

　　二、權力強制的策略（power-coercive strategies）：這種取向多使用制裁（sanctions）的方式以使使用者順從；而制裁的方式包括政治的、財政的、道德的。

　　三、規範再教育的策略（normative-reeducative strategies）：也就是組織的自我更新。強調應深入了解組織與組織成員，強調組織的互動影響系統規範，可以藉由成員彼此的合作，而逐漸轉變爲較具生產力的規範。

　　值得注意的是在論及組織變革時，應避免淪於第一級變革（first-order change）的迷思，僅專注於現況與直線的改變；而應著重第二級變革（second-order change），也就是應重視組織的文化、結構、與基本假定（Fullan, 1991; Robbins, 1996）。質言之，應重視Senge（1999）所指出的「深層變革」（profound change），亦即包括人的價值、渴望、行爲等內在因素，以及過程、策略、作法、制度等外在因素。

參、組織變革之模式

　　有關變革的模式，或從典範轉移的觀點切入（謝文豪，2004；Simsek & Louis, 1994）；或從學校組織權力弔詭管理的觀點探討之（黃乃熒，2001）；或從組織文化改變的角度著手（吳金香，

2000）。綜觀相關文獻與論述，變革之模式可歸納爲：典範轉移模式（a paradigm shift model）、以關注爲本位的變革模式（concerns-based adoption model, CBAM model）、力場模式（force-field model）、解凍模式（unfreezing model）、及系統模式（system model）等。囿於篇幅，無法一一詳述，以下針對「以關注爲本位的變革模式」(CBAM)與力場模式加以分析。

一、以關注為本位的變革模式

Hall & Hord（1987）曾提出「以關注爲本位的變革模式」（如圖1）而廣受重視。該模式特別強調在變革的過程中，變革推動者（change facilitator）扮演重要的角色，此外，也應注意利害關係人（stakeholders）對於變革議題「關注的階段」（stages of concern），以及「使用革新的層次」（level of use of an innovation），如此始能有助於變革有效落實。就「關注」（concerns）一詞而言，係指一個人在期望的情況下，或是其他特殊的情形下，試圖努力去做某些事的傾向

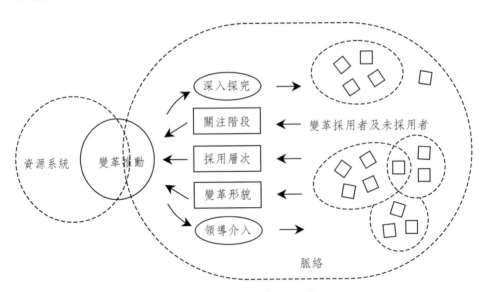

圖1　以關切為主的變革模式

資料來源：*Change in schools: Facilitating the process* (p. 12), by G. E. Hall and S. M. Hord, 1987, Albany, NY: State University of New York Press.

或意圖；換言之，即指涉個體對某一事物所激發的心理反應，包括對該事物的觀點、想法與感受，而變革關注則可說是參與變革者在面對變革時，所表現出不同關注階段的情形。

就有關變革議題「關注的階段」（stages of concern）而言，包括四項，分別是：無關注（unrelated）、自我關注（self）、任務關注（task）、與影響關注（impact）；而這四個階段又區分為七個細項，茲就關注程度由少至多陳述如下：

1.察覺關注（awareness concerns）：屬於「無關注」階段；通常對相關的變革甚少關心或參與。

2.資訊關注（informational concerns）：屬於「自我關注」階段；對組織變革具有一般的認識，並想了解更多有關變革的內容。個人似乎尚且不會考量到變革與自己的關係，只關心變革本身的訴求、影響及一般特徵。

3.個人關注（personal concerns）：屬於「自我關注」階段；個人尚未確定變革對自己的要求，自己能否應付此要求，以及自己在實施變革時所扮演的角色。個人會考慮的問題包括：變革與現存組織結構的衝突、變革與自己現在需要承擔的責任之間的矛盾、變革對自己及同事在待遇及地位上的意涵等。

4.管理關注（management concerns）：屬於「任務關注」階段；關注係集中在落實變革歷程與工作，以及使用資訊和資源的最佳方法。尤其，特別關注效率、組織、管理、計畫與時間限度的要求等。

5.結果關注（consequence concerns）：屬於「影響關注」階段；關注相關的變革對利害關係人的影響。焦點集中在變革對利害關係人的適切性，變革成效的評鑑及確認提升利害關係人表現的變革需求。

6.合作關注（collaboration concerns）：屬於「影響關注」階段；主要係關注當實施變革時，如何與他人協調合作。

7.調整關注（refocusing concerns）：屬於「影響關注」階段；主要在關注如何從變革中探索更廣泛的利益，包括探討更大幅度的變革或由另一變革方案取代的可行性，個人對變革有其他方案或更明確的想法來選擇或推動變革。

其次，就使用革新的層次（level of use of an innovation）而言，主在了解相關利害關係人落實變革的情形。基本上，利害關係人使用革新的層次由低至高分為未使用（non-use）、定向（orientation）、準備（preparation）、機械化使用（mechanical use）、例行化（routine）、精緻化（refinement）、統整（integration）、與更新（renewal）。以下分別加以說明：

1.未使用（non-use）的層次：係指使用者對變革了解甚少或完全缺乏相關知識，未參與變革工作，也未準備參與。

2.定向（orientation）的層次：係指使用者已經獲得或正獲得該變革的資訊，且已經探討或正在探討該變革的價值取向，及其對使用者的要求。

3.準備（preparation）的層次：係指使用者致力於變革的短程使用或日常使用，但是缺乏反省的時間。採用該項變革，旨在符合使用者本身的需求，而非其他利害關係人的需求。

4.機械化使用（mechanical use）的層次：係指使用者基本上所試圖熟練的工作，是變革內容中所要求之短程的、日常的且不需花費很多時間去思索的部分。

5.例行化（routine）的層次：係指使用過程中，使用者已經習慣並可穩定的使用該變革，很少去思慮變革方案的修訂和變革的效果。

6.精緻化（refinement）的層次：係指使用者依據短期或長期的結果，修訂變革的方案，以增進變革的即時效果。

7.統整（integration）的層次：係指使用者結合自己和相關同仁在變革上的努力，給予利害關係人預期的影響或協助。

8.更新(renewal)的層次：係指使用者對該變革方案的品質重新評估，並對其加以修正或尋求替代方案，以增進其對利害關係人的影響或協助。

經由上述有關變革議題「關注的階段」，以及「使用革新的層次」之分析，當有助於吾人對於「以關注為本位的變革模式」之了解，而變革推動者的角色亦不容忽視。

二、力場模式

當一個組織的現狀（status quo）維持平衡狀態時，主要係因兩組對立力量之間取得平衡（如圖2）；亦即因內外在環境的逼迫不得不變革的推動力（driving forces），以及對抗變革、保持現狀的抗拒力（restraining forces）之間處於平衡狀態。

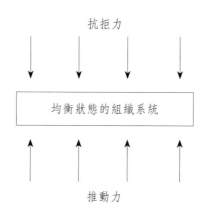

抗拒力

均衡狀態的組織系統

推動力

圖2 均衡狀態的力場

資料來源：*Organizational behavior in education: Instructional leadership and school reform* (p. 313), by R. G. Owens, 2001, Needham Heights, MA: Allyn & Bacon.

然而，當變革的推動力大於維持現狀的抗拒力時，就會產生組織變革的現象（如圖3），可稱為組織變革的力場（force-field model）模式。從圖3可看出，原本組織係處於均衡的狀態，然當推動力大於抗拒力時，便會形成失衡的現象而使組織產生變革，直到推動力與抗拒力達到另一次的平衡狀態時，組織變革才會暫時終止。

引發驅動組織變革與發展的壓力來源，包括內外部環境的變遷，致使組織不得不進行變革與轉型。至於抗拒變革與發展的壓力，可從個人層面與組織層面兩方面分析：就個人層面言之，造成對變革抗拒的因素有：個人能力的限制、習慣性行為模式、選擇性關懷與注意、對未知的恐懼、經濟保障的擔憂、安全與退縮的行為；就組織層面言之，引發對變革產生抗拒的理由有：組織結構過於科層化、對權力及影響力的威

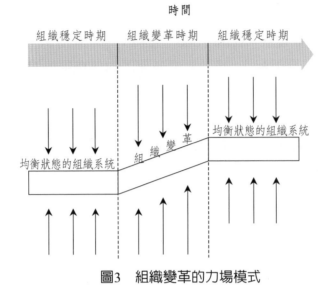

圖3 組織變革的力場模式

資料來源：*Organizational behavior in education: Instructional leadership and school reform* (p. 314), by R. G. Owens, 2001, Needham Heights, MA: Allyn & Bacon.

脅、變革資源的匱乏、固定的投資太多及組織之間的協約等。

就上述「以關注為本位的變革模式」與「力場模式」而言，其共同點在於變革的原因均肇始於組織的失衡，而其變革的目標則在於期望能回到組織的均衡狀態。其次，在相異處方面，以關切為主的模式則是Hall和Hord經多年研究後，所提出的組織變革模式，而力場模式則以Lewin的場地論為基礎。

第三節 掌握組織變革契機、有效促進教育發展

經由以上對於組織變革概念之剖析，當有助於吾人掌握組織變革契機、有效促進教育發展；以下幾點特別需要加以強調：

壹、發揮變革推動者之角色功能，提升變革成效

在變革過程中，變革推動者扮演著極為重要的角色（Hanson，

1996; Robbins, 1998; Rogers, 1983）。Robbins（1998）指出，變革推動者乃是變革過程中的靈魂人物，攸關組織革新的成敗。在變革過程中，變革的推動者更須體認本身角色的重要性，善盡本身的責任，包括協助診斷應改革的問題與困難、協助澄清及溝通從事變革可望獲得的結果、指出組織成員難以說出口的問題、協助規劃變革計畫、確保與追蹤組織變革的成效。同時，藉由組織的順利變革，以改善組織中成員的福利及其生活的品質，營造和諧的組織氣氛，促進互信、公開、坦承的人際關係，進而提升變革的成效。

貳、訂定適切的變革策略，降低利害關係人的抗拒

在變革過程中，除有賴變革的願景與目標外，尤須研訂適切的變革策略，明確定出實施的方式，始能有效降低利害關係人因缺乏信心或不夠了解變革策略而產生的抗拒。歸納相關學者的研究與分析（廖春文，2004；Doft & Steers, 1986；Glass, 1998；Kotter, 1998；Kotter & Schlesinger, 1990；O'Toole, 1996；Robbins, 1996, 2001），變革所面臨的抗拒包括以下兩方面：

一、個人抗拒方面：如對變革方案內容不了解、害怕增加工作負擔、擔心原有工作型態被打亂、看不見變革方案所帶來的正向價值、以及既有利益的受損等等。

二、組織抗拒方面：如資源分配不均、組織結構既有的惰性、變革領導團隊不夠堅強、以及缺乏有效的溝通等等。

參、組織變革與教育發展間存在「手段與目的」、「過程與結果」之關係

誠如張明輝（1999）與張慶勳（1996）所言，教育組織變革本身不具價值判斷，變革的結果可能優於過去，但也可能日趨沈淪而難以自拔。變革雖不一定會帶來進步，但學校教育之發展則需要有某種程度之變革；就此而言，今後主管教育行政機關以及中小學校長，均應體認教育組織變革與學校發展間，所存在之手段與目的的關係，亦即教育組織變革僅是手段與過程，而須以促進學校發展為目的與結果。

　　總之，在推動變革的過程中，來自於個人與組織的抗拒很難避免，而研訂適切的變革策略，則是有效降低個人與組織抗拒的重要途徑。

第四節　結合中央與地方力量、構築教育發展新圖像

　　誠如前述，在變革過程中，應重視計畫性的變革，而變革推動者的角色，更不容忽視。舉例言之，就教育的發展而言，五都選舉後的縣市合併，不應只是在地圖上，縣市數字量的改變，而應該重視教育品質的提升。有鑑於此，經由上述對組織變革內涵之剖析，以及就掌握組織變革契機、有效促進教育發展之申述，以下嘗試從鉅觀的角度，就中央與地方之重要教育發展議題加以闡述：

壹、在教育部方面

一、建構教育發展願景、適時進行溝通宣導

　　教育發展願景之建構，必須經過審慎研議，始能提出結合教育現況、具有教育理想、懷抱教育前瞻之願景。睽諸教育部所提2005～2008教育施政主軸中，教育願景為「創意臺灣、全球布局—培育各盡其才新國民」，並據此提出「現代國民、臺灣主體、全球視野、社會關懷」等四大綱領；再就2010年8月28～29日兩天所召開之第八次全國教育會議而言，教育部長吳清基則提出「卓越、績效、創新、科技、精緻」等五大目標，強調強化競爭優勢、展現卓越實力；提升全面品質、落實績效責任；追求多元適性、實踐創新社會；推動終身教育、促進科技進步；整合各界力量、實現精緻教育。同時，吳部長並表示教育部會在今年底前完成教育政策白皮書，這都有助於建構國家未來之教育發展願景。

　　此外，未來教育部在建構教育發展願景上，應兼顧如何與世界脈動接軌。例如經濟合作暨發展組織（Organization for Economic Co-operation and Development，簡稱OECD）近日所公布的2009年PISA（國際學生能力評量計畫）檢測結果，全部65個國家中，我國在閱讀

方面排第23名、數學第五名、科學12名，較上次的第16名、第一名、第四名，都有所退步，中國上海在這三項評比都是世界第一，臺灣成績在兩岸三地墊底；雖然影響PISA成績的因素不只一端，然不容諱言地，這個結果值得我們加以省思。

二、規劃並落實中小學校長之證照制度、發揮校長變革推動者的角色功能

前已述及，「以關注為本位的變革模式」特別強調變革推動者的重要性，復因教育乃社會系統的一環，與政治、經濟關係密切，教育的發展難免受到政治、經濟等相關因素的影響。然若就教育本身而言，校長本身「專業性」之提升自屬責無旁貸。

睽諸以往，此項議題早已成為相關會議的重要討論焦點。舉例言之，2000年5月17日由國立教育資料館主辦之「現代教育論壇」，即以「校長證照制度與校長專業發展」為主題；而次年3月由教育部主辦之「第七次教育行政論壇」則以「中小學校長培育、證照、甄選、評鑑與專業發展」作為研討會的主題；再者，同年6月教育部也委請國立嘉義大學舉辦「中小學校長專業成長制度規劃」學術研討會，會中有關中小學校長證照制度之議題，均受到廣泛的討論與重視。尤其，教育部在2001年12月15、16日所召開的「2001年教育改革檢討與改進會議」結論中，也指出2003年底前將完成「建立校長及學校行政人員之培育體系及專業證照制度」之研究，足見政府推動中小學校長證照制度之用心，只可惜始終停留在紙上談兵的階段，未見付出具體行動。

基於此，教育部應展現建立中小學校長證照制度之決心，以下謹依個人管見所及，提出在研擬與推動中小學校長證照制度時，所應思考的重要課題，以作為相關主管教育行政機關之參考（楊振昇，2000，2006）：

(一)校長證照制度之法源

首先，在推動中小學校長證照制度之前，應考慮其法源基礎，其中尤應針對許多學者們關心的「正名」問題加以研議；亦即針對究竟應採用「校長證照」、「校長證書」或「校長執照」的名稱，廣泛邀集法

界、教育界與相關人士共同研商，期能爲中小學校長證照制度建立法源基礎；同時，對於應配合修正的相關法令也必須一併考量。

(二)權責單位之定位問題

今後在推動校長的專業證照制度時，應考慮權責單位的定位問題，究竟是責成教育部的相關單位來統籌相關事宜，以收統合之效？抑或授權由各直轄市或縣市政府自行辦理，以符應並落實去集權化（decentralization）的趨勢？或者考慮由政府與民間單位及學術機構共同成立專責單位，來辦理相關事宜？等等問題，均值得進一步加以研議，仔細分析其利弊得失，必要時可觀摩、參酌他國的作法，以作爲我國的參考。

(三)證照本身之相關問題

在推動中小學校長之證照制度時，有許多與校長證照有關之實質問題值得思考。例如證照的取得是否採雙軌制的方式進行，也就是檢覈與考試的方式併行。然所應思考的問題是如果採用檢覈的方式，則申請者所要具備的資格或條件應包括哪些？另一方面，如果採用考試的方式，係以筆試或口試方式進行？抑或兩者兼採？再者，每年檢覈或考試的日期與次數爲何？

其次，中小學校長的證照是否加以區分爲高中、高職（高工、高農）、國中與國小等不同層級？而證照本身是否加以分級？如果加以分級，分級的名稱爲何？升級的標準如何訂定？另外，證照的有效期限應爲幾年較爲適合？此外，在何種情況，經過何種程序，校長的證照將被吊銷？以及若由不同縣市所頒發的校長證照，在其他縣市是否具有可轉移性（transferability）等等問題，都是在規劃校長的證照制度時，必須予以審愼考慮的。

(四)如何與教師分級結合

在中小學校長遴選制度實施以後，未連任的校長之回任教師問題，一直頗受各界討論，許多人士（如林文律，2001；劉奕權，2001）主張在規劃中小學校長證照制度時，應考慮如何與教師分級制度結合，使

未連任校長回任教師的問題，能獲得較佳的處理。就此而論，在規劃中小學校長證照制度時，應與教師分級制度一併思考，始能跳脫頭痛醫頭、腳痛醫腳之窠臼，而發揮系統思考之功能。

(五)重視局部試辦之過程

任何有關教育政策的推動或是各項教育革新的作法，必須全盤審慎規劃、深入分析探究、重視過程評鑑與積極檢討修正，才能達成預定的目標。今後在推動校長的專業證照制度時，應採行局部試辦的原則，例如，可以由臺北市或高雄市先行試辦，在試辦的過程中必定會發現許多原先預料之外的問題，或是原先擬妥的解決方案，並無法因應各種不同問題等等情形，而這些都是主其事者在試辦過程中極為珍貴的「回饋」，足以作為進一步分析與研究的重要題材，進而能夠在全面推動與執行之前，將可能引發的問題與負面影響，減至最低的程度。

(六)加強證照制度之宣導

一般而言，安於現狀、不喜歡變革可說是人的通性，因此，在進行有關的教育革新時，必須強化宣導的過程，以降低相關人士的抗拒程度，否則既定的方案或目標不僅容易胎死腹中，有時更會導致主其事者因此而離職，過去教育部有意推動的教師十年換證，立意頗佳，可惜忽略了宣導的過程與相關配套措施的規劃，導致民怨四起，並造成部長離職的結果（謝文全，1995），「殷鑑不遠」，值得深思。

三、建立教師分級制度，提供教師生涯發展階梯

隨著社會的快速變遷，教師專業的提升自有其必要性。在建立教師分級制度之議題上，教育部曾於1994年第7次全國教育會議「改進師資培育」分組研討中，在教師資格檢覆證照制度部分，獲得11點結論，其中特別強調配合教師資格檢定，應規劃建立中小學教師分級或進階制度，以提高教師專業素養及生涯規劃能力（教育部，1994）。其次，1996年行政院教育改革審議委員會在「教育改革總諮議報告書」中，亦建議在提升教師專業素質方面：應建立教師進階制度，提供多元進修管道，協助教師生涯發展。另外，教育部在1998年所研訂之「教育改

革行動方案」中，有關健全師資培育與教師進修制度方面，也指出爲促進教師生涯發展，應建立教師專業成長積分獎勵及教師分級制度（教育部，1998）。此外，在教育部所舉辦的「2001年教育改革之檢討與改進會議」中，教師分級制度的議題仍然廣受討論，而在「提升中等以下學校師資」之結論中，也確立研議教師分級制度的目標。

經由上述，吾人可知藉由教師分級制度之推動，以強化教師專業素養、提升教師素質早已成爲主管教育行政機關之共識；然此項共識，雖經研議多年，卻始終未能付諸實施，其原因何在？有待深入探究。教師分級制度有其教育學、心理學、及社會學之學理基礎，亦能提升教師專業地位、促進學校發展；然若未能把握教育的本質，喚醒教師本身對其主體價值的覺醒與認同，則無論教師如何分級，最後校園必將產生更多不安與衝突。有鑑於此，以下謹研提國內實施中小學教師分級制度時，所應重視之配套措施，期能做爲主管教育行政機關擬定此項制度時之參考：

(一)確立中小學教師分級制度之法源
誠如前述，教師分級制度之實施有賴健全之法源基礎。就此而言，單小琳（1996）曾指出必須修改的相關法令有：1.教師法。2.教育人員任用條例。3.公立學校教職員敘薪辦法。4.全國軍公教人員待遇支給要點。5.公立學校教職員職務等級表。6.國民中小學教師登記及檢定辦法。7.選送公教人員出國進修研習實習計畫。8.中小學教師在職進修研習辦法。9.中小學教師在職進修學位實施要點。10.各級學校教職員請假規則。11.國中小校長遴選辦法、主任候用甄選辦法。12.國民中小學教師及兼任行政職務人員每週任課時間要點。由此可見，相關法令之修訂頗爲繁複，故主管教育行政機關應秉持系統思考之思維模式，通盤檢討，全方位考量，並儘速取得立法機關的支持，早日確立教師分級制度之法源基礎；如此爲之，則教師分級制度方不致淪爲空談。

(二)審慎思考經費預算問題
實施教師分級制度，可能造成教育經費增加之問題。因此，經費問題宜先未雨綢繆，預備足夠財源，妥爲因應。就此而言，以下兩種作法

可供參酌：

1.結合精神層面之誘因：囿於國家教育經費所限，日後應儘量規劃結合精神層面之誘因，諸如可結合校長甄選資格及師鐸獎資格等等。

2.貫徹使用者付費觀念：目前國內各項教師研習活動，仍大多以政府經費支出為主；睽諸先進國家，教師自費參加研習已行之有年。因此，國內今後應建立並貫徹使用者付費觀念，凡是教師參加研修必須自行付費，以節省公帑，並提高其珍惜自費研修之機會。

(三)研訂明確周延之審查或評鑑系統

在教師分級制度中，如何研訂明確周延之審查或評鑑系統，乃是一項重要且關鍵的課題，因為該審查或評鑑系統，將直接影響到整體制度變革之成效。

就此而論，應避免過度強調研究著作而忽略教師平日的教學表現或學生輔導；換言之，過度偏重研究著作的結果，可能導致教師形成「隨便改作業、隨便教學」也能晉級的錯誤觀念，形成多數教師重研究、輕教學、輕輔導的現象。因此，為避免對教師教學產生負面影響，在教師升級的審查標準或評鑑系統上，各項標準所占的比例可依職級不同而有別；舉例言之，初任教師可偏重於教學成效及學生輔導上，至於肩負輔導初任教師之最高職級教師，則可稍偏重其教學創新與研究著作上面的成果。

(四)重視各職級教師的名稱，避免造成家長選老師的窘境

教師分級制度之實施，應注意各級教師之名稱是否會形成教師職級的標籤現象，導致在當前家長教育選擇權及參與權高漲的今日，造成家長為爭取其子女之受教權，而一味選擇較高職級教師的混亂現象，因為這將造成校園與教育界的不安，阻礙學校教育的發展。就教師職級名稱而言，教育部在1998年初步構想將區分為初級教師、中級教師、高級教師和特級教師四級，而在2000年之《高級中等以下學校及幼稚園教師分級及審定辦法》草案中，則修正為初階教師、中階教師、高階教師及顧問教師，就此而論，有待進一步整合各方意見，匯集共識。

(五)不應限制各級教師所占人數，避免教師間的惡性競爭

在教師分級制度中，不宜限制各級教師所占的比例或人數，而應採取「標準參照」方式，採公平、公開、透明化的方式進行，對於能通過升級審查的教師，均應給予升級的機會，以避免校園內或校際之間教師的惡性競爭，影響學校行政及課程的推動，阻礙學校發展，致使教師分級制度的良法美意大打折扣。

(六)考慮採行雙軌制度，降低現職教師之抗拒程度

任何一項制度的改革或推動，均會受到相關利害關係人的高度關切；同樣地，在推動教師分級制度時，為能有效降低現職教師的心理抗拒，以促使該項制度能順利實施，主管教育行政機關應可考慮採行雙軌制。

具體來說，對於現職教師，可依其意願提供兩項選擇，一是沿用舊制，一是提供其選擇採用新制的機會，惟現職教師如果一旦選擇採用新制，則日後便不能要求回歸舊制；而對於在教師分級制度法源公布後之新任教師，則完全適用新制。在採用雙軌制度下，將可有效降低現職教師之心理抗拒，而有助於教師分級制度的順利推動，此項作法可提供主管教育行政機關日後規劃時之參考。

(七)廣泛匯集社會各界意見、進行溝通宣導

在教育組織變革過程中，往往會遭遇許多抗拒，形成規劃或推動制度之阻力；就教師分級制度而言，必須廣泛邀請政府相關單位、教師及家長團體、社會相關人士代表，大家集思廣義、彼此交換意見，尋求對此項議題看法之最大公約數，並及早進行宣導溝通，以提高教師的接受程度。

貳、在教育局／處方面

一、提升課長督學之課程教學專業知能、提供教師教學協助

縣市政府之課長督學大多係通過教育行政高考、特考或普考，部分則由相關職系轉任；課長平日大多承教育局／處長之命，負責教育局處

之相關行政事務，而督學雖有較多時間接觸教育現場，然仍多以行政視導或控案查訪爲主。廣義而言，教育局／處長、課長、督學均屬教學領導者（instructional leaders），負有協助教師改善教學之責，然睽諸實際，一則因其平日之行政工作極爲繁忙，上班時段完成工作已屬不易，遑論遂行教學領導之責；再者，即使督學到校視察，仍大多偏重於行政事務的視導，對於教師教學輔導知能之提升，則往往囿於督學本身之專業性不足，產生心有餘而力不足的現象，殊爲可惜。

基於此，課長督學應積極強化本身課程教學之專業知能，以發揮教學輔導功能，尤其若能明確規範課長督學必須完成的指標或最低學分數，並納入其考核與升遷辦法中，將更有助於此項目標的達成。

二、成立工程營繕專責單位、讓校長更能投入教學領導

楊振昇（1999）指出，學校營繕工程可說是極大多數校長們心中的「最痛」，不僅造成校長或相關人員心中極大的壓力，也占去了校長許許多多寶貴的時間。例如，有校長即指出：

> 「當學校有工程進行時，幾乎每一位校長都憂心忡忡，因爲
> 營繕工程並非校長們的專業領域。假如工程品質出現問題，
> 我必須承擔所有的責任並接受來自上級的嚴厲懲罰！」

因此，在教育局／處成立工程營繕專責單位，讓校長更能投入教學領導，乃是校長與教師所共同期待、並樂觀其成的。就此而言，臺北市政府教育局於1998年8月成立工程營繕及財產管理科，掌理市立學校、社會教育機構等用地取得與財產管理事項，及市立各級學校、社會教育機構營繕工程設計、規劃、發包、監造之事項；而高雄市政府教育局則設有總務科，下分事務股與文書股；故未來若能在教育局／處成立工程營繕專責單位，協助學校營繕工程之進行，對於學校教育品質之提升，將有甚大裨益！

第五節　　結　語

　　本文主要在藉由組織變革內涵之探討，析論我國今後之重要教育發展議題，包括教育部與教育局／處所應積極進行之努力方向，如建構教育發展願景、規劃並落實中小學校長之證照制度、建立教師分級制度、提升課長督學之課程教學專業知能、以及成立工程營繕專責單位等，期能形塑嶄新的組織發展契機，重新發揮教育導引社會正向變遷的功能。

　　面對資訊科技的日新月異、知識經濟時代的來臨、校園民主意識的高漲、以及家長參與教育意願的提高，無形中改變了學校組織的生態結構與運作機制；在此情況下，學校校長尤應有效掌握教育組織變革，促進學校教育發展，妥為因應，始能開創新局。杜拉克基金會的期刊 "*Leader to Leader*" 曾指出，決定新領導人命運的三件事，包括：能否自信地融入你的高層主管角色，能否澄清並面對你自己的領導力弱點，以及能否選擇改變（朱灼文譯，2007）。誠然，學校經營沒有永遠的贏家，也不會有永遠的輸家；其主要關鍵在於學校如何勾勒願景、形塑文化、研訂策略、自我超越及因應變革，願與扮演變革推動者的校長們共勉之！

參考文獻

(一)中文部分

朱灼文（譯）（2007）。三件事，決定新領導人命運。天下雜誌，369，170-173。

吳金香（2000）。**學校組織行為與管理**。臺北：五南。

張明輝（1999）。**學校教育與行政革新研究**。臺北：師大書苑。

張慶勳（1996）。**學校組織行為**。臺北：五南。

教育部（1994）。第七次全國會議分組研討報告。臺北：作者。

教育部（1998）。**教育改革行動方案**。臺北：作者。

湯明哲（2007）。組織變革是企業成功的DNA。天下雜誌，369，177。

黃乃熒（2001）。從學校組織權力弔詭管理觀點建構學校組織變革模式。**師大學報**，
46(2)，145-164。

楊振昇（1999）。我國國小校長從事教學領導概況、困境及其因應策略之分析研究。
暨大學報，3(1)，183-236。

楊振昇（2000）。校長證照制度與校長專業發展。**教育資料與研究**，37，26-31。

楊振昇（2006）。**教育組織變革與學校發展研究**。臺北：五南。

楊振富和潘勛（譯）（T. L. Friedman著）（2005）。**世界是平的**（*The world is
Flat*）。臺北：雅言文化。

廖春文（2004）。學校組織變革發展整合模式之探討。**教育政策論壇**，7(2)，
131-166。

劉毓玲（譯）（P. Drucker著）（2000））。**21世紀的管理挑戰**（*Management
challenges for the 21st century*）。臺北：天下文化。

謝文全（1995）。**教育行政－理論與實務**。臺北：文景。

謝文豪（2004）。國民中小學學校組織變革之探討－理論與實務。輯於張明輝
（編），**教育政策與教育革新**（頁179-207）。臺北：心理。

(二)英文部分

Doft, R. L., & Steers, R. M. (1986). *Organizations: A micro/macro approach*. Glenview, IL:
Scott, Foresman.

Fullan, M. (1991). *The new meaning of educational change*. New York: Teachers College
Press.

Fullan, M. (1999). *Change forces: The sequel*. London, Falmer Press.

Glass, N. (1998). *Management master class: A practical guide to the new realities of
business*. London: Nicholas Brealey.

Hall, G. E., & Hord, S. M. (1987). *Change in schools: Facilitating the process*. Albany, NY:
State University of New York Press.

Hanson, E. M.(1996). *Educational administration and organizational Behavior*. Boston:
Allyn and Bacon.

Kotter, J. P. (1998). Leading change: Why transformation efforts fail. In J. P. Kotter, J. Collins, R. Pascale, J. D. Duck, & J. Porras (Eds.). *Harvard business review on change*. Boston: Harvard Business School.

Kotter, J. P., & Schlesinger, L. A. (1990). Choosing strategies for change. In H. L. Tosi (Ed.), *Organizational behavior and management: A contingency approach*. Boston: PWS-KENT.

O'Toole, J. (1996). *Leading change: The argument for values-based leadership*. New York: Ballantine Books.

Owens, R. G. (2001). *Organizational behavior in education: Instructional leadership and school reform*. Needham Heights, MA: Allyn & Bacon.

Robbins, S. P. (1996). *Organizational behavior: Concepts, controversies, applications*. Englewood Cliffs, NJ: Prentice-Hall.

Robbins, S. P. (1998). *Organizational behavior: Concepts, controversies, applications*. Englewood Cliffs, NJ: Prentice-Hall.

Robbins, S. T. (2001). *Organizational behavior* (9th ed.). Upper Saddle River, NJ: Prentice-Hall.

Rogers, E. M. (1983). *Diffusion of innovations*. London, The Free Press.

Senge, P. (1990). *The fifth discipline*. NY.: Bantam Doubleday Dell Publishing.

Senge, P. (1999). *The dance of change*. New York, Random House, Inc.

Simsek, H., & Louis, K. S. (1994). Organizational change as paradigm shift: Analysis of the change process in a large, public university. *The Journal of Higher Education, 65*(6), 670-695.

問題與討論

一、何謂組織？對於組織的界定，靜態、動態、心態與生態的觀點為何？

二、組織變革有何模式？對教育有何啟示？

三、領導者在變革過程中應扮演的角色為何？如何有效降低利害關係人的抗拒？

四、組織變革與組織發展之間的關係為何？

五、我國未來有哪些重要教育發展議題？應如何規劃，以促進教育的進步？

第九章

從永續觀點論地方教育發展的策略思考

江志正

永續是一個道德的必然，更是我們生活品質和未來之所繫。

～Hargreaves & Fink, 2006a～

順應公民社會的腳步，環境變遷，社會改造，地方走向自治，發展也更形多元，藉此除了可展現地方的希望活力與特色外，更期許各種變革能持續並更加深化。唯從生態惡化的經驗中，可以深切了解到變革發展中要如何促成組織的永續將是一大重點，教育活動亦然。因此，在這波走向地方自治的發展過程中，如何重視永續議題，讓地方教育發展能更適切是很重要的。基於此，本文乃以永續的觀點來論地方教育的發展策略，著重在觀念的啟發與引領，以強化地方教育發展時的永續思維。本文先析述永續的意涵與原則，而後再論述永續對教育發展的重要性，之後再探究永續觀點的地方教育發展策略思考，以供參考。

第一節　前　言

建國百年前夕，教育部鑑於教育對整體社會發展的重要，乃於2010年8月28、29日召開第八次全國教育會議，以研討當前重大教育議題，並凝聚社會對教育發展的共識，來因應國際教育發展趨勢，及擘劃未來教育發展藍圖；該會除了揭櫫「新世紀、新教育、新承諾」的願景外，並訂定「精緻、創新、公義、永續」之四大主軸，以為建國百年後的教育引領。有關發展主軸中，除了之前已強調重視的精緻、創新、公義外，並將永續議題列入，實具有時代意義價值。

永續，原是個生態的議題，唯因著整個環境的日趨惡化影響後代子孫的生存權益而漸受重視。的確，生態正在惡化中，這是個不爭的事實，而我們只有一個地球，故追求生態的永續是人類所必走的一條道路，我們沒有其他選擇，我們必須面對真相並大膽與快速地採取適切的行動（江志正，2007）。近年來，許多天災地變對人類生活有很大的衝擊，人們所面對的生態環境威脅加大了許多，值此時刻，是否也該如面對自然天候的異常大變一般，好好省思人類社會發展的本質及延續的

重要性。吳松林、莊麗蘭（2005）認為，永續發展強調經濟發展應與地球的承載能力取得協調，亦即是人與自然要和諧相處，無可避免的將會成為21世紀人類活動的主軸。教育，是人類最重要的活動之一，值此關鍵時刻，如何從永續角度來加以探究發展性的議題，實值得關切。

　　的確，人類組織發展變革和我們所處的環境生態是息息相關的，且也都應建立在永續的基礎之上才是有意義的（江志正，2007）。而這波的生態環境永續運動，除了在校園及社會中掀起了綠色的環境保護熱潮外，也引發思考教育變革發展永續的問題。

　　有關永續發展的概念，就其生態觀點，可以從「全球」去觀照；也可以由「國家」去推動，但最重要的是要落實在「地方」上去執行。亦即是期許能從空間地區的角度由源自各地方的實際需求，考量地方的資源、環境與各種條件配合，鼓勵地方公、私部門和非政府組織共同致力於地方的發展和保持經濟、社會、文化及生態的永續性（劉阿榮，2005）。國內在1999年相繼通過了《教育基本法》和《地方制度法》，各地方教育行政機關對轄區內的教育事務自主決策權力加大，並有著法源基礎，正式開啟了國內後教育集權化時期（鄭新輝，2004）。因此，地方權限大增，擁有更多的可能性在地方教育來實踐永續價值。另外，五都成形並運作後，國內的地方發展會因著五都人口數眾多而能見度大增，也會進入另一個競爭的新紀元，如何在競爭中不陷入紅海殺戮而臻於藍海勝出，如何能不陷入惡性較勁而持續發展，重點皆在於策略思索的問題。有關策略，其英文為strategy，係源於希臘文的strategos，意為將軍，所指的是將軍的藝術，即指將軍的用兵或佈署，並引申為組織中最高層的管理（Steiner, Miner, Gray, 1989）。因此，就實質內涵來看，策略也代表著組織對自我目標價值的期許，更是組織本質與發展方向的抉擇框架。在一個地方自主性愈強且愈加重要的新時代中，地方如何以永續觀點來進行策略思維以引領教育發展是很重要的。

　　基於此，本文乃以永續的觀點來論地方教育的發展，著重在觀念的啟發與引領，以強化地方教育發展時的永續思維。本文將先闡述永續的

意涵與原則，接著論述永續觀點對教育發展的重要性，而後綜論以永續觀點的地方教育發展策略思考，以供地方教育分權後的地方教育變革與學校發展的參酌。

第二節　永續的意涵與原則

壹、永續的意涵

永續，英文是sustainability，這個字依據Oxford English Dictionary所稱，係一形容詞，主要是用在描述「能維持在一特定比率或水準」的能力（江志正，2007）。基本上，永續這個字眼係起源於20世紀初，但其思維是早已存在人類歷史發展的過程，並曾在不同的領域中被強調（葉俊榮，2005）。而其之所以再度被提出，甚至加以重視，主要原因乃是源於人類文明過度發展後，對生態環境變化的重視與道德價值意識的省思。亦即是基於人們在發展與價值失衡之際所觸動的激盪與反省。

的確，環顧人類發展的進程，科技文明的提昇與進步，雖然為人類帶來了福祉與好日子，然隨之而來卻也帶來了數不盡的危機。面對著日趨嚴重的資源枯竭、生態破壞、氣候變異、環境污染等問題，這不但挑戰著人類長久以來「人定勝天」的信念，也讓人類開始認知覺醒自己只是自然的一部分，必須與自然和諧相處，於是「永續發展」因而也成為全球的焦點（張金淑，2005）。基於此，永續的思維乃有著根處，也據此發展出豐富深層的內涵並跨國度、跨領域的在實踐中。

永續的意涵雖早已滲透並存在於諸多領域中，唯就其在實際應用上來看，Hargreaves和Fink（2006a）認為，「永續」一詞最先來自環境領域。而以起源來看，在1980年代早期，Worldwatch Institute的創始者Lester Brown，他界定永續社會是不減少未來世代的機會即能滿足自身的需要，此可算是永續概念的伊始。之後，在1987年時出現了一個劃時代的事件，那就是The Brundtland Report of The World Commission on Environment and Development出版《我們共同的未來》

（Our common future）報告書，這份報告書勾勒出一個強調生態、經濟、社會安定間關係的發展系統取向，要求國際社會共同努力來改善人類的行為，以維持環境的長期生存能力。此後，永續這個概念開始受到注目，而永續發展也被理解為是：人類擁有能在不危害到下一代的狀況下即能達到目的需求去持續發展的能力。這也是永續此一概念被多數人接受的根源意義（Kirk, 2003）。

　　永續這個概念一經提出後，很快地，許多科學家、環境學家、政策制定者都更緊密檢視世界生態系統，並已匯集成一股力量而轉為運動大力倡導，希望提供給未來一個有希望的願景（Kirk, 2003）。Santone（2004）即指出，永續概念引發了許多社群的行動，其目標皆旨在增加人類好的行為，以降低人類對環境的負面影響；此外，它也追求民主正義，希望去除對人及環境的過度利用，以獲致資源及權力的更公正分配。基於此，我們可以了解到，永續的概念是頗為廣泛的，且可廣為應用於人為的各種組織中，也包括教育活動在內。

　　有關永續發展的內涵因不同領域或用法而有著差異，故永續發展是一個多樣性的概念，唯其理念在1990年代後，逐漸成為世界各國的共識（吳松林、莊麗蘭，2005），以前述目前較被大眾所接受認同的定義來看，它主要包括兩個重要的概念，分別為「需要」和「限制」，其中前者所指的是「發展」；後者所指的是「環境」，而此兩者是不可分的，因為如果只有環境而無發展，全體人類生活無以增進；但如只有發展而無視於環境，人類生活品質將更形惡化（劉阿榮，2005）。於是，永續即是一種人類的發展需要和環境資源的限制兩種相衝突面向相調適並平衡的方向思考，它需要更宏觀的視野角度來觀照，並勇於決策採取行動來加以平衡調適。

　　如更具體來說，永續發展是建構在經濟發展、環境保護及社會正義三大基礎上，這樣的理念，與工業革命以來西方世界所認知的發展典範—「生產力」，侷限在人類征服自然，對環境、資源予取予求的想法，是極為不同的（吳松林、莊麗蘭，2005）。因而，永續發展是一個多面向、多目標的綜合架構，並在經濟、社會、生態三個目標上加以兼容並顧，其中，在經濟目標上是成長、分配適當、效率等的永續

性；在社會目標上為權力、參與、社會凝聚、文化認同、制度發展的永續性；在生態上關懷生態系統的完整、承受力、物種多樣性及全球性問題等（劉阿榮，2005）。這種細化的角度更有助於永續內涵的理解及其實踐的可能性。唯不管如何界定與細化，或對永續內涵有不同的見解與說法，然最核心的意旨，大抵就是要避免做出過多以後會後悔的決策（葉俊榮，2005）。因而，在此一主軸下所延伸的各種考量與作為，最後回饋到全人類的最大福祉，這都是永續的意涵所在，也是永續最主要標的的實踐。

貳、永續的原則

持續發展為永續的核心價值，而要如此，必須能前瞻有遠見，且能將不傷害未來視為是重要的，因此，如果妨礙此標的價值的實踐，或與此概念相牴觸的，即是永續的障礙。換句話說，如果在經濟發展上，沒能在適切分配資源與在成長與效率間求取平衡，就是不適切的；如果在社會運作上，沒能分享權力來強化參與並凝聚共識，就是不適切的；如果在生態系統上，沒能關注其完整性、承受力並尊重差異，也是不適切的。這種原則在各領域中皆然。在教育方面，Hargreaves和Fink（2006a）認為，外在強制的短期成就目標和長時間的永續是無法相容的，強制每年進步的短期成就目標是違反永續領導和學習的原則。因此，雖然績效與進步是組織發展所追求的標的，但在組織追求永續的過程中，也最怕強制的進步、短視、急功近利、炒短線、盲目個人英雄主義或不道德等狀況的發生，如此將會形成嚴重的藩籬而阻窒永續的實踐。換句話說，組織發展的過程中，如有「炒短線」的狀況，是有可能出現「積小勝為大敗」的狀況，此實不得不慎。基於此，追求短效看似是在進步，唯其卻是永續的最大障礙。故在教育領域，Hargreaves和Fink（2006a）認為，教育上的變革容易規劃，但實行困難，而要能持續更是特別艱辛。而其關鍵大抵就是因為追求短效致產生下列諸多弊端而與永續相牴觸所致，如：1.目標對發展有引導作用，極為重要，唯如只關注短期目標是不適切的。2.變革發展是需要的，但如過度強制的推動則是不適切的。3.績效是努力的成果，很重要，但過度強調及重表面

化的績效是不適切的。4.適度的競爭有助提昇與發展，唯如過度而阻窒分享合作則是不適切的。5.表現水準及標準的設定有其功用，唯如無法珍視並欣賞差異則不適切。6.發展是需要資源的，唯對於資源的濫用或過度使用是不適切的。7.發展是需要前瞻，唯如無法立基於原有基礎及優勢也是不適切的。

基於對前述永續障礙的理解，為求正向陳述以掌握永續本質並加以落實，乃有諸多永續原則的論述，以供參酌。江志正（2007）綜合學者（張明輝，2005；Hargreaves, 2005；Hargreaves & Fink, 2004；Hargreaves & Fink, 2006a；Fullan, 2005）的說法，將之歸結為以下八項，此也可視為是永續概念在應用時的思維取向，並可藉此來達到平衡發展與限制間的關係，也能促使符應社會價值取向的達成。

一、長遠角度思考

永續是持長遠視野的。永續重視進步及需求的滿足，唯講求的是不急功近利，而是以長遠的角度來看待問題及周遭事務，對未來前瞻並有遠景，追求的是永遠持續的發展。

二、深層內涵洞悉

永續是會洞悉組織深層內涵的。系統思維者說，「我們必須走一哩深和一吋寬」，這頗能真正傳達出永續的內涵，永續是能真正洞悉組織事務及領導本質，發揮學習、影響及關懷的力量來進行的領導。

三、分散權力責任

永續是分散權力及責任的。在一個日趨複雜及專業化的知識時代裡，沒有一個人可以專精所有事項並控制所有事務；且在一個知識經濟時代中，知識能產生影響力，故有知識的人就可以發揮領導能量。因此，在組織中，領導是眾人的事，領導者必須學習授權、培養組織領導能量及分散責任。

四、符合社會正義

永續是符合社會正義的。永續企求不傷害未來世代需求的情況下追求目標的達成。因此，永續的最大價值在於能超脫自我角度思考，而以社會及環境公義角度出發，以便做出符應的行為與舉措，來裨益周遭夥伴及環境。

五、尊重差異和諧

永續是尊重差異及重視和諧的。在一個知識時代裡，差異造成活化，差異才能深化，因此，組織中個體的差異是個人及組織能量的潛在優勢，應加以珍視與激勵，讓組織在尊重差異及追求和諧中創造更多的領導能量及優勢，以臻永續。

六、發展可用資源

永續在消耗資源的同時會發展可用資源。資源很寶貴，組織的發展需要資源，但不能為了發展而過度消耗資源或耗竭資源，即便是人力資源亦然，也不能過度利用和耗竭，因為這種殺雞取卵式的作法不足取，它會捨本逐末。永續是要在發展的過程中繼續創造可用資源而來延續未來的發展。

七、立基延續發展

永續會立基以往並做延續發展。任何一個組織發展都不是憑空或突然出現的，它必須和前後有所關連才能延續及超越，故組織的發展過程中除要前瞻外，也要回顧過往，才能立好基礎而踏穩發展的每一步。立基延續發展是要與過去有所連結，並要對未來有所展望，相互呼應，以在保存組織既有優勢的狀況下而持續發展下去。

八、持續深度學習

永續是重深度學習的。在一個知識經濟時代中，人力資源是所有資源中最重要的一項，而持續不斷的深化學習則是個人最佳的優勢所

在，也是最豐富的組織資源。因此，要永續，得在實務上實踐外，並要不斷地從中反省調適並持續地深度學習。

綜上所述，永續的原則可以提供從生態永續的觀點中學習來引導組織發展。在教育領域的特殊情境及學校組織特性中，尤應把握住宏觀、持續、擴展、正義、差異、資源、保存、學習等永續的特質來發展教育，讓教育的變革措施能在不影響未來人們滿足需求機會的情形下，尊重差異及立基過往以保持優勢，並團結合作學習，以踏實前行裨益現在及未來。

第三節　永續觀點對教育發展的重要性

教育的發展是國家社會的大事，也關乎整體人類福祉，大多數國家社會都審慎看待並重視它。就教育發展的角度來看，永續有利於以下數端可供思考：

壹、永續利於教育問題弊端的解決

教育有許多問題，而這些問題也都有待解決。只是，如Evans評論今日學校所說的：「從來沒有過這麼多的教師和行政人員工作這麼賣力且長久，卻覺得比以往報酬更少又更孤單。」（引自楊振昇譯，2004）這真是個令人沮喪的訊息。而為何會如此？又如何才能真正解決問題？真的值得深思。

簡要回思臺灣教育的發展，大抵就是除弊興利的過程。早年，臺灣教育快速發展之際，曾出現了形式主義、孤立主義、升學主義等弊病，因而有著諸多教育措施與政策，希望能夠改善此種狀況。十餘年前，則是由於諸多教育問題的觸動、社會變動加速的刺激及國際潮流趨勢的影響，於是成立了教育改革審議委員會，希對教育問題進行整體性的探究並提出總諮議報告書，以引導進行教育變革，來對教育弊端加以根除。然一轉眼，教育改革已超過十年，省思之際，雖有著開放、多元及展現創意等的肯定，但各種批判聲音仍多，其中基層教師與家長們感受尤深，因而總有著「上有政策，下有對策」的說法與事實，而未能真

正解決核心問題，甚至製造更多的困擾。茲以較明顯的數據來看，十餘年來，國內補習班數量增加的數量與速度，是令人擔憂的。據統計，從1999到2008年，全國已立案補習班總數從4,434家增加到17,551家，其中，文理補習班從1,872家增加到9,403家；外語補習班從1,352家增加到5,189家；技藝補習班從1,210家增加到2,959家（吳永琪，2009）。雖然補習班增加的原因很多且很複雜，然從中可以清楚知悉，在教改的十年裡，民眾關注子女教育並寄望在升學競爭中脫穎而出之心，較之以往尤為殷切，這或許是和當初教育改革的本意有點悖離。於是，孩子們升學壓力仍大，學子的生活依舊難見輕鬆，教育發展的標的似乎仍很遙遠。面對此狀況，我們固然可以說，有很多政策措施是要長久才能看到效果的；我們也可以說，任何再好的措施與制度都還是無法解決所有的問題。但，如以更正向積極的角度來看，這種升學競爭持續惡化的情形，除了點醒對教育發展方向設定的再思外，也刺激著去省思主政者及社會大眾對於教育發展是否總是想很快看到成果所致。

簡單來說，以目前發展的狀況來看，長久以來，教育的發展在質量都有所提昇，唯其情況仍非最佳狀態，甚至有可能會因在一個自由開放的社會中，在工具理性及過度績效的追求下，各方勢力相互競逐，讓參與其中的人重速效而疲於奔命，此種表面化的績效實難於實踐教育本質及對教育發展呈現出令人滿意的狀況。此仍有許多值得省思的空間。因此，重視永續，重視平衡與價值且不追求速效，將有助於教育問題及弊端的理解與處理。

貳、永續符應教育組織的特性氛圍

組織是一種為達成某種目的而組成的人為實體，其之所以存在是為了實踐原先所設定的標的，而教育組織也是在此種情形下因運而生。對於組織，由於切入點的不同，會有靜態、動態、心態、生態等不同的觀點與想法（謝文全，2008）。此外，也有從結構、人力資源、政治、象徵等四個架構，用工廠、家庭、叢林或競技場、寺廟或嘉年華等隱喻來重新架構其內涵與發展（Bolman & Deal, 1997），因此，組織

可說是一個甚爲複雜的概念。雖然學者們對組織有著許多不同的主張與想法，而其內涵也一直在被架構及深化中，唯不管如何，教育組織基於實踐教育本質而產生的特性仍是不變的，且甚至有可能因社會愈趨開放與複雜而有更加突顯的趨勢。基本上，教育組織因功能及其活動屬性，有著不同於企業與一般公部門的特質，這些在國民中小學中更爲突顯。綜合來看，教育組織所呈現的特質大致是功能重要、任務艱鉅、目標模糊、價值導向、長遠效果、難以評鑑、服務性質、高度專業、文化取向等特質（謝文全，1991；2008；黃昆輝，2005）。且也正因爲這些特質，無怪乎R. T. Ogawa, R. L. Crowson和E. B. Golding會爲文論述學校組織長久存在的兩難困境，列舉出學校組織中有組織目標、任務結構、專業主義、層級節制、持續存在、組織界限、順從等內外部困境難以解決，讓大家理解何以在教育情境中強力變革，但進展仍極爲有限的原因所在（林明地譯，2004）。另外，K. S. Louis, J. Toole和A. Hargreaves也在重新思考學校進步的文章中，提出了一些學校組織問題，包括：1.我們如何評鑑學校改進的成果；2.界定學校進步的終點；3.選擇學校進步的方法；4.學校進步的頑劣本質；5.學校是動態且不穩定的變革環境；6.發展應付頑劣問題的解決方法；7.重新裝配學校進步研究知識的需要。而這幾點中，有關學校進步問題的頑劣本質有如下幾點：1.欠缺明確的形成方式；2.問題交錯複雜；3.問題各層面的多重解釋；4.分隔因果的直接關係；5.依賴診斷，解決方法卻可能不同；6.沒有簡單選擇問題解決的方法；7.許多影響點；8.缺乏結尾（楊振昇譯，2004）。這些也都點出了學校組織特質的難爲本質。凡此種種，可知教育發展是難以具體量化或標準化的，也非短期即能竟其功，甚至有些是在環境複雜氛圍的糾結中根本難以尋得適切解決之道，此皆是在推動變革及追求發展之際，必須面對及好好思考的，如此才不會造成人們在追求發展之際受制於狹窄意涵而誤解教育發展的本質，並迷失在形式與表面績效中。因此，重視永續，可以對教育的發展與相關限制關注理解，有助於符應教育組織的特性氛圍。

參、永續實踐教育發展的真正標的

　　教育發展的標的基本上是爲了完成教育活動並實踐教育本質。至於人類爲何要有教育活動，田培林曾提出，人類因爲有生，要將個人的生活變成團體的生活；人類因爲有死，要將一代的生活變成無數代的生活，故需要教育。也就是說，人們出生來到世界，爲了加入團體生活，需要教育以習會人際互動相處的生活知能；而人類因爲會死亡，爲了避免累積的知能因而消逝，故需要教育活動以將個人累積之知能及智慧加以傳承。因此，教育的本質目的在於涵化傳承，並讓人類得以永續綿延，且愈來愈好。基於此，教育本身即具有眞善美的屬性，此即便是在時空環境的變遷下，如今已有著正式教育以某種型態來追求更有效率的教育活動，但其本質精神亦是不變的，其價值標的也應加以彰顯與實踐。

　　學校這個人們爲了推動教育活動而設立的重要組織，在以社會功能爲思考的組織分類中，被歸爲是維持性的組織，亦即是藉由教育文化及表意活動或教育社會價值和行爲規範以促進成員社會化來維持社會的持續性（謝文全，2008）。因此，教育本身乃是具有價值性的活動，也是一種引導社會朝向正向且永續發展的重要力量，故其不但要助益個人，並期許透過此來引領社會的提昇與進步，求得社會的永續發展與傳承。而要達成此標的，非得以永續爲思考及依歸不可。

　　尤其，21世紀是一個高度競爭的世紀，也是一個品質的世紀，英美等國提倡之績效責任已經慢慢成爲提升教育品質的新動力（吳清山、黃美芳、徐緯平，2002）。如以定義內涵來看，不管廣狹的角度，教育績效責任的主體仍在於學生的學習。唯此種重績效檢證的取向在實際執行時，極易迷失在繁瑣的績效評核指標，及溺於獎懲的處理，而將焦點模糊（江志正，2008）。因此，績效責任雖立意良善，唯如僅重浮面的檢證指標則易流於形式及短效，此與永續是背道而馳的。林志成（2004）強調，績效責任應成爲一種深層的社會文化革新運動，此也才有助績效的良性循環。此種深層文化與永續的理念是符應的。因此，強化永續領導可以喚醒學校績效責任本質，即掌握學生學

習的本質；可避免學校績效責任流弊，即去除科層化與專業的對立衝突；可重視學校績效責任文化，即樹立適切良性文化，以眞正落實教育本質的績效責任。永續能從發展與限制的角度思考，能顧及到持續傳承，是最能實踐教育發展的眞正標的。重視永續，可以實踐教育發展的眞正標的。

<table>
<tr><td>第四節</td><td>以永續觀點論地方教育發展的策略思考</td></tr>
</table>

　　1970年代以後，公民社會重新成爲現代國家討論的焦點。雖然西方學者對公民社會的界定仍然衆說紛紜，莫衷一是，然大多是強調它相對於國家，具有自主的特性（鍾京佑，2003）。也正因這波追求公民社會熱潮的影響，近年來乃逐漸邁向一個以公民社會爲主軸的發展狀況。尤其我國在通過地方制度法後，更是對此風潮的一個具體表徵與實踐。而在一個公民社會時代中，自主性成爲重要的核心焦點，因此，地方發展在此刻愈發顯得重要。唯在這波追求自主意識彰顯的過程中，如何也能兼顧公共利益的體現，此應爲努力的方向與重點。

　　順應公民社會的腳步，地方走向自治，發展也更形多元，且也藉此展現地方的希望活力與特色，讓各種變革持續並更加深化。唯從變革議題的探究中，了解到變革並不是件單純的事，且任何的發展或變革，其最終目的都是希望導向組織效能的持續提昇及促進組織生存並永續發展，教育活動更是如此。因此，在這波走向地方自治的發展過程中，如何重視永續觀點，讓地方教育發展能更適切是很重要的。以下茲以永續的觀點提出一些策略思考取向供參。

壹、以主體性來釐清地方教育發展本質

　　主體性（subjectivity）是一個很重要，然又很抽象的概念。簡單來說，主體性是對追求自由（或解放）的覺悟與努力。要覺悟，乃是因爲在符應的生活中，我們常不自覺自己的不自由、逃避自由與需要自由。要努力，係因爲要在眞實生活脈絡中實踐出來，而且這實踐常是辛苦的、分裂衝突的、曲折的、反覆的。換句話說，主體性亦即是一種

追求具體又特殊生命的過程，而非趨向流行、隨俗或順從權威（翁開誠，2002）。基於此，在實際運作上，主體性大致意味著追尋自我意義的一個重要過程活動，那是一種積極認真的生活態度，也是一種價值意義追尋的過程。地方教育發展也要有這樣的覺悟和努力。

我國教育發展的過程中，長期以來受到政治氛圍的影響，其中或受意識型態的宰制；或為政治服務而成為附庸；或長期在集權化的影響而失去自我決策能力，故在主體性上一直較為欠缺。此狀況在地方制度法通過後，地方可以有更大的空間及自主權限可以揮灑，有可能獲得改善，然能否達致並加以發揮，其關鍵還是在於主體性的問題。基本上，擁有自主權限才是一個完整獨立的個體，而決策也要展現在主體意識上才有其價值與意義。只是也很怕在這波開放授權的過程中，地方因已長期仰賴既有模式運作及上級交辦，對於鬆綁授權反倒無法承受、無力面對、或不積極因應，此不但不利於現況的運作，更影響長遠的發展與教育的走向。因此，宜好好思考，如何以主體性來釐清地方教育發展本質。

基於此，思考如何認真積極的面對地方教育事務是重要的；如何來引發更多人共同關注地方教育事務是重要的；如何來不斷激盪思辨地方教育事務是重要的；如何能對教育事務有更多的批判與解析是重要的。果真如此，慢慢的，主體性就會在地方教育發展中彰顯其價值與意義，也能尋得地方教育發展的本質，並逐步實踐。

貳、以長遠性來架構地方教育發展遠景

長遠性是以長遠角度與視野來看待現狀，並能夠等待與忍耐，而不急功近利。但利益是眼前的，容易看得到，未來是虛無的，不容易掌握，故如何能有遠見並前瞻，懷抱道德勇氣及社會正義來逐步實踐，是永續領導發展亟需掌握的基本概念（江志正，2007）。因而，在教育發展過程中，需要以長遠性來架構發展遠景，以為引領。有關這一部分，策略性思考、發展願景及抱持的信念心態等都是很重要的。

策略思考是一種遠見考量，這種思考模式是指在事業經營過程中，企業主或經理人在面對事業或部門的成長發展時，能以永續為依歸，從

事組織的內部與外部分析，省思發展與限制間的問題，求得長遠願景的實踐與組織的永續。基本上，其省思的是發展與限制，其標的是希望能架構出發展願景及實踐策略，故在本質上也是與永續相符應的，也更能符應長遠性的思考。

願景是組織中的重要參與者衡酌本身的內外在條件及屬性，將共同分享的價值、信念與目的，作成明確的一致性陳述，這些陳述代表著組織較好的、較喜歡的，以及更成功的未來，也成為組織追求發展和進步，並賴以永續發展的憑藉（吳百祿，2004）。因此，願景對於一個組織的發展有著極大的影響。也唯有透過願景的形塑及共識，才能引領大家朝著共同的方向齊心協力前進。在願景的引領下，也才能藉此建立長遠發展的架構及實踐策略，以打破短效的迷思。

此外，在面對願景實踐的過程中，所謂長遠性，就如同Fullan所認為的：「變革本身絕對不是終點，它也不是一張簡單的藍圖，它是不斷變動的歷程，也就是一段有著衝突、妥協、順從等的旅程。」（引自劉世閔，2001）故要能等待與寬容。其中，將之視為是一段旅程而非地圖，即是能以長遠的角度來看，並應有如旅人心情一般，雖有規劃，但也要有隨時應變的心情與打算，逐步漸進。

處於一個民主時代，地方選舉有時會造成政局的變動及人事的更迭，無可避免地會影響教育走向的穩定性。另外，也因為這種競爭激烈的地方政治生態，也可能會有更多不當的惡性競爭及政治行為的介入，此都會影響著教育的穩定性及長遠目標的追求。因此，地方教育發展如何具有策略概念並進行策略思考是重要的；如何思考規劃並形塑發展願景是很重要的；如何依相關法規以發揮如教育審議委員會等的功能來平衡發展的變動是重要的；如何重視人事更迭時彼此間業務的傳承是很重要的；如何協助學校以此角度看待並關注學校願景及校長接續等問題是很重要的，此都是值得重視並藉此來打破制度中的束縛及不穩定性的一些思考，以利地方教育的永續發展。

參、以差異性來形塑地方教育發展特色

差異性是一種「唯一」的概念，也是肯定各個個體或組織皆能創造

出自我優勢與價值的觀念。隨著中央逐漸「放權」，地方日益強化自主管理權限，區域間的多樣性也將更爲活絡（鄭新輝，2004）。這原是一個可喜的現象，然也有可能如《雙城記》中所述：「這是一個最光明的時刻，也是一個最黑暗的時刻」，此端視如何面對及思維。基本上，各縣市在資源環境氛圍及條件狀況皆不相同，如陷於以競爭爲本位的「紅海策略」，難免耗時費力而難成。唯如秉「藍海策略」精神，不把「競爭」當做目標，而是遵循不同的策略理念，追求所謂的價值創新，將可求取多贏互利及永續發展的契機。因此，教育的經營管理宜以專業前瞻的眼光去思維教育理念與環境實務，開發一些符應優勢與氛圍的重要措施，創造新的價值於整個教育氛圍與社群中，以實踐一個「人無我有；人有我優；人優我獨特」的境界。

藍海策略係一種價值創新的思維，其係從評估情境並發展特色開始，但努力實踐之後，最終則會形成優質的氛圍並成爲獨特的文化內涵而不斷深化，並引領組織更優質的發展。在一個新世代中，藍海策略儼然成爲當前發展的重要思考面向。因此，在發展地方教育時，如何抱持著一個欣賞差異、尊重差異的信念與價值是重要的；如何對自身條件限制多加思考了解是重要的；如何發掘自我長處及發揮優勢是重要的；如何致力強化自我特色並以差異性來贏得認同與支持是重要的；如何擴大優勢的行銷與彰顯特色價值是重要的；如何鼓舞學校教育尋求創新差異的發展是重要的，此都將是未來發展時可努力的重點。

肆、以社群性來深化地方教育發展基石

如蓋大樓需地基一般，任何發展也都需要奠基在重要的基石之上才有可能，在教育場域中，最穩固的基石莫過於是有著具有同體感的夥伴們一起打拼。因此，社群是深化地方教育發展的最重要基石。

社群的英文是community，此概念就字源來看是兩個印歐語系的字根，其中kom的意思是「每一個人」，而moin的意思則是「交換」，有「共同分享」的意思。因此，「社群」這個字眼的原始意義，並不是一個由界限來界定的地方，而是一種分享式的生活。因此，T. J. Sergiovanni指出，組織與社群不同，當組織融入價值後才能成爲所謂

的社群，並藉由價值、情感和信念從個別的「我」（I）創造出「我們」（We）的一體感。據此，社群的定義乃爲共享共同承諾、想法和價值而在一起的一群人（引自蔡進雄，2009）。

如上所述，社群是一群分享共同承諾、想法、價值的人們，能如此才能有內聚力及強而有力的一致性行動。因此，地方教育發展一定要由此社群性來加以深化，並在此基石上，好好發展。

基本上，公民社會原先雖是國家的概念，但本質上是一種社群的想法，即是希望能藉由公民意識的覺醒與公民素養的提昇，來強化公民參與，以共同關心公眾事務。因此，如何喚起公民教育意識是重要的；如何鼓舞公民參與教育事務是重要的；如何培養公民教育參與的素養與知能是重要的；如何強化地方教育行政組織社群的功能是重要的；如何激發學校以社群的型態來推動教育是重要的；如何讓地方變成一個大社群並使教育行政機關及各校也都變成社群來深化發展地方教育是重要的，此有待地方教育來努力促成，以深化發展的基石。

伍、以學習性來延續地方教育發展動能

Senge（1990）在其《第五項修鍊》（*The Fifth Discipline*）一書中指出，未來競爭優勢的唯一來源，是組織所擁有的知識，以及組織能夠較其競爭對手擁有更快速學習的能力。Drucker（1993）在其"*Post Capitalist Society*"著作中，則主張在資本主義後的知識社會，資本不再是主導經濟發展的力量，知識的運用與製造才是經濟成長的動力。並強調，未來企業最重要的投資已不再是機器、廠房、土地、設備，而是知識工作者之知識的投資。此皆意味著知識經濟時代的來臨，組織發展面臨著不一樣的挑戰，需要以不同的觀點、視野與作法來因應，而其中最重要的即是學習。

知識經濟時代的來臨，除了點出學習的必要性外，也強化了學習的深度意涵。不管在任何領域，學習已是必要的活動，甚至是一切影響的基礎來源。教育發展本身從事的即是助長學習的活動，更是得靠學習來延續發展的動能。而學習型組織的成員，能持續不斷的學習，運用系統思維，從事各種不同的行動研究和問題解決方法與應用實踐，提昇創造

力與學習能力，並改變整個組織行為，強化組織的變革與創新，是最能帶動地方教育發展的動能。因此，地方教育發展一定要藉助學習走向專業化，以延續發展動能。基於此，在發展的過程中，如何強化晉用專業人員來為地方教育服務是重要的；如何強化學習的特質來不斷提昇地方教育機構人員的專業素養是重要的；如何發揮雙圈深化學習的特性來強化行政服務、如何強化學習型組織的概念並加以實踐是重要的，並藉此以延續強化地方教育發展動能，此皆是地方教育發展上值得思考面對的。

陸、以系統性來精化地方教育發展事務

系統性即是系統思維。系統思維是五項修鍊中最重要的一項，而此也是學習型組織的核心所在，是重學習的知識經濟時代所不可或缺的要素。這個觀點打從Senge的《第五項修鍊》問世後，即為大家所熟知，也成為這個世代的重要概念，然它在被實際運用時總是談論大於實踐。尤其是在汲汲於實務的變革中，它往往最容易被忽略或輕視。因此，Fullan（2005）認為，在實務上，系統思維是永續的關鍵。故如要永續，一定要掌握永續的關鍵——即系統思維。

Pierce（2000）主張，系統思維的典範能克服傳統典範中的分離、掌握權力、不授權、延緩進步等的弊病，而帶來凝聚、分散傳播組織能量，和形成一高度的激勵力量。這種狀況正是永續所企盼需求的。尤其，教育系統中，最主要的組成要素為人，而人是帶著自身的經驗與價值想法參與整個組織的。因此，教育系統是一個很複雜的生態系統，任何事務牽一髮而動全身，且有些傷害是無法彌補的，故更應善用系統思維，以避免盲目的追求短效或傷害無辜。基於此，強調重視以系統思維為本質內涵的永續領導將有助於引導啟發教育生態的系統思維意識與氛圍。尤其，Fullan（2001）曾以聖誕樹來形容教育中的變革，認為遠遠看來掛滿了東西很熱鬧炫麗，但彼此間是零碎及缺乏聯繫的。因此，在面對教育發展時，實有必要藉助系統化來架構精化繁雜的地方教育事務。在此情形下，如何多多思考地方教育事務中橫向及縱向間的關聯是很重要的；如何多思考影響地方教育事務的因素及可能效能是很重要

的；如何多思考地方教育問題的深層因素與脈絡等是很重要的；如何省思大環境走向及政策氛圍與地方間的關連是很重要的；如何思考各措施作法的可行性及效應是很重要的，在這些議題的指引下將能逐步架構並精化地方教育事務並持續發展。

柒、以道德性來落實地方教育發展價值

地方教育發展無可避免要進行各種管理活動及方案，以驅動教育事務的進行並實踐，唯林明地（1999）認為，各種管理方案的背後都有其哲學基礎，但一般而言，表面的描述與具規範性的步驟與技巧比較容易被看到，於是，就某方面來看，似乎不是我們在掌握這些管理替代方案，反倒像是我們被這些方案所「利用」，結果反而忽略學校教育的真正目的。而這個我們很容易忘掉或忽略的即為倫理價值議題。的確，自從臺灣創造了經濟奇蹟及物質豐厚之後，在近來的發展中，我們碰到的真正問題，大抵都不再只是表象的經濟成長而已，而是有關價值倒退。這是值得好好省思的。

在生態上，永續所指的是不影響未來世代的需求，不耗費過度的資源，這種關注他人及未來的狀況，在在都是一種責任的表現。責任不同於績效，它是具有道德意涵的，它對永續而言甚為重要。因此，如果要能實踐永續且超越提昇，非得有道德責任為重的觀念不可。誠如Hargreaves和Fink（2006a）所說的，永續是一個道德的必然，更是我們生活品質和未來之所繫。既是道德，永續領導和改善最重要的部分是誘發我們去思考超越我們學校和我們自己，我們不只是表現出是組織的管理者，或能產生績效結果的專業者而已，我們同時也是社區的成員、市民和人類，我們在領導及服務時要有努力促成所有的人都「好」的信念（Hargreaves & Fink, 2006b）。這就有如Starratt（2005）強調教育領導者要有身為一個人、身為公民、身為教育者、身為行政者、身為教育領導者等多個領域核心的責任，以符合社會公義來實踐自我，而非只扮演著窄化的行政者的角色而已。因此，真正杜絕私心，從自我的了解後觀照外在全局，並承諾加以實踐力行，此才能成就永續。所以，如何能在理性道德規範的自我約束下來好好超越提

昇，實關係著整體人類的幸福與未來利益，這種責任是需要所有的人一起來思考及實踐的。強化社會責任的永續領導，將有助於重塑校園中道德責任爲重的文化氛圍。的確，價值議題是教育的核心，亦是人類發展所不可忽視處。故在地方教育發展的過程中，擁有了更多權力並加以發揮外，如何不在權力中迷失及腐化，一定要從此角度來省思價值議題。因此，在地方教育發展過程中，如何思考倫理價值議題是很重要的；如何多關心社會正義與公平是很重要的；如何多付出關懷是很重要的；如何多反省批判是很重要的；如何強化教育人員自我修維及重視人格涵養是很重要的，這些都值得地方教育發展中多加注意。

捌、以能量性來擴大地方教育發展優勢

發展是需要資源的，唯在地方化後，各地的資源狀況並不一致，此有可能影響著各地方教育的發展。唯在教育情境中，由於是一種透過人際互動而產生的感染與影響，因此，最大且最寶貴的資源就是人。Fullan（2005）認爲，永續是團隊的，而團隊是巨大的。Bassett（2005）主張，成功的長期領導，領導團隊是一個重要的因素。此皆說明，變革要永續，就得有堅強的團隊及廣大的人力資源。因而進行永續的教育引領，一定得好好思考建立並強化組織領導能量的問題。

教育固然需要各種資源挹注才能成其事，唯如以實務角度來看，人力是最主要，也是最重要的資源，尤其，在變革的氛圍中，時間有限，能量無窮，故開發能量及蓄積能量就成了地方教育發展時不可忽視的重點，此皆值得從能量強化及復原能量提昇上著手（江志正，2008a；2008b），也唯有藉此才能擴大教育發展的優勢。因此，在地方教育發展過程中，如何好好思考人力資源發展議題及善用人力是重要的；如何不過度耗竭人力而從能量開發的角度來強化更多的可用資源是重要的；如何在運用人力的過程中審慎並強化自我實現與提昇是重要的；如何重視各學校人力能量的蓄積與開發是重要的。如此，才有助於地方教育發展的永續。

第五節　結　語

　　地方制度法通過後，象徵著一個地方自主時代的來臨。面對著這個新時代，有人（林逸舒，2008）以新地方主義稱之，有人（鄭新輝，2004）以後教育集權時代名之，然真正表達的意涵都是地方開始獲得更多的權力與實踐自我的可能性。基本上，權力與責任是相對應的，當地方擁有更多權力之際，也要好好省思在追求教育發展永續上可以如何來思考及著手，本文乃從此一角度切入，點出永續概念的意涵，並論述永續的障礙與原則，而後從永續的觀點論地方教育發展的策略取向，包括以主體性來釐清地方教育發展本質、以長遠性來架構地方教育發展遠景、以差異性來形塑地方教育發展特色、以社群性來深化地方教育發展基石、以學習性來延續地方教育發展動能、以系統性來精化地方教育發展事務、以道德性來落實地方教育發展價值、以能量性來擴大地方教育發展優勢，以思維的角度供地方教育發展的參酌省思。

參考文獻

(一)中文部分

江志正（2007）。永續領導的思考與實踐。臺灣教育研討會（2007/10/26），臺北市立教育大學主辦。臺灣：臺北市。

江志正（2008a）。學校領導者復原力的思考與實踐。教育研究與發展期刊，4(3)，173-196。

江志正（2008b）。從復原力看國民中小學校長的存活之道。2008年中小學校長專業發展學術研討會（2008/7/4）。臺中教育大學主辦。

吳永琪（2009）。臺中市文理補習班品牌經營與品牌權益之研究。中臺科技大學文教事業經營研究所碩士論文，未出版。

吳百祿（2004）。學校領導－願景、領導與管理。高雄市：復文。

吳松林、莊麗蘭（2005）。地方永續發展績效管理。研考雙月刊，29(5)，19-32。

吳清山、黃美芳、徐緯平（2002）。**教育績效責任研究**。臺北市：高等教育。

林志成（2004）。建構卓越的教育績效責任文化。**教育研究月刊**，124，41-51。

林明地（1999）。重建學校領導的倫理學觀念。**教育政策論壇**，2(2)，129-157。

林明地譯（2004）。學校組織長久存在的兩難困境。載於張鈿富總校閱「**教育行政研究手冊**」（445-474）。臺北市：心理出版社。

林逸舒（2008）。論新地方主義下的地方永續發展策略。**研習論壇**，87，31-40。

翁開誠（2002）。主體性的探究與實踐。**應用心理研究**，16，19-22。

張金淑（2005）。永續校園的推動與展望。**學校行政雙月刊**，44，66-84。

張明輝（2005）。永續領導與學校經營。**臺灣教育**，635，8-12。

黃昆輝（2005）。教育行政決定的藝術。**教育資料與研究**，65，154-162。

葉俊榮（2005）。轉型與發展：臺灣21世紀議程－國家永續發展願景與策略綱領。**研考雙月刊**，29(5)，6-18。

蔡進雄（2009）。**教育行政人員專業發展的教學理念與實踐**。臺北縣：輔仁大學。

劉世閔（2001）。改革的隱喻－以教育為例。**菁莪**，13(2)，2-6。

劉阿榮（2005）。永續發展與族群夥伴關係。**研考雙月刊**，29(5)，92-102。

鄭新輝（2004）。後教育集權化時代，地方教育行政機關應有的職能與領導角色。**教育研究月刊**，119，80-93。

鍾京佑（2003）。全球治理與公民社會：臺灣非政府組織參與國際社會的觀點。**政治科學論叢**，18，23-52。

謝文全（1991）。**教育行政－理論與實務**（增訂七版）。臺北市：文景。

謝文全（2008）。**教育行政學**（三版）。臺北：高等教育。

(二)英文部分

Bolman, L. G. & Deal, T. E. (1997). *Reframing organization: Artistry, choice, and leadership* (2nd ed.). San Francisco: Jossey-Bass Publishers.

Drucker, P. F. (1993). *Post Capitalist Society*. NY: Harper Business.

Fullan, M. (2001). *The new meaning of educational change.* (3rd. ed.) New York, NY: Teachers College Press.

Fullan, M. (2005). *Leadership and sustainability- System thinkers in action*. Thousand Oaks,

CA: Crowin Press.

Hargreaves, A. (2005). Sustainable leadership and social justice- A new paradigm. *Independent School, 64*(2), 16-24.

Hargreaves, A. & Fink, D. (2004). The seven principles of sustainable leadership. *Educational Leadership, 61*(7), 8-13.

Hargreaves, A. & Fink, D. (2006a). *Sustainable leadership*. San Francisco, CA: Jossey-Bass, A Wiley Imprint.

Hargreaves, A. & Fink, D. (2006b). The ripple effect. *Educational Leadership*, 63(8), 16-20.

Kirk, C. M. (2003). Introduction- Sustainability: Taking the long view. *Planning High Education, 31*(3), 9-12.

Pierce, F. D. (2000). Safety in the emerging leadership paradigm. *Occupational Hazards, 62*(6), 63-66.

Santone, S. (2004). Education for sustainability. *Educational Leadership*, 61(4), 60-63.

Senge P. M. (1990). *The Fifth Discipline: The art and practice of learning organization*. New York: Doubleday.

Starratt, R. (2005). Responsible leadership. *The Educational Forum, 69*(2), 124-133.

Steiner, G. A., Miner, J. R., & Gray, E. R. (1989). *Management policy and strategy*. (3rd ed.). New York: Macmillan Publishing Company.

問題與討論

一、請說明永續的意涵為何？並陳述為何它在現代社會常被提起及重視的原因？

二、請說明永續的原則，並分析在實務中可以從哪些地方或表現看出是否符應？

三、請說明教育組織的特性，並分析永續觀點在教育發展上的重要性？

四、請說明教育基本法及地方制度法的主要內容為何？並思考在此二法通過後之後教育集權化時期，地方教育發展的實際狀況如何？

五、請說明以永續觀點來看待地方教育發展的策略思考，並試著略述自我對這些策略的想法與可進行的具體措施作為？

【本文係由發表於國立臺灣師範大學主辦之2009「教育典範與地方教育發展」國際學術研討會（2009/7/6-7）會議中論文酌修而成。

江志正（2009，7）。從永續觀點論地方教育發展的策略思考。論文發表於國立臺灣師範大學主辦之2009「教育典範與地方教育發展」國際學術研討會（2009/7/6-7）會議，臺灣：臺北市。】

第 十 章

詩性領導喚起教師的教育熱情

吳靖國

詩的最崇高的功夫就是對本無感覺的事物賦予感受
（sense）和熱情（passion）。

～G. Vico, 1948 (NS186)[1]～

「詩性領導」乃是「領導者透過想像、奧秘、虔敬要素，以激發成員的生命力，讓成員之間能夠在情感上產生共鳴，建立起共同發展的目標，共同努力以赴，一起開展個人與組織的可能性」。本文試圖掌握人性本質，從「情感」的面向出發，來進一步開展創造力與生命力，以及透過「真情→溝通→理解→信任→行動」的領導邏輯闡述，來彰顯詩性領導促使成員產生「共感→共識→共力」的歷程，並指出詩性領導的三個主要任務：激發教師的教育熱情、營造相互欣賞的氛圍、營建詩化校園的條件。最後指出，本文並非要使用詩性領導來取代其他的領導方式，而只是在關注人們心中的奧秘世界，讓校園中注入一股存在於人們原始本性的生命力，藉以活化我們的生活世界，所以希望詩性領導可以和其他的領導方式並存共榮，而讓教師與學生真情地處在校園之中，更有「全人」的安適感。

第一節　　覺察：校園中的教師，詩意？或失意？

一份針對臺北市教師所做的問卷調查卻顯示，多數老師對臺灣的教育感到悲觀，有七成一的老師不滿現在的教育政策，六成七的老師對未來教育環境深感憂心，四成六的老師甚至考慮，把自己的小孩送出國唸書。

——2005年9月28日《自由時報》
〈國內教育，多數老師感悲觀〉

---

[1] "NS"係G. Vico著作 *New Science* 的英譯本書名之縮寫，該書以條目標號呈現，因版本之間有差異，容易造成混淆，故引用時直接標示出條目號碼，比較易於對照，"NS186"是指該書的第186項條目。後面引用皆相同。

現代夫子不快樂，根據調查，四成一的老師曾與學生發生過言語衝突，七成的老師想轉行，理由首推：「因為學生及家長太難搞。」

——2005年9月28日《自由時報》
〈學生難搞，七成老師想轉行〉

　　上面兩則新聞發生在距今約六年前的教師節，是《自由時報》報導臺北市議會某黨團針對北市的高中、國中及國小教師進行問卷調查的統計結果，其中顯現出兩個重點：其一，教師對教育環境感到不滿，但自己處在其中，卻沒有積極改善的動力，顯現教師面對這樣的教育環境是無能為力的；其二，教師想轉行，主要是因為學生與家長的問題，也就是說，教師對於問題學生無法有效介入，在工作上沒有成就感。這兩個重點共同顯現出一個非常核心的問題：教師面對教育情境內心充滿著無力感！

　　事隔將近六年之後，現今的教育環境是否已經改善？教師的無力感是否已經解除？或者是更加嚴重了？在最近的報導中或許可以發現一些端倪：

　　有鑑於校園事件頻傳，有基層教師在網路上發起「拯救沉淪教育」連署活動，訴求包括「零體罰政策需要立即立法提出完整的配套措施」、「反對校園暴力」，已有一千四百多人連署。

——2010年11月20日《自由時報》
〈基隆師生衝突／專家認師生都有問題〉

　　雖然不是針對同一對象的調查，也不是發生在同一地區的事件，但全國類似的案情頻頻出現，尤其近日的校園霸凌事件，教師最大的感嘆幾乎都是在管教上的無力感，也可以看出，教師認為當前的教育正在「沉淪」。然而，到底是誰讓我們的教育沉淪呢？是制度的問題？家長與學生的問題？學校領導者的問題？或者是教師自身的問題？

　　當然，校園中讓教師產生無力感的原因不只這項。在評述教育部於100學年度納入九年一貫課程的「海洋教育」新議題之書籍中指出：

　　從教育改革的長期發展中可以觀察到，中小學教師幾乎都一直以默默耕耘與奉獻的姿態來面對社會，而每當社會產生新興議題時，第一個想到的就是從中小學開始推動，所以校園中目前已經累積了性別教育、資訊教育、生命教育、法制教育、衛生教育、家庭教育、品格教育……等，而現在又將要把海洋教育塞進去，教師真的能夠消化嗎？他們願意嗎？
　　（吳靖國，2009a：218）

　　所以，「不可否認的，不論政策的理想多崇高，卻也築成基層教師窮於應付的『心牆』」（趙蕙芬，2007：13），也就是說，教育政策的推展必須考慮教師的內在感受，能夠讓教師有意願去做，透過教師的熱忱，才可能真正展現具有感動力的師生互動（吳靖國，2009a）。
　　事實上，教師在校園中逐漸失去熱情的情形，不僅僅發生在中小學，大學校園中的教師也正面臨前所未有的新挑戰：

　　自從大學法納入大學、教師評鑑的法源，加上少子化的影響延燒到大學，大學間競爭逐漸白熱化後，教授幸福、快樂的日子已成過去，「教授不聊生」的時代已來臨。如今，幾乎每個大學都有教師評鑑辦法，教師的教學、輔導、研究、服務，樣樣要評鑑；而在升等方面，不僅有論文數量、品質的規範，尚有「年限條款」，在一定年限內沒升等，就要淘汰。

　　　　　　　　　　　　　　——2010年7月20日《國語日報》
　　　　　　　　　　　　　　　　　　　〈大學教師新挑戰〉

　　大學教師被這套「評比及升等制度壓得喘不過氣來」（江宜樺，2002：A15），尤其以學術論文（研究）為主要考評依據，這促使每

一位教師爲了自己的將來忙碌於撰寫研究計畫、投稿期刊論文，而教學、服務、輔導的熱情呢？倘若，大學之道「在明明德、在親民、在止於至善」，這樣的理想，可以從現今大學校園中的教師身上看到嗎？

　　不管是中小學或是大學，似乎全國的教師都很忙碌，但幸福感逐漸在下降，而無力感卻逐漸在上升。我們看到了「失意」的教師，卻看不到「詩意」的教學，過去我們一直相信「教學是一種藝術」，如今在「失意」中還能展現師生互動的美感嗎？學校的領導者是否能夠在現今的環境中，帶領教師重新燃起教育熱情，展現「詩意」的教學？

第二節　　找尋：有熱情的教師

> 對生命充滿熱望的人，其生活的動力將源源不絕，尤其在人際之間，不但能夠眞誠以對，還能爲別人開啓希望，讓別人一同感受生命的活力。
>
> ──吳靖國，2006：167

　　熱情，是導引一個人思考與行動的主要能量，我們一旦對某個人或某件事有了熱情，即使遇到困難，也會想盡辦法去解決。所以，有了熱情，也就有了朝氣、也就有了執著、也就有了創意、也就有了行動力：

> 「熱情」是一種個人內在能量的釋放，這種能量往往是來自於對事物的認同與投入所產生共鳴後的興奮之情。所以，熱情來自於「對味兒」，感覺對了、彼此產生了共鳴，便引發出興奮感。熱情產生之後，在內心所產生的特質是欣喜若狂、有催促行動的自發性意念、並產生以某種作爲來呼應內心情緒；而外在行爲呈顯的特徵是笑容振奮、渾身是勁、到處找人分享……等。（吳靖國，2006：166）

　　事實上，熱情與文化之間有著密切關聯，也就是說，熱情的表達

是否適切，有時候必須從文化或環境的條件來做判斷。對於熱情的表達，在適度的情況下會產生很好的作用，例如會產生感同身受、樂於助人、增加效率、寬容度增高、出現強大的感染力……等。

　　就師生互動而言，「富有生命活力的教育，是那種在課堂活動中教師和學生都具有很高的熱情的教育」（郭明印，2010：23），透過教育中的熱情，能夠活絡教與學之間的互動與交流，能夠促進師生之間的相互理解與行動，教師透過熱情的感染力，讓學生跟著一起動起來（吳靖國，2006），「教師的熱情有助於造就學生對課堂的信賴感，消除敵意和冷漠，使心靈樂於吸納新知與異見，變得敞亮而充實」（石陽，2007：54），教師的熱情「能夠啓發學生的智慧，激起學生心靈的震撼」（郭明印，2010：23），在教育熱情的互動歷程中，促使教師與學生共同走向教學的美感路途。所以，「熱情」乃是課堂生活最美好的情境（石陽，2007：54）。

　　一位有熱情的教師，到底應該具有什麼特質呢？在回答這個問題之前，我們應該先了解「熱情」、「愛」與「善」三者之間的關係：

　　　　互愛，這是巨大的個人幸福。它不僅表現在一個人從生活中
　　　　獲得歡樂，而且首先表現在願把歡樂獻給心愛的人。這種非
　　　　凡情感的純眞與高尚，取決於在一個人的精神需求中把歡樂
　　　　獻給別人的願望究竟有多麼強烈。（世敏、寒薇譯，2005：
　　　　2）

　　從引言中可以看出「愛」、「奉獻」與「熱情」之間的關係。L.S. Goldstein（2004）詮釋心理學家R.J. Sternberg所提的「愛的三角理論」，包括「奉獻」（commitment）、「親密」（intimacy）與「熱情」（passion）三個要項（如圖1），並進一步轉化到師資培育的教學中，提出「培育有愛心教師的基石」（the cornerstones of loving teacher education）。

圖1　Sternberg愛的三角理論（引自Goldstein, 2004:37）

　　其中Goldstein將「奉獻」要素結合Nel Noddings的關懷倫理學理念，認爲一位有愛心的教師必須以關懷爲核心來和學生相處；而在「親密」要素中指出，培育有愛心的教師應該包含「在學習社群中相互信任、分享有意義的經驗、參與成員之間的互動交流、致力於開放性的溝通、以及深刻的感受」（2004: 40-41）；在「熱情」要素中引用R. Fried的思想指出，教師因爲擁有熱情而得以讓「某些事物能夠被彰顯（discoverable）、能夠被教導（teachable）、能夠再生（reproducible）」（引自Goldstein, 2004: 44）。

　　據此可以看出，這三角關係中各元素的結合，才導向而形成「愛」，也就是說，有「熱情」不必然構成「好老師」，一位好老師應該具有「愛」，以「愛」爲基礎，「熱情」的展現才能眞正產生益處，才能讓教學產生「善」的結果。

　　其實，當我們在描述有熱情的教師的特質時，已經將「好老師」的概念融納進去，也就是說，具有熱情的教師乃是擁有愛心、讓師生互動發生良善效果的教師。所以，一個有熱情的教師所蘊含的「是一種有關於理念與價值方面關懷品質，有一股時時不忘要促使人成長的潛在特質，有一種做好事情及追求卓越的深刻熱望」（Fried, 1995: 17）。事實上，這是對教師內在特質的描述，其不同於技術性教學的描述，藉此，可以進一步標示出一位教師在專業成長過程中應該具有的本質性內涵。

　　有了上述說明，我們可以更進一步來討論具有熱情的教師所具有的相關特質。C. Day（2004）在《教學熱情》（*A Passion for Teaching*）一書中，描述了一位熱情的教師所擁有的特質，可以用圖2來加以呈現：

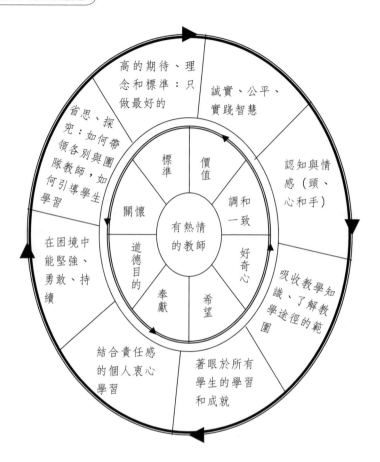

圖2　有熱情的教師（引自Day, 2004: 21）

在圖2中，所列出的八種特質之間是互動的，其形成的具體表現之間也是相互影響和相互生成的，Day進一步解釋：

> 我將希望（hopes）、價值（values）、調和一致（identi-ties）、奉獻（commitments）、關懷（care）、動機（mo-tivations）、情感（emotions）、好奇心（curiosities）、道德目的（moral purposes）和標準（standards）都一起結合在有熱情的教師身上，傳達出一個探究與發展的課題：它提供了另一種有關教學品質與性質的看法而不同於聚焦在教師

技能上，它涉及了個性與專業、意念形式與實際作為、思（mind）與心（heart），而對所有教師的起始或持續發展形構出一個整體性的課題。（Day, 2004: 21）

　　也就是說，對於「有熱情的教師」的界定，不是技能層次上的，而是蘊含在教師內心中，使其成為一位真正教師的根本元素，這是在教師專業發展上應該特別關注的面向，否則讓教學落入技術性的訓練，熱情的展現將陷入危機，課堂生活的美好情境、師生互動的美感展現將在技術規範中消失殆盡！

第三節　揭露：校園中隱藏的「詩」

　　「詩」的意義在於它的「美感」，也就是詩中所充滿的渴望、想像和轉化的力量。

——吳靖國，2006：178

壹、另一個心靈世界：詩、藝術與美感

　　本章最開頭所提「詩的最崇高的功夫就是對本無感覺的事物賦予感受和熱情」，在這段引言中揭露了「詩」與「熱情」之間的關係，而這層關係很明顯地展現在「詩人」的身上。

　　在古希臘傳說裡，最早的詩人乃是神的兒子，當時的詩人Homer經常用於形容詩人的讚辭是theios，也就是「神一樣的」，這種讚譽只有王者、先知、祭司和詩人才得以有幸配載（陳中梅，2005：275），而這也難怪Plato在〈伊安篇〉（Ion）中指出詩人猶如一個長著一對輕飄羽翼的神明，在失去理智、陷入激情與迷狂之際，進而創作了詩歌（Plato, 1956），也就是說，真正的詩歌乃是來自於神力所賦予的靈感。

　　對於「詩人」的界定，G. Vico指出，「詩人」在希臘文裡頭就是「創作者」（maker）：

　　……他們以不可思議的崇高氣魄去創造事物，這種崇高氣魄
　　如此之偉大，連使用想像來進行創造的這些人也感到非常惶
　　恐，因此他們被稱爲「詩人」（NS376）。

　　Vico從人類社會的起源來思索，將原初社會建立過程中的領導者稱
爲「神學詩人」（theological poet），他們透過「想像」來面對和感受
充滿「奧秘」的「自然」，透過「虔敬」之心來掌握並接受「天神意
旨」的「善意」的指引，來開創和帶領人類走上有制度的社會，這個
創作歷程，所展現的是人類的「詩性智慧」（poetic wisdom）。Vico
始終強調，這個社會是人類透過自己的「智慧」創建出來的，但創建
的過程是充滿「詩性」的，也就是說，神學詩人透過「想像」、「奧
秘」、「虔敬」而創建了我們這個社會。
　　Vico將人類的發展初期比喻爲孩童，指出「最初的人就如同是
人類的孩童一般」（NS209），「在世界的孩童時期，人們依其本性
就是崇高的詩人」（NS187），而且「凡是最初的民族都是詩人」
（NS470）。從這種比喻中可以看出，相對於大人（現代人）而言，孩
童（原始人類）是「無知」的，而因爲無知，所以產生好奇，進而產
生知識（NS184; NS189）；其中關鍵之處在於人類自然本性中存在的
「詩性能力」（poetic faculty），據此才得以感受自然世界，並且對自
然現象進行想像、類比和記憶，才逐漸描繪出屬於自己的社會，創造出
屬於人類的知識（吳靖國，2009b）。
　　「詩」的本意是「創作」，故詩的核心要素乃是想像，其中蘊含的
是想像與感受、類比、記憶之間的關係，而Vico所指稱的「詩性能力」
也正是一種以「想像」爲核心所展現出來的相關能力，它讓「整個心思
沉浸在感受中」（NS821），也就是說，「詩」讓心思「沉浸其中」，
這是「熱情」展現的特質。
　　Plato對「詩人」的內涵有更深入的闡釋：

　　……所有創造物或從非存在到存在的轉移，就是詩作或創
　　作，而且所有藝術（或稱「技術」）的進行就是創造，而這

些精通藝術（技術）的人則被稱爲詩人或創作者。（Plato, 1956: 372）

由引言中可以看出，Plato所賦予的「詩」的藝術特質涵蓋了兩層意涵：一是對存有的彰顯（從非存在到存在的轉移）[2]，另一是精湛的技術。而Vico進一步指出了另一種「詩」的意涵—美感表現（吳靖國，2009b）。

事實上，對「詩」的表現，除了「詩作」（文學）之外，也被包含在「藝術」範疇之中，包括繪畫、音樂、詩歌、戲劇……，這些都是對「詩」的表現途徑。所以，「藝術」本身蘊含著對眞理的揭露，是「詩意」的。而在「詩作」中，必須講出某種道理來，才得以敞亮人們的思維，才具有「美的感受」，所以，「詩」在啓發人的過程中就具有「美感」。「美」的產生不在詩作的形式上，而是在「詩作」中所蘊含的「詩意」。

然而，這種藝術的性質，正是想像、移情等詩性能力的展現，它不同於推理、抽象等理性能力，「當推理能力弱的時候，而相對地想像能力就愈是強盛」（NS185），也就是說，在理性的社會中，往往缺乏詩性能力（吳靖國，2009b），在強調功能性與技術性的校園中，詩性能力往往是被忽視的：

> 我們的年齡並不是讓生命奧秘消失的主要原因，而是我們不自覺地把自己朝著「有用」的世界走去，愈走愈「順手」，於是把「奧秘經驗」看成廢料。我們變得愈來愈不喜歡小說、詩歌，到野外的心情愈來愈無聊，電視、報紙代替了我們的思考……。（余德慧，1996：104-105）

2　對Heidegger（1993）而言，對存有開展的過程，也就是一種揭露「眞理」的過程。Heidegger說：「詩，是存在的神思」（引自王慶節，2005：278），在Heidegger的哲學中，「思」是人們探索眞理的歷程，但對於存有之思，並不是附於「知識」之中，而是讓思附於「詩」。所以，「詩」本身就具有眞理的特質。

貳、功能性的校園，看不見「詩」

所有詩的開端，就是要取消按照推理程序進行的理性的規則
和方法，並且使人們再次投身到令人陶醉的幻想的迷亂狀態
中去，投身於人類本性的原始混沌中去。
　　——劉小楓（1986）《詩化哲學：德國浪漫美學傳統》

「詩」在哪裡呢？詩，不在理性思維之中，詩不在結構功能之中，
詩也不在技術規則之中；詩，活生生地蘊含在奧秘之中，在奧秘裡使人
沉醉，在奧秘裡展現熱情，在奧秘裡開展各種可能性！

然而，「奧秘」絕不是顯而易見的東西，它不在我們的操控之中，
也不是自然科學可以攫取的事物，更不是在期刊上被嚴謹學術規約化的
一篇篇論文中可以找到的東西：

在人們支配不到的地方，奧秘才開始顯現。人們對世事總
是有著激烈的「控制」欲望，包括控制自己。我們習慣把
「控制」放在很高的地位，並且用來統治自己。（余德慧，
1996：109）

在我們的校園裡，到處充滿著「控制」，因為我們處在一個「績
效」的社會中。一個學校必須要有「績效」，才能在社會中繼續生
存，而這個「績效」的內涵，已經被化約為「升學率」與「就業
率」。就大學校園而言，「就業率」成為大學評鑑中的項目，也就是
說，大學是不是辦得好，就得看這個系所能不能讓學生找到工作！這樣
的思維，不但扼殺教育的可能性，也讓教育的主體性消逝了。

「大學」如果改成「職訓局」，隸屬於「經濟部」，那麼，大學教
育與職業訓練也就能夠更加名符其實了。既然屬於「教育」體系，必然
不同於「職業」體系，教育體系應該具有自身的獨特性，也就不同於其
他體系單位所發揮的社會功能，所以就應該要創造屬於自己的價值，否

則也就沒有存在的必要了：

> 傳統大學教育的基本責任-掌握道理、修養自身、造福社
> 會，事實上也是現今大學的基本任務；而培育具有「英雄心
> 靈」的學生，也就是爲了回應於這個基本任務。英雄心靈所
> 散發出來的是一種有智慧的理想人格——知善惡、重榮譽、
> 講誠信、愛人類、創新知，而不管是哪一個時代的大學教
> 育，都將朝著培育這種智慧性的人格特質而努力。（吳靖
> 國，2008：29-30）

　　然而，由於強調「績效」，在校務評鑑的操控下，教師的教學與產
出都必須符應評鑑指標，再加上升等的壓力與教師定期的考評制度，
教師所有的行爲都必須計量化，以做爲評比加總的依據，不在考評範
圍內的作爲，都成爲浪費時間與浪費心力的作爲，漸漸地，「傳道、授
業、解惑」必須計量化，「教育愛」必須計量化……，否則，評鑑會被
列爲乙等、升等無法被採計……。大學的社會責任逐漸在流失，教師宏
偉的人生視域、學生眞摯的社會情懷，漸漸地似乎都成爲一種笑話[3]！
Heidegger指出：

> 人們唾棄詩，視它爲無望的渴慕，飄渺的虛無；人們拒絕
> 詩，因爲它是向烏有之鄉的逃逸；或者，人們乾脆就把詩歸
> 入文學，於是，詩的價值就依據此時此地的現實性來予以估
> 量。而所謂現實者，合時宜也，原是由文明社會的公共輿論

3　吳靖國（2008b）在〈「宏觀」是大學教育的本質〉一文中指出：「大學之道，在明
　　明德，在新民，在止於至善」，其中所蘊含的掌握道理、修養自身、造福社會三者，
　　也正是Vico對大學生談論的修身、爲學、治國、爲群眾謀幸福之道。「大學」，是一
　　種「宏觀的學習」，是讓學生掌握永恆眞理與獲得寬闊胸襟的過程，這也正顯現了
　　「英雄心靈」的意義。在Vico的教育理念中，再次讓我們返回了「大學」的本質性思
　　考，重新正視大學教育要進行的乃是宏觀的學習，所要培養的乃是宏偉的視域！

機構所造就促成的。（引自王慶節，2005：278）

依此時此地的現實性來看，我們的校園是一個具有明顯功能性的校園，我們不斷地計算著身邊的一切，所以愈來愈傾向於科技化、功績化、速食化；由於我們的校園中充滿著功能性與功利性的價值，所以我們不允許「浪費時間」，我們必須對生活對作息不斷進行規劃與鞭策，我們的眼界裡容不下「作夢」，漸漸地，在我們的世界裡看不見「詩」，我們的校園中找不到「詩意」！教師一旦沒有了「詩意」和「夢想」，也就開始依規定行事，開始按部就班，開始計算成本……，教師的熱情和創意也就逐漸地凋零。

> 詩猶如夢，它純然沉浸於想像之域而非囿於現存的現實；它無涉利害，超乎功利，喚出了一個與可見的喧囂現實全然對立的非現實的夢境世界。在這裡，人完全擺脫外物和他人羈絆，完全自由，達到了直接聆聽神祇心聲的人神對話的境界。在這裡，「詩」使死去的語言復活，使凝固的觀念燃燒，使每一個詞語都成爲充滿神秘力量的象徵……。（王慶節，2005：279）

「追求詩，就是追求自由，詩的國度本身就是自由的國度」（劉小楓，1986），詩，讓我們突破僵化的現實，重新喚回靈犀，喚回身邊事物的奧秘性質，而得以讓事物在存有之境中重獲自由，同時也讓我們自己的心靈活動與思維方式重新獲得自由，這是一種生命力的復活，一種對可能性的觀照，也是對教育活動與學術生命的一種救贖。

事實上，「詩」並沒有遠離校園，也沒有遠離我們，「詩」蘊含在宇宙萬物之中，宇宙是詩、萬物是詩、自然是詩、生活是詩。人，原本就處在「詩」之中，只是缺乏去領略它、發現它，以至於讓「詩」隱而未顯。

第四節　領導：共感、共識、共力

當你順著我的思維時，我才開始改變自己……。

——《美夢成眞》片尾女主對話

壹、詩性領導中蘊含的詩性智慧

「詩性智慧」一詞來自於Vico的《新科學》（*New Science*）一書，Vico賦予它做爲人類創造民政社會的根源要素，他自述是花了二十年功夫才發現的眞理（NS338）。吳靖國（2009c）在〈「海洋詩性智慧」教學內涵之研究〉一文中，進一步從《新科學》述及的內涵整理出詩性智慧中蘊含的「想像」、「奧秘」、「虔敬」三要素，並應用於思考和探究教育美學，指出：

(一)想像：是人們的原始本性，是詩性能力的核心要素，它不但是美學的基礎，也是一切創造的原動力；也就是說，想像，乃是詩性智慧所展現出來之創造性的根源。

(二)奧秘：它存在於外界事物，但發生在人們的「想像」中。也就是說，不管面對天神或自然，這種「不可知」、「無法理解」所引發的神聖感受，促發人們從天神或自然那兒獲得了啓悟，Vico認爲這是人類「智慧」的來源，而它也是中國哲學中對「道」的領會，所以，「奧秘」啓發人們探求道理，正是人們的智慧之來源。

(三)虔敬：當人們面對天神或自然的神聖與奧秘時，因爲有所畏，才能覺醒於自身的侷限與渺小，才能眞正聆聽和感悟到來自於天神與自然的啓發，而讓自己心悅誠服地遵循智慧與道理，這種眞誠與虔敬，才能眞正實踐達於「天人合一」之境。

綜合三者，「想像」來自於人類內在本性，是美感發生的源頭，而「奧秘」是對可能性的探索，它是美感發展的空間，這兩者存在於詩性智慧的基本結構之中，是詩性智慧的原生要素；而「虔敬」乃是想像與奧秘相互結合之後，進一步衍生出來的要素，這是一種人類對事物產生

覺醒之後的實踐，具有「知行合一」的意涵，讓美感蘊含在「和諧」之中。

詩的創作、藝術的展現、美感的發生，係來自於人們內在本性（想像）的促發，在開放性的心靈之中，人們透過對於可能性（奧秘）的探索，並且經由「善」的導引與追求（虔敬），而讓生命更加豐盈。將這個思維歷程應用於教育領導，遂讓領導的內涵融入了美感，讓領導關注於生命的開展，而讓熱情顯現在行動力上。

領導，是一種開展，對集體能力的開展，而不是在侷限被領導者，也不是在僵化人們的思維和能力，這正是「詩性領導」的本意。也就是說，「詩性領導」乃是「領導者透過想像、奧秘、虔敬要素，以激發成員的生命力，讓成員之間能夠在情感上產生共鳴，建立起共同發展的目標，共同努力以赴，一起開展個人與組織的可能性」。

在上述的界定中，可以進一步提出「詩性領導」的四項說明：

第一、領導的基本前提是在激發成員的生命力

「領導者的工作是使他人獲得發展」（黃乃淇、李波譯，2004：21），尤其在教育場域中，應該要具有教育的蘊含，應該充滿著「人味兒」（歐陽教，1992）。教育領導的過程，是聚集和彰顯教育蘊含的歷程，所以應該回歸「教育主體」來思考，關注主體生命力的展現，而主體的生命力包含著理性因素與非理性因素（吳靖國，2004b），詩性領導不但要理解人內在不同的生命要素，更應該透過領導歷程讓這些要素獲得開展，以展現在共同追求的目標上。

第二、在激發生命力的歷程中展現「詩性智慧」

領導，要讓生命展現獲得創造與美感，詩性領導乃是藉由想像、奧秘、虔敬來帶領成員創造自己的生命價值，並進而欣賞自己與他人的生命展現。領導者可以透過各種活動和儀式，讓成員領受奧秘與虔敬所帶來的力量，促其在真誠中開展生命的可能性與價值感，而得以讓生命獲得和諧的美感！

第三、讓成員得以產生共感、共識與共力

領導是一種人際互動，而互動的過程乃是「視域交融」的歷程（吳靖國，2006），然而，交融的條件在於「心靈的開放」，這不只是領

導者與成員之間的問題，也是成員與成員之間的問題，「若是兩人在不同甚至相反的視框之下說話，會使人彼此防衛，企圖保護自己的視框；也會去消除對方的視框」（余德慧，1996：143），領導者應該理解這個問題，從情感面向著手，先建立起彼此的「共感」，才能進一步獲得彼此的「共識」，而以組織團隊的態度，產生「共力」。在詩性領導中，絕不是以建立共識或共同遠景為出發點，而是應該關注情感上的共鳴與共感，以此為出發，才可能讓成員自願為彼此的共同願景而努力實踐。

第四、組織與個人的可能性得以相互交融與開展

適才適所，是領導過程中的核心作為，但是必須要認識的是，人的能力是動態發展的，工作場域與環境條件也是變動的，在這種情況下，領導的作為也必須是動態的。詩性領導應該理解這種動態特質，並且關注到組織與成員之間的發展，領導者一方面在促進成員開展自己的可能性，另一方面則在探索與開展組織發展的可能性，在這兩者之間，成員讓組織的可能性得以開展，組織也讓成員的可能性得以開展，相互構成了交融與生成。

貳、領導藝術與詩性領導

> 太上，不知有之；其次，親而譽之；其次，畏之；其次，侮之。信不足焉，有不信焉。悠兮，其貴言。功成事遂，百姓皆謂：「我自然！」
>
> ——老子《道德經》第十七章

在老子的《道德經》中所陳述的這段話裡，不但已經明顯指出領導的層次性，而且也表明領導歷程中應該要掌握的本質要素。先就領導的層次來說，老子指出四個層次：

(一)最高層次的領導是「不知有之」

領導的極致之道，乃是無為而治，讓成員沒有感覺到領導者的存

在。就如老子所言「聖人處無爲之事，行不言之教」（第二章）。領導者要達到此境界，不但必須要能知人善用，不必事必躬親，而且要有「生而不有，爲而不恃，長而不宰」（第十章、第五十一章）的胸襟與氣度，並將做決定的主體性回歸於成員，讓成員充分發揮所能。

(二)第二級的領導是「親而譽之」

第二級的領導者，能了解成員的需求，具有高度的親和力，導之以利、教之以德，所以成員願意親近他，而且對他讚譽有佳。這樣的領導者，使用一種德化的領導方式，以身作則、感化成員，使成員自願配合、接受領導。

(三)第三級的領導是「畏之」

第三級的領導者，總是維護自己的權威，所以使用刑罰政令來規範成員，施以高壓、賞罰分明、貫徹使命，讓成員戰戰兢兢，心生畏懼，不敢逾越規定。

(四)最差勁的領導是「侮之」

第四級的領導者，也是最差的領導者，不但使用騙術，而且當成員有疏失的時候，還當眾羞辱，讓成員難堪。

老子揭露了最高的領導藝術：領導者悠哉悠哉，似乎沒做什麼事，也不輕易發號施令，而當事情圓滿完成之際，大家都不知道領導者做了什麼，只是覺得自己做得很自然，也就這樣子完成了事情！

這樣的境界，是一種「順民情，而讓每個人成爲他自己」的領導方式，就如同前面所提及「當你順著我的思維時，我才開始改變自己」；領導者順著大家的思維，讓每個人在自然而然中改變了自己，共同完成任務。事實上，想要達到這種境界是困難的，但領導者至少應該有第二層次「德化」的領導作爲，這種領導的力量不是來自於權力關係，而是領導者透過自身的能力、特質、風格、聲望、修養、行爲等，所產生對成員的吸引力、凝聚力、感召力，使成員真心感動，而心悅誠服地在行動上自願支持領導者的期望（白雪萃，2010；杜芳霞，2009）。

　　再者，老子也指出了領導的本質要素──信任感。「一個聰明的領導者，首先要讓下屬感覺到被信任」（張立杰，2010：28），惟信任的基礎在於相互理解，而理解的基礎在溝通，溝通的基礎在於眞情誠意：

> 理解是人與人之間感情上的相互領悟和認可。……溝通中，
> 不僅需要擺事實、講道理，更要有眞情。情感決定著思考的
> 方向，而理性決定著思考的結果。只有當對方感到你是出於
> 誠心、眞正與人爲善時，溝通才能達到預期的效果。（張立
> 杰，2010：28）

　　據此，我們可以看到一個領導的邏輯性：眞情而後得以有效溝通，溝通而後得以相互理解，理解而後得以產生信任，信任而後得以自發行動。也就是說，「情感」問題才是領導的核心問題，這是人性的本質，而「領導藝術更多的是關於理解人的本質，而非某些技能」（黃乃淇、李波譯，2004：21）；這個「眞情→溝通→理解→信任→行動」的領導邏輯，也恰好是上述詩性領導促使成員產生「共感→共識→共力」的歷程。

參、詩性領導的主要任務

　　從前面的陳述中可以看出，詩性領導想要掌握人性的本質，試圖從「情感」的面向出發，來進一步開展人們的創造力與生命力，這不但讓領導內涵蘊含了「詩」的本質，也展現了美感的氣質。就校園領導而言，詩性領導所帶來的是一種超越、一種生機、一種對生命的觀照與啟亮。這樣的領導特質，至少爲校園帶來三項主要任務：

第一、激發教師的教育熱情

　　教師的熱情需要被激發，「做爲校長，必須點燃教師心中的火焰和激情，讓校園裡始終彌漫積極鼓舞人心的空氣」（袁榮斌，2009：23），領導者應該「用自己積極的思維、積極的個性、積極的理想來激勵別人，團結大家共同奮鬥」（杜芳霞，2009：38）。也就是說，

在熱情的行動中造成了相互之間的影響。

詩性領導，除了能夠創造性地使用各種方法和技巧來解決一般人無法解決的特定問題之外，還必須具有審美的價值（梁振南，2007；趙瑞濤，2006），而領導所蘊含的這種審美特徵，包括了創造性、靈活性與愉悅性，其中愉悅性涉及的正是情感的議題，其有賴於「領導者在面對被領導者時能以滿腔的熱情去感染被領導者」（梁振南，2007：74），所以領導者自己必須充滿熱情，才能真正激發出教師的熱情來。

第二、營造相互欣賞的氛圍

領導，不應該只是在激發教師的才能和工作成效，更應該關注教師的情感發展，要讓情感導於正向與良善，所以領導者應該「在團隊中營造一種相互欣賞的氛圍」（張立杰，2010：28），讓成員之間獲得信任與安適。

欣賞，是一種美感的培養；相互欣賞，則是在培養美感的過程中進一步獲得激勵。詩性領導，不僅在培養教師的美感意識，更進一步在激勵與團結教師，建立共感與共識，而能在組織中相互學習與成長，教師的創造力與生命力才得以不斷開展與創化。

第三、營建詩化校園的條件

詩性領導，不僅要喚起教師的熱情，而且要喚醒教師沉睡的「詩情」（徐朝霞，2010）。詩的最崇高的功夫就是對本無感覺的事物賦予感受和熱情，所以，校園中的領導者必須能感受「詩」的價值，思考營建一個詩化的校園，讓教師和學生在校園中可以相互領受到詩情。

一個詩化的校園中，不再是「禁止……」、「不准……」的標示和警告，而是一種「感受」、「感化」與「感情化」，也就是一種促使「感動」發生的條件。因為在教育歷程中，「感動」，才是改變心靈的開始！

第五節　安適：讓師生詩意棲居在校園

> 棲居在此大地上的人，充滿勞積，然而卻詩性地棲居！
> ——M. Heidegger引用F. Holderlin的詩句
> （引自陳春文譯，2008：190）

我們的社會健康嗎？我們的校園健康嗎？如果是病了，那麼我們應該如何醫治呢？

> 現代人，生存在世，勞形煩心，因追名逐利而動盪，爲貪娛求樂而沉溺，已根本無暇欣賞詩意閒情。即使有意於此，也成了所謂的「文藝活動」。（王慶節，2005：278）

「詩意地棲居」不應該只是一種情懷和幻想，它應該是一種面對現實的超越力量。在校園中，先要喚醒教師的詩意，才能進一步開展學生的詩意。而是不是應該要喚醒教師的詩意？有沒有必要如此作爲？則有賴於處在校園中的人們能否覺察到校園發展中潛藏而日益嚴重的病症！

李澤厚（1996）在《美學四講》中將審美分爲三個層次：其一，悅耳悅目，屬於感覺層次，所以產生漂亮的感覺；其二，悅心悅意，屬於心理層次，所以產生愉快感受；其三，悅志悅神，屬於性靈層次，所以產生安適之心。也就是說，美感不只是賞心悅目，更應該是一種心靈的安適。然而，「安適」也正是一種「詩化」的歷程（劉小楓，1986），是內心不斷反覆掙扎與辯證之後的結果：

> 我們愛「詩性」，但是又怕受到「詩性」所造成的傷害。這是我們心中一直存在的內在矛盾！……如果不是迫於現實的無奈，如果不是貪婪於近利所造成的退縮，如果不是擔心麻煩所產生的逃避……；以虔敬的態度面對這樣的矛盾，以歸

鄉的情懷面對這樣的矛盾，以奧秘的感受面對這樣的矛盾，
那麼，我們將會在這樣的矛盾中開啟教育的「生命力」！
（吳靖國，2004b：289）

　　安適，絕不是一種靜止狀態，不是指閒情逸致，也不是無所畏懼，
而是在矛盾中尋找轉化的契機，在矛盾中探索另一種彰顯自己的可能
性，在矛盾中化解千古愁，然後能夠真誠地告訴自己：「我願意承擔這
一切！」

　　這是一種舉起與放下之間的領悟，也正是「詩意」的本質展現，它
始終「來自雙重的眼界，把怨與希望重疊，把悲傷與快樂搓揉，把鋼
與繞指柔纏在一起，把回憶與遺忘共渡，把生與死合在一塊」（余德
慧，1996：88），而在我們對生命的渴求與熱情的展現之中，能夠為
自己開創出屬於自己的道路！

　　《論語·為政第二》：「詩三百，一言以蔽之，曰：思無邪！」
詩，是一種真情的流露，而不是建立在道德上。我們的校園，到底給了
教師多少「詩意空間」？校園的領導者，又展現了多少的詩性領導？是
否帶領教師覺察過自己的真情？

　　本章提出詩性領導，並非要使用它來取代所有的領導途徑，我們的
生命世界原本就蘊含著功能世界與奧秘世界，我們不需要拿其中一個
來壓制另外一個，但是我們的思維中卻總是不自主地要這麼做（余德
慧，1996），也就是說，詩性領導的提出，只是在關注人們心中的奧
秘世界，讓校園中注入一股存在於人們原始本性的生命力，藉以活化我
們的生活世界，所以我們希望詩性領導可以和其他的領導方式並存共
榮，而讓教師與學生真情地處在校園之中，更有「全人」的安適感。

　　所以，一位教育領導者在展現自己的領導行為之前，必須靜心地深
思幾個根本性的問題：

　　教育，是在建構？或是在解構？

　　領導，是在達成目標？或是超越目標？

　　領導者，是要彰顯自身的重要性？或者讓被領導者不需要他的存
在？

創造，存在於既有的觀念中？或者必須跳脫既有的觀念？

在已經行走習慣的路途中，這條路是否就是正確的路？「正確」是建立在何種基準？我們是否有勇氣逾越這條路的界線？

當我們重複講著別人已經說過的話，我們是否藉由這些人就可以彰顯自己存在的價值與意義？如果不是，那麼，我們到底為自己說了些什麼？我們到底為這個社會說了些什麼？

參考文獻

(一)中文部分

王慶節（2005）。海德格爾：走向澄明之境。載於周國平（主編），詩人哲學家（頁246-281）。上海：上海人民。

世敏、寒薇（譯）（2005）。В.А. Сухомли́нский著。愛情的教育。北京：教育科學。

白雪苹（2010）。中西方視域下的領導魅力解讀。襄樊職業技術學院學報，2010(9)，53-56。

石陽（2007）。我感動：教師的熱情。青年教師，2007(5)，54。

江宜樺（2002，4月8日）。莫讓學術評審制度扼殺了學術！中國時報，15A版。

余德慧（1996）。生命夢屋。臺北：張老師文化。

吳靖國（2004a）。G. Vico「詩性智慧」的哲學構造與教育蘊義。教育研究集刊，50(3)，31-59。

吳靖國（2004b）。詩性智慧與非理性哲學─對維柯《新科學》的教育學探究。臺北：五南。

吳靖國（2006）。生命教育─視域交融的自覺與實踐。臺北：五南。

吳靖國（2008a）。從「認識自己」到培育「英雄心靈」─論G. Vico的大學教育思想。教育研究集刊，54(3)，1-32。

吳靖國（2008b）。「宏觀」是大學教育的本質─G. Vico的《論人文教育》（書評）。通識在線，19，32-35。

吳靖國（2009a）。海洋教育：教科書、教師與教學。臺北：五南。

吳靖國（2009b）。「詩」對教學藝術的啓示：G. Vico的觀點。當代教育研究，17(4)，97-136。

吳靖國（2009c）。「海洋詩性智慧」教學內涵之研究。海洋文化學刊，6，145-174。

李澤厚（1996）。美學四講。臺北：三民。

杜芳霞（2009）。非權力領導藝術。領導科學，2009(3)，37-38。

徐朝霞（2010）。喚醒教師沉睡的詩情。湖南教育，2010(6)，44-45。

袁榮斌（2009）。校長要學會點燃教師的熱情。學校管理，2009(1)，23。

張立杰（2010）。哲學視閾下的中國領導藝術研究。領導科學，2010(11)，27-18。

梁振南（2007）。領導藝術的美學探析。學術論壇，2007（11），73-76。

郭明印（2010）。教師貴在負有教育熱情。教師，2010（2），23。

陳中梅（2005）。詩人‧詩‧詩論。載於陳中梅（譯注）。Aristotle著。詩學（頁275-294）。北京：商務。

陳春文（譯）（2008）。M. Heidegger著。思的經驗（1910-1976）。北京：人民。

黃乃淇、李波（譯）（2004）。Thomas F. Brock著。談談校園領導藝術。基礎教育參考，2004(4)，19-21。

趙瑞濤（2006）。論行政領導藝術的審美特徵。遼寧教育行政學院學報，2006(4)，3-4。

趙蕙芬（2007，11月12日）。藍色革命，創造藍海奇蹟。國語日報，13版。

劉小楓（1986）。詩化哲學—德國浪漫美學傳統。濟南：山東文藝。2010年1月24日，取自：http://www.godoor.com/book/download.asp?id=675&downid=2。

歐陽教（1992）。教育要有人味兒。現代教育，7，55-64。

(二)英文部分

Day, C. (2004). *A passion for teaching*. London: RoutledgeFalmer.

Fried, R. (1995). *The passionate teacher*. Boston: Beacon Books.

Goldstein, L.S. (2004). Loving teacher education. In Liston, D., & Garrison, J.(Eds.). *Teaching, learning, and loving: Reclaiming passion in educational practice* (pp.35-47).

New York: RoutledgeFalmer.

Heidegger, M. (1993). On the Essence of Truth. HarperCollins Publishers (Ed.): *Martin Heidegger: Basic Writings from Being and Time (1927) to The Task of Thinking (1964)* (pp.111-138). London: Routledge.

Plato (1956). *The work of Plato* (I. Edman, Ed.). New York: The Modern Library.

Sternberg, R.J.(1988). *The triangle of love*. New York: Basic Books.

Vico, G. (1948). *The New Science of Giambattista Vico* (T.G. Bergin, & M.H. Fisch, Trans.). New York: Cornell University Press.

問題與討論

一、教師的熱情重要嗎？為什麼？現在的校園中，教師的熱情顯現在哪
　　裡？如何成為一個有熱情的教師？

二、如何界定「詩」？「詩人」有何特質？為何談教師的熱情要跟「詩」
　　聯繫在一起？

三、「詩性領導」具有的主要特質是什麼？與其他的領導方式有何差異？
　　它想要解決的是什麼問題？

四、「真情→溝通→理解→信任→行動」的領導邏輯與「共感→共識→共
　　力」的歷程之間有何關聯性？

五、「詩化」是什麼意思？「詩化的校園」具有什麼特質？領導者如何營
　　建一個詩化的校園？

【本文係國科會委託2007-2009年研究計畫「從詩性詮釋學
的建構到故事教學的應用-G. Vico思想之教育美學蘊義及其
教學實踐」（編號：NSC 96-2413-H-019-001-MY3）之部分
研究成果，特予致謝。】

第十一章

校長道德領導的理念與案例分析

范熾文

> 教育工作者必須奉獻自己，去建立一所兼具道德與效能之德
> 性學校。
>
> ～Sergiovanni, 1992a:107～

　　本文旨在分析道德領導的理念與案例。首先，釐清道德領導的基本
概念；其次，探討道德領導的基本倫理關係；第三，分析道德勇氣與道德
實踐；第四，提出道德領導相關案例；最後是結語及建議。

　　道德領導是以道德權威為基礎，透過本身的道德修為及影響力，在
價值分享的互動中，激發學校成員的責任感與義務心，促進成員成長，使
其自動自發且心悅誠服的為學校奉獻心力。領導者要有三種基本的德行：
負責、真誠和關注，此三種德行可以強化和支持領導人的道德作為。要落
實道德領導需要個人的道德勇氣，道德領導實踐策略包含：強化反省批
判、表達關懷與尊重、堅持公平正義、維護公共利益與落實民主程序。

第一節　　道德領導的基本概念

　　傳統以來的領導理論，過於偏重對於組織結構、決策模式、組織效
能的研究，重視技術過於精神，強調科層甚於專業，致使領導內涵缺
乏道德倫理訴求，日益空虛，因而有被重新定義之必要（Sergiovanni,
1992a）。茲就道德領導重要性與意涵，分述如下：

壹、道德領導的重要

　　宗教改革領袖馬丁‧路德（Martin Luther, 1483～1546）曾言：
「一個國家的興盛，不在於國庫的殷實、城堡的堅固或是公共設施的華
麗，而在於公民的文明素養，也就是人民所受的教育、人民的遠見卓識
和品格的高下。」Henry Ford也說：「長久以來，人們認為工業的唯一
目的是獲取利潤。他們錯了，它的目的是為大多數人謀福利」（Daft,
1999:366）。行政學者Waldo指出，目前公共行政界所面臨的主要問題
有：1.如何在硬體價值及軟體價值之間做個取捨？2.如何達到所需專業

主義或專家的技術之調合？3.如何處理公共部門的工會問題。4.如何平衡集權與分權價值和機能的問題。5.如何處理種族（即人種）的和性別平等的問題。6.如何應對公共行政知識荒廢的問題。7.如何處理官僚體制中政策制定的問題。8.如何平衡目前及最近未來需要，與較長遠未來需要的問題。9.如何設置、管理及控制新組織型式的問題。10.如何發展較少權威，及較少官僚的組織。11.如何處理日益增加倫理的複雜性和混淆不清的觀念。12.如何處理衝突和危機的問題。13.如何應付成長的極限與資源稀少的問題。14.如何在新的和困難的環境之下，解釋經濟、效能和效率（蕭武桐，1998：399）。上述的問題，涉及到公共行政之道德課題。

過去的領導理論，多數著重於領導者的特質、行為或技術層面，而忽略了領導者的德性修為與價值信念。領導是植基於義務心和共享願景之上，而倫理正是領導的核心要素。美國學者Sergiovanni在1992年所著之《道德領導－進入學校改革的核心》（*Moral leadership-getting to the heart of school improvement*）中，提出了一個新的領導觀點——道德領導（moral leadership）。他指出領導必須是一種態度，而非僅是技術上的運用。Sergiovanni（1992a）在敘述專業社區規範以及專業理想（professional ideals）兩項領導替代物（substitutes for leadership）時，就曾介紹幾個美國中小學校長運用了領導倫理學的例子。其中一個校長運用專業社區的規範及道德權威，這位校長發現：教職員們工作更努力，且工作時間更長。校長的道德領導已激發成員的專業承諾，努力實現教育目標。

所謂「其身正不令而行」、「君子之風德，小人之德草，草上之風必偃」《論語‧顏淵》。學校的中心功能就是教與學，校長是與此功能接觸最密切的人，由於職位所賦予的正式領導地位，使得校長有機會去激勵教師，並改進教師教學之標準和實際績效。校長在執行任務時，常會面對著許多問題與挑戰，必須針對某些問題做決定，由於許多問題不僅涉及事實層面（facts），更涉及價值層面（value）。從價值層面考量是高層次的行政決定，具有強而有力之哲學基礎，才能使領導較為周延與紮實。學校是保障學生福祉的服務性組織，學校各項教育措施，

不論是屬於政策性的、事務性的工作，都充滿著多元性、異質性，會使某些人獲得好處，而減損某些人之利益。因此，校長必須秉持教育價值，堅持作對的事，運用道德領導，創造一個倫理學校機構，建構公平正義的學校環境。再者，學校的存在，除了教導學生知識，同時也是傳授道德的場所，而學校就像是一個小型的社會圈。教育行政人員所從事的一項「百年樹人」的工作，不管是行政、課程或教學中，若沒有倫理道德考量，則將影響整個學生學習權，最後，學生成為無辜受害者。張鈿富與張曉琪（2010）就為文介紹Marshall和Oliva集結學者完成之《落實社會正義的領導》（*Leadership for social justice*）一書，強調校長有責任落實社會正義，運用道德上之權威，創造一個倫理機構。

從上所述，道德是行政工作的核心部分，事實上，應該是最重要的一個部分。透過校長道德領導，兼顧公正、公平與人道的倫理原則，才能保障學生學習權利，建立倫理學校。

貳、道德領導的意涵

要釐清道德領導意涵？首先要分析倫理與道德之意涵。倫理（ethics）與道德（moral）間的關係看似密切，卻又有所區別。道德出自拉丁文的moralis，意思是「習俗」、「禮儀」（林火旺，1999）。倫理則源自希臘文的「ethos」一詞，本意為「本質」、「人格」；也與「風俗」、「習慣」的意思相聯繫。故道德與倫理雖然語源各異，但都具有風俗習慣的意涵。在本文中，道德與倫理這兩個概念被視為同義詞，並不做嚴格的區分。

領導是一系列的行為實踐，它與是非對錯相關聯。領導者可以用幫助和激勵別人，發揮員工全部潛能。道德領導所強調的是領導者的道德層面，道德領導強調領導不僅只是技術或權威的運用，更應該是一種態度。Daft（1999）、Lashway（1996）等人認為，道德領導能在行為中明辨是非，追求正義、誠實和善良，以及做正確的事情。領導者對他人有深刻影響，道德領導給予他人活力並改善他人的生活。不道德的領導者則損人利己。Sergiovanni（1992a）主張道德領導是一種精神內在層面的領導，領導者應具備道德權威（moral authority），以產生領導替

代物（substitutes for leadership），使組織成員發揮潛力，共同爲有道德的校園（virtuous school）而努力。換言之，道德領導必須以道德權威爲基礎的領導，校長要爲正義與善的責任感與義務感而行動，才能獲得教職員工爲正義與善而做事的回應（謝文全，1998）。

綜上，校長道德領導是以道德權威爲基礎，透過本身的道德修爲及影響力，在價值分享的互動中，激發學校成員的責任感與義務心，促進成員成長，使其自動自發且心悅誠服的爲學校奉獻心力。此項定義有下列特點（林純雯，2001；范熾文、林加惠，2009；謝文全，1998；Daft, 1999；Rawls, 1971；Sergiovanni, 1992a, b）：

一、道德領導是以道德權威為基礎的領導

道德領導所強調的「道德權威」，主要來自於責任感與義務心，被領導者決定作爲與不作爲的關鍵，在於是否符合「善」的價值，凡認爲是善的、是對的便去做，而非受限於其他外在的因素。

二、道德領導是以領導者本身道德修為影響力的領導

道德領導著重於領導者的高尚品德與道德勇氣，領導者除應具備有良好的領導能力之外，更應具有自省及批判的能力，在領導者個人道德影響力的潛移默化下，激發部屬的責任感與義務心，使部屬樂於追隨，並心悅誠服的完成任務。

三、道德領導將組織視為生命共同體

在此一共同體中，每一位成員擁有共同的價值、信念，所有行爲的決定均透過此共同價值的指引，在共同願景之下，會使學校成員在責任感與義務心的驅使，而致力於共同願景的達成。

四、道德領導是一種令追隨者心悅誠服的領導

道德領導是一種以德服人的領導哲學，領導者使用的是影響力而非權力，部屬角色是主動追隨而非被動遵循；部屬的成就動機來自於責任與義務而非外爍的獎賞或報酬。

五、道德領導基於良善與正義而行動

領導者在做決定時，需心存善念，不能以個人的利益爲優先，要發揮社會正義的精神，對於一些不平等的事情，要主動改善爲他人謀求福利。

六、道德領導關懷組織成員的需求及發展性

成員若感到自己的需求受到尊重，對組織就會產生良好的印象，在工作時也會比較愉快；若能重視組織成員的發展性，讓成員有進步的空間，以及向上提升的可能性，也才更有意願爲自己的工作而努力。

第二節　道德領導的基本倫理關係

本節首先分析道德領導的核心概念；其次，分析道德領導層次之關係；第三，分析道德領導三種基本的德行。

壹、道德領導的核心概念

領導要兼顧領導者之價值信念、心智與行爲，才能完整地展現領導意涵。以下針對領導之心、領導之腦和領導之手、領導權威來源分述之：

一、領導之心、領導之腦和領導之手

Sergiovanni（1992a）提出領導之心、腦、手之交互關係，領導之心（the heart of leadership）的層次，領導之心指的是領導者心中所存有的價值觀和信念，是學校領導者根據道德權威，利用各種領導替代物，以激發人性潛力，使部屬成爲追隨者，進而共同建立德性學校（virtuous school）的一種領導方式。領導之腦則是透過領導之心的驅動而產生的心智圖像，這個心智圖像會指揮領導之手，使領導者產生決定和行動。領導之心塑造領導之腦，並使領導之腦驅動領導之手，透過對領導之手的反思進而肯定或重塑領導之心與領導之腦，三者間密切相關，且缺一不可（如圖1）（范熾文、林加惠，2009）。

領導之心　　　　　　　領導之腦　　　　　　　領導之手
（價值觀與信念）　　　（心智圖像）　　　　　（決定、行動與行為）

圖1　領導之心、腦、手之交互關係圖

資料來源： Sergiovanni, 1992a:8.

二、領導權威的來源

權威是領導他人行動或作決定的力量，含有命令與服從的關係。參考學者（林純雯，2001；范熾文、林加惠，2009；謝文全，1998；Schein, 1985；Sergiovanni, 1992a）觀點論述如下：

(一)科層權威

源自科層體制中的規章制度與層級節制所賦予領導者之權威，這是最簡單且直接的權威來源。在科層權威的領導下，成員必須遵守法規與領導者命令下完成任務。

(二)心理權威

此權威來自於激勵與人際關係的技術層面。領導者與成員透過「互易」的方式各取所需。換言之，領導者與成員的關係建立在「期望與獎賞」之上，組織成員工作動機來自於獎賞。

(三)技術－理性權威

此權威來自邏輯科學的驗證，領導者建立技術－理性權威，運用標準化的工作流程，倡導工作訓練，並監督工作進度，以期達成工作的標準化。

(四)專業權威

此權威來自於專業訓練和經驗，領導者具備專業影響力，將成員視為專業人員。在專業權威下，成員擁有專業上的自主權，成員專業及潛能得以有效發揮。

(五)道德權威

此權威來自於共享的價值、理念、責任與義務。在道德權威之下，領導者擁有高尚道德責任，透過本身作為而在潛移默化之中影響成員，因此，組織每一位成員與領導者共享的組織價值與理想。

由上可知，不同的領導權威來源，會產生不同的領導模式，而導致不同的結果。然而，在學校領導實踐中，校長除了要慎用科層權威、心理權威、技術－理性權威之外，重要的是運用專業權威與道德權威，激發成員承諾感與義務心，以產生更大的工作能量。

貳、道德領導層次之間的關係

學校組織是教育場所，有其獨特的教育功能，教師與行政人員都是學校社區的一份子，他們有責任與義務協助建構共享價值的核心，並盡一切力量使這個「社區」運作與發展良好（Sergiovanni, 1992a）。學校校長必須更具備前瞻倫理觀念，而不是被動回應教育問題，主動創造機會，以讓師生藉由合作來完成學校發展夢想。從人與學校組織關係而言，道德領導層次包含：人類、公務人員、教育行政人員、學校行政人員與學校領導者五種關係。這五種層次中的每一種均需要包含前一種層次，以形成完整的運作，如圖2所顯示：第一層次，對他人表現慈悲的倫理；第二層次，以公務員的身分實現公民責任；第三層次：身為教育人員要關注班級學生受教權益；第四層次：學校行政人員要展現服務精神，為教與學服務；第五層次：教育領導者是綜理校務，為整體校務發展與學生學習，負起完全責任（黃乃熒、劉約蘭、曹芳齡、黃耀輝、張靜瑩，2008）。校長道德領導，要融合先前所有層次的倫理後再進入領導行動，換句話說，校長必須具有仁慈、愛心與同情心，藉以喚起教師與學生更多的利他動機，以彰顯更高的公民和民主理想。

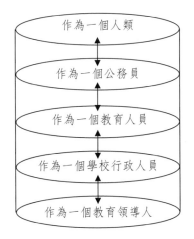

圖2　道德領導層次之間的相互關係

資料來源：Starratt, 2005:67.

參、道德領導的三種基本德行

在《教師法》第一條即明白指出：「為明定教師權利義務，保障教師工作與生活，以提昇教師專業地位，特制定本法。」在十七條第六款更明定：「嚴守職份、本於良知、發揚師道與專業精神。」這些法條的精神，凸顯了專業倫理的重要性。校長除了要具備各種專業知能，更重要的是，本身道德操守和行為表現應在一般人之上。就像企業有商業倫理、醫師有醫師倫理、律師有其獨特倫理規約，這都代表著只要是一種專業領域，本身都應該發展出屬於自身的倫理信條，俾使成員加以遵守，以維護專業精神。以校長而言，領導要有三種基本的德行：負責（responsibility）、真誠（authenticity）和關注（presence），此三種德行可以強化和支持學校領導人的道德作為（Starratt, 2005:72）。事實上，這些德行必須深植每位教育領導人的工作之中。如圖3顯示，這些德行是互相關聯的，每一個行動都與其他德行有關，這些德行之間具有邏輯的關係，彼此交互影響。例如，負責係個體能認知完成應有之職責而回歸真誠；真誠態度會顯現於人際互動與作事態度上，透過肯定和批判性的關注，表達真實看法，亦即真誠尋找出它的責任。最後關注

是介於眞誠和負責之間，也就是說，眞誠同時需要關注和負責；負責同時表達了關注和眞誠。三種德行貫通，並且互補（黃乃熒、劉約蘭、曹芳齡、黃耀輝、張靜瑩，2008）。學校必須靠全體成員分工合作來達成其目標。教師之間，是以知識與道德爲基礎，透過學術研究、專業對話，以營造智性氣氛。校長必須對學生、家長、上級與教師負責，並以學生學習爲核心，隨時關注課程發展、學生學習與公民權之統整。

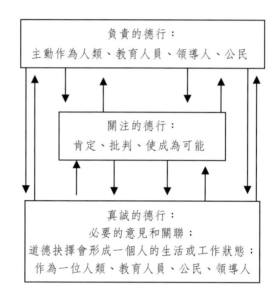

圖3　道德領導的基本倫理

資料來源：Starratt, 2005:72.

第三節　　道德勇氣與道德領導實踐

　　要落實道德領導需要有很大的個人勇氣，才能批判組織黑暗面，進一步找尋解決之道。當校長要有道德勇氣，就有正義感及實踐力量，能勇於批判學校組織與教育政策不合理之處，爲落實社會正義而努力。

壹、道德勇氣

　　勇氣是表現大無畏的精神，在小我與大我之間，能勇於選擇以大我爲目的；在掌控他人與服務他人之間，能以服務他人爲目的。Daft（1999:382）認爲，道德勇氣乃是知行合一的態度、實踐責任與批判不合理信念。首先，如同王陽明主張「知是行的主意，行是知的工夫；知是行之始，行是知之成。」（傳習錄上），知是道德良知，行是意志之實踐力量。勇氣，絕不是匹夫之勇，而是自反而縮，雖千萬人，吾往矣的膽識與堅持。其次，勇氣就是實踐責任，責任一詞，代表義務、使命。根據《辭海》的解釋，責任乃是：1.道德或法律上因某種違法行爲而受到處分或批評；2.份內應該做的事。由此分析，責任具有消極與積極涵義，消極上，若個體違反法律或道德規範時，就會受到某些處分；積極上，則是要盡忠職守，要能擔當責任。最後，勇氣乃是能挑戰不合理信念，批判性反省則在於檢視不合理之自我假定，開放自己的心靈及態度，從道德、正義與倫理，來批判行動之合理性與正當性。例如在自己信念中是否堅持課程統整會降低學生學科能力？例如學校要發展管弦樂，將所有教育資源、師資集中在少數學生身上，有否違背正義倫理？是否合乎公平性？這些議題是屬於批判的反省（范熾文，2008）。行動研究學者Schon（1987）特別指出，反省與實踐，乃是一種思想及行動的對話。許多教育理念要透過反省歷程，才能激發創意、建構價值。同樣地，要將此理念應用在教育實際上，就要靠主體的實踐能力。反省實踐並非侷限於實務技術層面，而是要以多元深層思考來探究問題。校長負有領導執行政策之職責，除了透過行政系統推動之外，也要從批判反省角度，檢視學校資源、社區文化，信念與課程改革之關係，別讓課程改革走歪了路。

　　每個組織都有其光明面，也存在不爲人知的一面，身爲組織領導者要有堅定信念與道德勇氣，秉持是非對錯的價值觀，只要認爲是對的事情就應該堅持去做。如何才能產生個人勇氣，以下提出四項來源（謝文全，1998；Daft, 1999；Sergiovanni, 2008）：

一、追求高層次目標與實踐理想的信念

學校行政乃學校教育之一環，但從整體教育情境而言，學校行政本身沒有目的，其目的在於支援教與學。換言之，要為教師教學與學生學習，提供最佳服務品質。其次，從手段與目的而言，學校行政是手段，教學品質提升，才是目的。因為學校組織的存在，不是為了教師、家長，而是學生之學習。教學才是學校重重心，學生才是教育主體。領導者要追求高層次目標的信念，才能將個人任務與團隊目標合而為一。

二、與他人有密切聯結，產生團隊意識

以往學校組織結構是層級分明，行政與教學分成不同系統，班級孤立，這種型態要轉型為團隊組織，打破班級界限，結合行政體系與教學人員，打破學校與社區之藩籬。合作是要走出孤立的組織型態，因為學校乃是一學習社群，校長要建立合作機制，與成員有密切聯繫，運用感情連結彼此，激勵鼓舞教職員成為團隊領導者，同時樂於分享自己觀點，創造專業氣氛，才有更大勇氣能量進行教育革新工作。

三、具備不怕失敗與勇於革新的態度

革新在於革心，校長要從工作例行性、政策執行者，轉化為行動研究者與批判者。傳統上，技術理性的行政人員重視「把事情做對」，而批判理性的領導者則是「做對的事」。在教育改革的浪潮中，校長要勇於改革，雖然會遭遇阻礙或學校成員抵制，也要運用溝通協調，獲取成員共識，要將視為理所當然的現象加以問題化（problematize），與成員討論各種教育議題。

四、能有效管理挫敗與生氣的情緒

情緒所涵蓋的範圍包含了個人的感受、認知思考和行為表現等三部分，也唯有此三部分處於平衡狀態才稱得上是身心健康。教育革心會帶來挫折與困頓，並產生負面情緒反應。有勇氣的人能管理挫折與失敗之

情緒，亦即有高度情緒智商，能管理自己的情緒和處理人際關係的能力。換言之，學校領導者要有情緒穩定，這是個人心理成熟的重要標誌。EQ高的領導者，成員都喜歡與他交往，總是能得到眾多人的擁護和支援，良好的人際關係往往能獲得更多的成功機會。

貳、道德領導的實踐策略

組織領導者有道德認知，更要有具體實踐勇氣，隨時進行反省，捫心自問：「我們該如何負起個人的責任？如何領導成員落實公平正義？同時組織裡有哪些不當作法？」茲就道德領導實踐策略歸納如下（范熾文，2008；謝文全，1998；Daft, 1999；Nodding, 1984,1992；Robbins, 1998：117-118；Starratt, 1994；Yukl, 2002）：

一、檢討學校各項措施，勇於批判不合理之處

學校行政人員對教育制度中不合理的現象，依理性的方式加以批判。批判的倫理，能促使行政人員能意識到政治與社會的課題反映著權力、特權、利益的糾葛，這些糾葛通常被預設的合理性、法令與習俗所合法化，因此，倫理決定首要規準即是要能反省批判。

二、展現多元文化素養，表現真誠關懷與尊重差異

在學校之中，有教師、學生及家長之人際互動；也有性別、種族、年齡之刻板印象；也有權力、利益之運作。若缺乏關懷倫理，彼此關係將會是虛偽的、非人性的、不忠誠的、邪惡的。關懷倫理強調站在關懷的立場，使每個人都享有內在的尊嚴和價值。關懷的倫理承認每個人的權益、以開放的心胸面對每個個體，所以，關懷的關鍵在於不把人看成工具，而是尊重每一個人的尊嚴與價值，如同康德「把人視為目的」之人性觀，重視人類理性本質，深化人性尊嚴，並給予人性化的待遇。

三、以公平正義作為行政決定之前提

正義不管在政治、法律、社會或經濟等層面，都相當重要，正義是整合規範的原理及指引。例如政治中的選舉制度，主張一人一票，是否

為正義？法官判決結果是否合乎正義？勞工失業補助制度是否具備正義？國家整體財源分配是否合乎正義？正義是大家基本共享的價值，把正義視為學校組織中行政決定的前提，是相當重要。

四、行政作為要考量大多數人之公共利益

在道德決定的運作中，最重要及普遍的原則是要考量公共利益，但這並非意味著必須忽略私人的利益。正常言之，學校行政服務的精神在於教師教學與學生學習，服務的藝術是為公共利益，如功利主義強調以最大多數人的最大利益考量。並有能力去管理私人及個人的利益，這是要有道德的勇氣，去調合公共及私人的利益。

五、兼顧程序正義與實質正義之作為

實質正義指行政決策的內容結果要合乎法理之要求；程序正義是指行政決策過程要合乎行政程序相關規定，包含明確性、誠實信用、平等原則、信賴保護等原則。如此學校行政人員的行為才可確保最大多數人的最大利益，透過民主參與的價值，讓所有人有機會表達聲音，維護本身權益。亦即在決定過程要注意參與及人文性，尊重參與者的尊嚴及表達權，維持公正的程序過程。

第四節　案例分析與討論

以下提出單親學童入學案例內容，來闡釋校長運用道德領導來建立倫理學校。（案例中校名、人名均為化名）

壹、案例內容

中和國小校長林明志是一位剛到校的新任校長，而教務主任郭政文是師範學校畢業，年約六十多歲，擔任教務工作。最近一件適齡學童就學問題，引起了校長與主任間的爭議。適齡學童張祥正與媽媽住在學校附近，媽媽與父親分居已四年多，張生的戶籍仍在高雄，張生的監護人是其父親。唯張生的父親因長期毆打媽媽，也不願辦理離婚。在

張生二歲時，媽媽帶著張生就離開夫家，回到娘家居住，以做臨時工維持家計，目前還發生職業傷害，造成顏面傷殘，生活相當清苦，無法使張生進入幼稚園就讀。此狀況轉眼之間已過四年，而張生也到了適齡就學。

張媽媽到中和國小探聽就學事宜，恰巧教務主任在場。郭主任問張媽媽有無入學通知單。張媽媽表示無相關就學資料。郭主任說：「如沒有入學通知單，就無法入學了，因為於法無據。」張媽媽感到很失望離開。接下來幾天，她與教務主任談了幾次，都無法讓張生入學。

過了幾天，張媽媽透過廖村長及家長會長到學校關切，希望學校能夠通融。此時，林校長才知道有這種問題發生，於是請村長及會長一起研商如何解決。教務主任表示：「依學籍管理辦法，張生是於法無據的，必須回到高雄戶籍所在地就學，再轉學進來。」廖村長表示：「張祥正的父母已分居多年，夫妻感情不睦，都無法辦理離婚，而且還會來騷擾他們，若回去可能造成傷害，因此要如何回高雄就學呢？」公務人員就要遵守行政命令，這是基本做事態度。但影響學生受教權益，又違背教育理想時，究竟要如何決定？此時校長陷入兩難境界。

翌日，校長請教務主任一起商量，郭主任立即表示：「這是於法無據，教務處立場是不能違法的，到時候被人檢舉，我才不要這麼做！」校長表示：「隨著社會變遷，夫妻感情不和而分居的案例愈來愈多，受害的是小孩子，其就學的權利也被剝奪。我們不能先讓張生隨班寄讀嗎？」郭主任表示：「萬一寄讀之後，學籍如何處理？成績如何計算？畢業證書如何核發？最好請張媽媽回高雄原來學區，讓其兒子就學後再轉學進來。」

校長表示：「過時的法令影響學童就學權利，法令與學生就學權益產生了矛盾，法令應隨著社會變遷加以修改，否則還會產生許多類似的流浪學齡兒童，製造許多社會問題，我們是在辦教育，如果讓張生在學校圍牆外流浪，是違背我們的教育良知。」郭主任也回應說：「我們是公務人員，多一事不如少一事，不必為一個小孩子違背行政命令，屆時遭受行政懲處，就太不划算了！」

校長幾經思索與反省，心中認為：「技術理性影響著行政人員的思

維,故凡事都以法規命令作爲思考與解決問題之前提,造成問題不斷產生。」校長決定作出裁示,本案應跳脫技術理性限制,重新加以省思案例帶來的教育意義。隨後即請各處主任與組長召開行政會報,共同研商妥適辦法。經過此次會議,大家開誠布公討論,最後獲得共識。校長說:「我認爲任何行政作爲應基於善與正義,教育措施才有教育意義。本案將朝四方面處理本案,張生不僅無法享有公平機會,且面臨社會及經濟不平等的問題,現在已經開學二週了,我們秉持社會正義原則,應讓張生先行就讀,所涉及之學籍係屬行政命令,要兼顧守法問題,可將張生學籍問題全案報請上級作個案考量。其次,與戶政單位研商本案的監護權及戶籍問題,如何解決。第三,張生的父親因長期毆打妻子而致分居,此問題也向社會局、警察局聯絡,尋求是否有解決之道。第四,張生的家庭清苦,媽媽遭受職業傷害,有關營養午餐費用,請午餐執行秘書張老師將此個案報請家長會審議,由家長會費中暫時支援。張生的媽媽顏面傷殘部分,也請家長會長與鄉鎮公所接洽,是否有相關經費補助。」隨後請郭主任和註冊組長處理相關事宜,現階段先讓張生就讀,以維護受教權。

接下來,校長與教務主任聯繫村長,共同前往學童張祥正家中拜訪,贈送文具用品,並向表示歡迎張祥正來學校就學。

貳、分析討論

一、校長能發揮關懷倫理,表達真誠態度與關懷作為

在此個案中張生出生於單親弱勢家庭,母親又是獨力撫養孩子,屬於社會低經濟社經背景。關懷的倫理承認每個人的權益、以開放的心胸面對每一位個體,校長能先秉持關懷態度,再思考「每個人都一樣享有平等的權利。」因此關懷爲道德領導判斷之重要規準。此種作爲與Nodding(1992)看法一致。學校乃是人的教育機構,師生關係就是關懷者與被關懷者的關係,任何教育措施要多照顧弱勢學生。

二、校長能運用批判倫理，展現勇氣，批判不合理現象

反省不只是追求客觀事實之重視而已，更要對行政作爲或教育政策之中矛盾、假定、不合理之處，一一加以分析批判，同時在思考過程中，獲得自我之啓蒙，以避免自己思維價值僵化不前（陳惠邦，1998；Zeichner & Liston, 1987）。教育機會均等概念首要重視就學機會的平等與保障，學校是保障教育機會均等的教育場所，校長主要任務之一在消除因家庭社經背景、性別、種族、身心特質、宗教等等因素而存在的不平等，以達到「有教無類」的理想（楊瑩，1994）。在本案例情境中，過時的行政命令剝奪學童就學權利，使得張生不能享有公正的機會平等原則。教務主任在推動工作或各種教育問題，常以習慣性的經驗，來解決行政。郭主任受到技術理性影響，主張一切行政行爲要依法令行事，他說：「如果沒有入學通知單，就無法入學了，因爲於法無據。」雖然，教務主任在處理此工作，依法行事沒有錯；但另一方面，他卻忽略學生的基本就學權利，這是憲法保障的基本人權。另一方面校長認爲：「小孩子就學的權利最重要」、「過時的法令與學童就學權利，產生了矛盾，法令應隨著社會變遷加以修改」，在法規命令與基本權利間，校長能批判教育制度中不合理的現象，以平等自由權原則爲決定指引。

三、校長能展現負責、真誠和關注，落實正義倫理

Rawls（1993：271）認爲正義理論必須有效的處理人與人間不平等的現象，特別是因爲家庭的社會地位、自然天賦及歷史因素，對每個人所造成的差異。儘管社會、自然及歷史因素所造成的差異，也許不十分顯著，但是經過長時間作用累積的結果，卻可能產生重大的影響。學校、醫院及社會服務機構等均爲服務組織，其主要受惠者乃是與該組織有直接接觸關聯的社會大眾，基本功能在爲顧客提供服務。以學校爲例，學生就是此類組織所服務的主要受惠者，而不是在於教師、行政人員或是家長（黃昆輝，1988）。然而學校行政人員涉及他們所做的決定是否公平或民主？分配資源時必須公正（just）

與公平（equitable）？評鑑教師時是否公平而人道？管教學生時，懲罰是否公正？所以，上述所涉及的「公正」、「公平」、與「人道」（humane），都會影響學生學習權（吳清山、黃旭鈞，1999：39）。可見，學校行政人員所從事的一項「百年樹人」的工作，若沒有正義倫理考量，則將影響整個學生學習權，最後，學生成為無辜受害者。

目前學校各項教育措施，不論是屬於政策性的、抑是事務性的工作，都充滿著多元性、異質性，會使某些人獲得好處，而減損某些人之利益。是故，身為領導者，在作決定時，必須秉持教育意義與價值，堅持作對的事，義無反顧。亦即要運用正義倫理，創造一個倫理學校機構，建構正義的教育政策及學校環境（楊瑩，1994）。張生無法享有健全家庭生活，父親暴行陰影籠罩在生活中，母親工作收入低微，是處於社會及經濟不平等的現狀，故林校長深思之後，決定讓張生先行就讀，有關營養午餐費用，請學校家長會協助，由家長會費中支援。林校長具有Starratt（2005）所倡導的三種基本的德行：負責、真誠和關注。運用正義兩項原則，強調公道、正義為其決定準則，面對著問題與接受挑戰，兼顧事實層面（facts）及價值的層面（value），從眾多的價值中選擇最合理的、正義的、公平的價值決定。

第五節　結語與建議

領導必須是一種態度，而非僅是技術上的運用。學校校長與教師有責任與義務協助建構共享價值的核心，發展倫理學校。隨著整個社會變遷快速，價值觀念混淆不清，致使原本極富倫理規範的校園環境，也逐漸式微，而影響其應有的倫理教化功能。在此背景下，校長道德領導益形重要。校長道德領導是校長超越傳統科層權威的桎梏，以道德權威為基礎，透過本身的道德修為及影響力，在價值分享的互動中，激發學校成員的責任感與義務心，使其自動自發且心悅誠服的為學校奉獻心力。因此，道德領導是以道德權威為主，關懷組織內的成員的需求以及發展性，讓全體成員達成應有的共識，並產生對組織發展的責任。Sergiovanni提出領導之心、腦、手之交互關係。領導之心塑造領導之

腦，並使領導之腦驅動領導之手，透過對領導之手的反思進而肯定或重塑領導之心與領導之腦，三者間密切相關，且缺一不可。同時將領導的權威來源分爲：科層權威、心理權威、技術一理性權威、專業權威與道德權威。道德領導之實踐策略如下：1.反省批判：對教育制度中不合理的現象，依理性的方式加以批判。2.眞誠關懷與尊重：承認每個人的權益、以開放的心胸面對每個個體。3.公平正義：在學校情境中，任何的行政決定，就希望能透過公平、合理程序，建構正義原則，以使學生獲得最大利益，爲多數人謀取最大的福利。4.公共利益：強調以最大多數人的最大利益考量，並有能力去管理私人及個人的利益。5.民主程序：在一個開放且自由的氣氛下，成員才得以自由不受到干涉地去參與公共事務，自由表達意見。最後，根據文獻與案例分析結論，提出以下幾項建議：

一、發展專業倫理課程，培養倫理思考

　　道德哲學是決定的重要指引，傳統學校行政專業訓練僅是要求了解行政業務與行政技術能力，例如應付日常行政事務，強調技術理性知識。在案例中，教務主任受限於傳統技術理性思維，而忽略決定目的何在。因此，有關倫理和道德推理之課程內容必須列入學校行政人員專業成長。包含：如何協助兒童發展民主生活中之核心價值、信念及公民職責。如何審愼反思學生在入學政策、課程、實際措施。正義和倫理如何融入訓練課程之中？茲舉Greenfield（1991）所提的五種策略如下：1.修改職前課程：如介紹ETHICS（A Course of Study for Educational Leader）。透過道德哲學及實務之擴展來發展道德推理之知識、技能和態度，從價值澄清之運用到倫理分析。2.增加課程多樣化及機會。如個案分析、情境模擬（資源分配的兩難視導或人事問題）。3.發展獨特課程。建立學校行政之義務和價值，在實際情境中作倫理的考量。4.發展問題取向課程以取代傳統科目取向。如設計問題、政策分析等方式。5.進行研究。所以，有關學校行政人員專業成長，可了解其教學、管理及相關政策之倫理議題，以發展出一些策略。

二、具備反省意識，加強反省批判能力

慣性行為會形成一種生活文化或內化為人格特徵，學校成員就會被例行公事所決定，而為工具理性支配，而無法反省思考與批判。如案例中教務主任在遇到倫理之問題，即以慣例、技術處理，常使得學校問題，重複發生，技術理性在短時間內容易顯現效能與效率，但卻忽略了教育的目的性，不僅學校組織成為機器體，人在此組織中也已經異化了。Schon（1983）特別強調「在行動中反省」（reflection in action）。反省是行動的個體，邁向獨立自主與責任倫理的歷程，有了反省，個體才能檢視、修正以有慣性行為。如此，未來的行動才能圓融，也能尋找到教育意義與創意。Hodgkinson（1996）就指出，行政是行動中的哲學。具體做法是學校領導者要從不同觀點來檢驗倫理困境，領導者要要隨時具備反省意識，對倫理議題重新界定。

三、掌握教育目的，做好倫理決定

面對多元社會環境，學校行政人員要實踐何種理想？要秉持何種價值？如何處理價值衝突？倫理決定的本質可適時提供參考。Starratt（1991）提出倫理人（an ethical persons）概念，他認為做為倫理人有三種品質：1.自主，對於認為是對的能獨立且直接的行動；2.連結，在一個脈絡或社群中，對他人能敏感而回應；3.超越，轉化個人的生活。由於校長在學校中有明顯的領導地位，其行為反應態度，會影響部屬倫理決定行為，故道德操守的要求標準要高，所做決定更要有倫理性質。例如林校長能隨時反省自己，面對倫理困境，做好道德抉擇的工作，眾多的價值中選擇最合理的、正義的、公平的價值決定。換句話說，由教育目的來規範決定行動，所謂教育目的如改善教學品質、提升學習成就、保護學生受教權益，都是學校行政的教育目的。學者Rest提出四種心理的過程，才會產生倫理的行為：倫理察覺（ethical perception）─情境的察覺；倫理判斷（ethical judgment）─行為的道德正確性；選擇（selection）─道德價值的行動選擇；實行（implementation）─道德行動的實行（Panzl & McMahon,1989：

9）。由此可知，要產生良好的決定，必須要有倫理決定情境中的「倫理察覺」、「倫理判斷」及「選擇」和「實踐」的過程。

四、建構學校行政倫理準則，分享核心價值

　　一所真正有教育理想的學校，是成員能分享學校核心價值，作為提供行為判斷之標準。換言之，領導者不僅在制定契約規範及學校願景，更要支持它，實踐它。案例中，校長正義的決定與教務主任的工具理性決定，迥然相異，如能發展學校行政人員倫理準則，分享學校核心價值，必能建構專業承諾。張鈿富（2001：152）提出五項原則可供參考：1.透過長期承諾建立社群意識。2.自我覺知並有意去敘述所建構的工作。3.由關懷倫理與善意來輔導學校新進人員。4.擁有可靠有效的學校資訊。5.每個人知道自己的職責與善盡其職。學校領導者要把握此五項原則，與學校同仁分享核心價值，建立專業承諾。另外，在國外方面，已有許多教育行政或學校行政團體都成立專業團體協會，發展專業倫理守則，值得借鏡。

五、發揮人文關懷，重視弱勢兒童受教權

　　根據國民教育法的規定，六歲至十五歲的國民，一律接受國民義務教育。強迫入學條例也訂定，適齡國民除了殘障、疾病、或異常，並經公立醫療機構證明者，得以暫緩入學，或是經當地強迫入學委員會同意後，得以在家自行教育。因此，不論性別、種族、階級、語言等差異，入學是每個國民最基本教育權利。雖然政府推動教育優先區、保障入學名額、教育券等措施，來重視弱勢族群教育。但實施成效與成功案例仍有待檢討，例如僵化法規命令、社會整體階層結構環境、社經的刻板印象、行政人員官僚心態、甚至課程內容、教科書意識型態，還存在於學校教育中的深層結構，影響著學生受教權益。因此，除了落實入學教育機會均等之教育政策與行政決定外，更要從教學、課程與輔導進路等教育過程，發揮人文關懷，才能維護弱勢兒童受教權。

參考文獻

(一)中文部分

吳清山、黃旭鈞（1999）教育行政人員專業倫理準則之建構。**理論與政策**，50，37-54。

林火旺（1999）。**倫理學**，臺北：五南。

林純雯（2001）。道德領導—學校行政領導的新面向。**中等教育**，52(4)，110-127。

范熾文（2008）**教育行政研究：批判取向**。臺北：五南。

范熾文、林加惠（2009）。校長道德領導：意涵、理論與實施策略。**研習資訊雙月刊**，26(3)，103～108。

陳惠邦（1998）。**教育行動研究**。臺北：師大書苑。

張鈿富（2001）。**學校行政原理與實踐**。臺北：五南。

張鈿富、張曉琪（2010）。社會公義領導：促動教育界的革命。**當代教育**，10(1)，147～156。

楊瑩（1994）。**教育機會均等：教育社會學的探究**。臺北：師大書苑。

黃乃熒、劉約蘭、曹芳齡、黃耀輝、張靜瑩等（2008）。B. Davies（著）。**學校領導新潮**（The Essentials of School Leadership）。臺北市：華騰文化。

黃昆輝（1997）。**教育行政學**。臺北：五南。

蕭武桐（1998）。**行政倫理**。臺北：空中大學。

謝文全（1998）。道德領導：學校行政領導的另一善窗。載於林玉体主編，**跨世紀的教育演變**（頁237-253）。臺北：文景。

(二)英文部分

Daft, R. L. (1999). *Leadership: Theory and practice*. Orlando, FL: The Dryden Press.

Greenfield, W. D. (1991). Rationale and methods to articulate ethics and administrator training (*ERIC Document Reproduction Service No ED332379*)

Hodgkinson, C.(1996)..*Administrative philosophy: Value and motivation in administrative life*. N.Y.: Elsevier Science Inc.

Lashway, L.(1996). *Ethical leadership*. (ERIC Document Reproduction Service

No.ED397463)

Rawls, J. (1971). *A theory of justice*. Combridge, Mass: Harvard University Press.

Nodding, N.(1984).Caring: *A feminine approach to ethic and moral education*. Berkley, CA: University of California Press.

Nodding, N. (1992) *The challenge to care in schools : An alternative approach to education*. N.Y.: Teacher College Press.

Panzl, B., & McMahon, T. (1989).*Ethical decision making :developmental theory and practice*. (ERIC Document Reproduction Service No.ED312518)

Robbins, S. P. (1998). *Organization Behavior.* New Jersey: Prentice-Hall,Inc.

Schein, E. H. (1985). *Organizational culture and leadership*. San Francisco: Jossey-Bass.

Schon, D. (1983). *The reflective practitioner: How professionals think in action*. New York: Basic Books.

Sergiovanni, T. J. (1992a) *Moral leadership: Getting to the heart of school improvement*. San Francisco: Jossey-Bass.

Sergiovanni, T. J. (1992b). Why we should seek substitutes for leadership. *Educational Leadership, 5*, 41-45.

Sergiovanni, T. J. (2008). *The principalship: A reflective practice perspective*. Boston: Allyn and Bacon.

Starratt, R. J. (1991). Building an ethical schools: A theory for practice in educational leadership. *Educational administration quarterly, 27*(2), 185-202.

Yukl, G. (2002). *Leadership in organizations* (5th ed.). Englewood Cliffs. NJ: Prentice-Hall.

Zeichner, K. M., & Liston, D. P. (1987). Teaching student teacher to reflect. *Harvard Educational Review, 57*(1), 23-48.

問題與討論

一、請說明校長如何透過自身的作為影響學校教師與行政人員？

二、請分析校長在校園中有哪些倫理兩難困境現象？

三、請說明校長有哪些專業權威？

四、請說明班級導師如何運用道德領導以強化學生品格教育？

五、請說明學校如何建構行政倫理準則，藉以分享教育核心價值？

第十二章

資料導向決定的理念與策略

黃旭鈞

資料是我們最佳的管理工具，只要測得到就能做得到，若知
道問題的概況與受影響的對象，我們就能依資料進一步帶進
解決問題的方法。

～美國前教育部長Margaret Spellings (2005)～
（引自Mandinach & Honey, 2008）

　　資料導向決定雖然並非全新的概念，然而近年來對教育績效責任要
求增加，標準本位運動盛行、資訊科技的發達普遍等風潮下，重視資料的
蒐集、分析、解釋與應用等資料導向決定的重要理念與作法，以求持續改
進教育的品質，並利用資料解決教育上的問題。因此，除了被動蒐集與符
合規定的要求外，更重要的是主動、理解、分析與解釋資料，以了解教育
問題的根本原因，有效加以解決，並能依據資料持續改進，提升教育的品
質。本章先就資料導向決定的意義與內涵做一分析，並簡介不同的資料導
向決定的概念架構與模式，最後，再提出推動資料導向決定的具體策略，
以供學校推動資料導向決定之參考。

第一節　　前　言

　　作決定是教育行政人員的主要任務，教育行政人員必須對各種教育
行政問題的處理方法或途徑有正確的抉擇（吳清基，1999）。尤其處
在績效責任與標準本位（standard-based）改革運動的情境脈絡下，現
今對教育績效要求愈來愈高，而受外在大環境經濟不景氣的影響，資源
經費卻愈來愈短絀，加上學生個別與特殊的需求卻愈來愈多樣，教育上
的作為必須更能滿足學生的需求。面對這種績效責任要求、資源經費
限制與學生需求滿足都日益增高的艱困情境，如何才能降低教育的成
本，實施更有效率與效能的課程與教學方案，更有策略地分配與使用資
源，確保教育的資源可以用在對的地方，以達到充分開展每個學生潛
能，讓每位學生都有成功機會的目標，是現今學校教育人員必須重視的
課題（Mandinach & Honey, 2008; Mariani, 2008）。為了因應這樣的潮

流與趨勢，有效達成要求與需求都變得更多元的教育目標，學校領導者必須能有更持續探究與縝密思考的心智習慣，具備更紮實的資料素養（data literacy），決定如何投注資源，並將資源用在對的地方，進而改進學校與學生的績效表現，而教師也必須能設定適切的教學目標，以符合每位學生的需求（Mandinach & Honey, 2008）。

　　然而，根據Earl and Katz（2006）的分析可知，早期教育的決定假定學校領導者有責任也有權利來決定整個學校師、生及教育事務的決定，且在做決定時也能結合政治機敏、專業的訓練、邏輯的分析並熟悉脈絡知識，易言之，教育決定就是當權者所做的最佳判斷，因此資料在決定中沒什麼太大的價值，決定主要還是取決於領導者個人直覺或經驗的判斷。然而隨著研究與資訊科技的發達，資料與資訊的取得與流通愈來愈快速，利用資料來發現議題、診斷情境、預測未來狀況、改進政策與實務、評鑑效能與提升績效責任的情形愈來愈普遍（Education Commission of the States, 2002）。現今可說是處在資料豐富（data-rich）且必須善用資料的世界與社會中，但決定時的資料使用，重點可能不再是資料過多或是資料不足的問題，而是如何使用適切的資料來幫助決定。使用資料進行決定的情形愈來愈普遍，因此，現今教育領導者都被告知應使用資料來驅動（drive）各種決定（Blink, 2007），且必須進一步思考如何使用更精確可靠的資料來做成會影響學習事務的決定？如何才能有效分析所有資料，以提供行政人員必要充足的決定資訊？如何使用各種分析的方法，以決定課程方案是否有效發揮效果？如何才能利用資料的分析來決定有哪些學業落後的學生（students at risk）需要介入協助？（Mariani, 2008）。易言之，學校人員在決定時，不再只是憑直覺或經驗，而是需要更多正確有用的資料，加以理解或解釋，以進一步利用資料，作更合理而正確的決定。

　　上述的情境、理念與想法促成了資料導向決定（Data-driven decision making, DDDM）愈來愈受到重視，學校領導者可以藉由資料導向決定的模式可以增加領導者做決定的正確性（張奕華、張敏章，2009），其重要性與價值性不僅是因為資料導向決定在教育改革中的重要性提高，更重要的是因為資料導向決定更有助於每個人得到他們想

要的改進結果。一些有關資料導向決定的描述性研究也都強調，有必要提高資料在教育系統內的重要性、及時性和可行性，以提供專業發展及持續的協助來幫助老師和行政人員更聰明地使用資料，並依據研究發現一起合作做決定，同時遵循依資料所提出的解決方法（Slavin, Cheung, Holmes, Madden, & Chamberlain, 2011）。雖然資料已成爲教育決定過程中的核心要素之一，然而教育人員對於資料的解釋或使用尚未達到自在的層次，或者是經常經驗到對資料的焦慮，大多數的教育人員似乎尚未具備資料導向所需的背景、技能和意向（Earl & Katz, 2006）。有鑑於資料導向決定在學校改革中的重要性愈來愈高，但相對而言，資料導向的決定仍屬較新的領域，尤其是如何跳脫被動因應外部壓力與績效責任要求，轉而主動蒐集、分析與應用資料，改進教學與學習，進而提升教育品質，學校教育人員在這些方面的觀念和素養仍有待強化，因此有必要針對資料導向決定的理念、意涵、架構與流程、及其推動的策略等進一步加以探究，以利教育人員善用資料導向決定的理念與方法，促動教育界持續變革的力量。

基於上述的分析，本章首先概述並釐清資料導向決定的意義與內涵，其次，分析資料導向決定架構、模式與流程，最後再提出推動資料導向決定時的實務與策略。

第二節　　資料導向決定的理念與意涵

本節旨在探討資料導向決定理念，並釐清資料導向決定的意義，進而歸納資料導向決定的重要內涵，分別加以論述如下：

一、資料導向決定理念

事實上，資料導向決定並非全新的概念，教育界對資料導向決定的概念可回溯到1970和1980年代州政府要求將成果資料用在學校改進計畫及學校本位決定過程，1980年代有關測量導向的教學（measurement-driven instruction）之爭辯，加上1980與1990年代學校致力於投入策略性計畫（Marsh, Pane, & Hamilton, 2006）。然而，在

過去十年來，有幾股力量結合更促使資料導向決定成為教育系統中所有層級的優先重點工作。首先是能追蹤個別學生逐年進步情形的資料系統已經可以取得，並在愈來愈多州和學區中使用；其次，有些學區開始建置能整合不同系統資料的資料庫，並能探討教育品質的議題；再者，2002年重新修訂的「中小教育法案」（The Elementary and Secondary Education Act, ESEA）要求必須蒐集、分析並使用學生的成就資料來改進學校的教育成果，並期許資料系統在改進所有層級的教育決定時能扮演不可或缺的角色，美國聯邦教育部則提供支持大多數州資料系統品質的改進，以促進長期縱貫性的學生資料分析，並將學生學習成果與其他教育系統中的變項相連結（Means, Padilla, & Gallagher, 2010）。

　　近年來隨著績效責任與評鑑不斷增加，因此資料導向決定相較以往，有著更積極的目的與作法，並有不同以往的意義、重要性與價值性。因此，資料導向的決定，不論在專業發展、政策、研究與實務等社群都得到廣泛注意（Mandinach & Honey, 2008），且具體反應下列幾個方面：首先，在資料導向決定方面，專業發展方案大幅激增，在大學、學校和企業為基礎的發展者也已建立科技的解決之道來促進行政人員和教師做成資料導向的決定（Wayman, Stringfield, & Yakimowski, 2004）；其次，就政策而言，決策人員承認資料導向的決定愈來愈重要，美國教育部的教育科學院（Institute of Education Sciences）也投入大量的資源來建立全州縱貫的資料系統。「資料品質運動」（Data Quality Campaign, DQC）已經建立並提供各州支持與資料，並致力於發展縱貫性的資料系統，且概要提出這類資料系統的十大關鍵要素（詳見美國Data Quality Campaign的《十大關鍵要素》一文，網址為：http://www.dataqualitycampaign.org/build/actions/）；再者，就研究方面，2004年教育部提供經費在Johns Hopkins大學設立了「教育資料導向改革中心」（The Center for Data-Driven Reform in Education, CDDRE），基於資料導向改革的概念，建立並評鑑可以複製的途徑以供整個學區變革之參考。該中心與整個學區合作，試圖解決教育改革的規模之問題。其理念在幫助學區和學校領導者了解並補充資料（Slavin et al., 2011）。另外，美國聯邦教育部也委託進行資料系統及決定的研

究，做為全美科技活動革新方案（The National Technology Activities initiative）的一部分，以檢視教育人員能否使用這類系統，其普遍與流行的程度？教育人員支持這類系統的程度？使用的型態？對教學的影響？（Means, Padilla, & Gallagher, 2010）。最後，就實務而言，由於以往學校校長、行政人員、教師對學生的問題和學習失敗常未能提供充分的資訊來做成相關決定，現今資料導向決定理念的興起，主要原因在於試圖改正上述的情形，假定學校領導者和教師都準備好也都有能力使用資料來了解學生的學業成就現況與成因，並建立更有針對性、更具回應性且更彈性的改進計畫，藉此想跳脫傳統消極被動回應外部壓力或績效責任的要求，也不知蒐集、分析處理資料以做更適切的決定，逐漸轉變成以更積極的方式來處理應用資料（Mandinach & Honey, 2008; Means, Padilla, DeBarger, & Bakia, 2009）。因此，學校校長、教師與教育行政人員都因「不讓孩子落後」（No Child Left Behind, NCLB）法案的要求，必須蒐集並提出可展示的教育成果及展現具體改進優勢等學校績效表現的資料。

二、資料導向決定的意義

(一)資料導向決定的特徵

決定是一種具有動態的、互動的本質之活動，加上不同層級、不同利害關係人、多重影響勢力及周遭脈絡，增加了學校如何作決定的複雜性。因此，必須採用系統思考來做為一種分析的觀點（Mandinach & Honey, 2008）。

Slavin等人（2011）指出，一些有關資料導向決定的描述性研究都強調，必須讓資料在教育系統內具重要性、及時性和可行性，以提供專業發展及持續的協助幫助老師和行政人員更聰明地使用資料，並依據研究發現一起合作做決定，同時跟隨資料所提出的解決方法。

AASA（2002）亦提出資料導向的決定具有四項特徵，包括：1.能有效地使用各種資料；2.能利用資訊來改進教學實務；3.能利用資料來影響學生學習表現；4.能採用相關的投資、成果和改進策略。

Feldman and Tung（2001）則就採取資料本位學校人員的作為，具體指出資料導向的決定是學校人員的作為，包括：1.由多重來源從事持續的資料分析，提供學校優勢與挑戰的全面圖像；2.發展能排定優先順序的計畫，並強調挑戰；3.將資料本位的決定視為一種工具，用以提供學校開放、民主的過程以檢視學校中實務與結構的不均等，讓全校參與探究的過程導致改進實務更周延的決定。

綜合上述相關論者對資料導向決定特徵的論點可知，資料導向決定具有複雜性、動態性、脈絡性、持續性、及時性、探究性、可行性、整合性與整體性（systemic）等不同特質。其終極目標在於擁有足夠的資訊以了解現有問題之所在，並了解如何加以解決。尤其是資料導向決定所提出的並非一次性的解決方法，可以加以直接或隨機使用，相反地，資料導向決定是一種持續的過程必須持續蒐集有關學生和教師績效表現的資料，適度監督每位學生的學習，並讓老師都知道自己成功與缺失，進而改進教學與學習，提升教育的成效。

(二)資料導向決定的意義

依據上述資料導向決定的本質，以下進一步就相關論者對於資料導向決定的意義扼要說明如下：

AASA（2002）則將資料導向的決定界定為蒐集資料、分析資料、報告資料、使用資料進行改進、透過資料進行溝通的過程。資料導向的決定需要培養思考文化的轉變，以讓所有利害關係人都致力於這樣的努力。

Bernhardt（2004）將資料導向的決定（DDDM）定義為「蒐集有關資料，以了解學校或學區能否達成目的和願景。」如果缺乏目標，則所做的決定本質上只會導致「偶發的改進行動」（random acts of improvement）。相反地，資料導向的決定是「有焦點的改進行動」（focused acts of improvement），讓學校要明確的目的、了解期望學生必須知道的及能做得到的事。

Kowalski and Lasley II（2009）則認為資料導向決定是指不同教育人員蒐集並使用相關資料與證據來評估決定的成效，並改進實務的一種

作法。因此，班級教師經常測量學生在達成教學目標上的進步情形，並回應相關證據以調整自己的教學，可說是參與了資料導向決定。同樣地，學校或學區能蒐集證據來證明政策或實務上的改變，亦是一種資料導向決定的作為。

Means et al.（2010）則認為資料導向決定請求教育人員採取持續改進的觀點，強調目標的設定、測量及回饋循環，以使教育人員得以省思方案和流程，並將之與學生成果產生關聯，依據成果資料來提出精進的建言。

Mandinach and Honey（2008）指出，資料導向決定的終極目標在於擁有足夠的資訊以了解現有問題之所在，並了解如何加以解決。且資料導向決定並非一次性的解決方法可以直接或隨機使用，相反地，資料導向決定是一種持續的過程，必須持續蒐集有關學生和教師績效表現的資料。

綜合言之，資料導向決定主要係指不同層級的教育人員，能有系統地蒐集、組織、分析與應用資料，在充裕的資訊支持下作專業判斷與適切的決定。這樣的決定方式所強調的，除了聚焦在符合績效責任的要求之外，更重要的是能依據資料、證據與研究來支持所做的教育決定，進而持續解決問題，改進教學與學習，進而提升教育的品質。由此可知，資料導向的決定可說一種M. Barber所謂的「資訊充分的專業判斷」（informed professional judgment）（Earl & Katz, 2006; Fullan, 2005），這種決定需要專業人員能善用資料來確立服務顧客的最佳方法外，也強調專業人員不被所蒐集的資料所奴役，而必須能看透資料，不斷超越應用資料所帶給決定的實質助益與效果（Kowalski & Lasley II, 2009）。

三、資料導向決定的內涵

Earl and Katz（2006）指出，不同層級、不同人員所要使用或提供的資料也有所不同，在美國NCLB的教育法案中，期望教師能採用形成性與總結性的測量、班級本位和高利害關係的評量，以及其他介於兩者之間資料的所有方法；也要求校長必須基於教學與行政的目的，

處理個人的、班級和全校性的資料；教育局長與其他教育局的行政人員也必須能使用資料來提供資訊以決定資源的分配、評鑑教師的工作績效、分派獎勵和激勵獎金。然而基於資訊充裕的專業主義（informed professionalism）的理念，領導者所應重視的資料導向決定之主要內涵包括（Earl & Katz, 2006）：

(一)探究的心智習慣（An inquiry habit of mind）：主要包含了對價值與成果能有更深層的理解，並能持續探究；能容忍模糊與不確定性，並能在長期不一致之中調查與探究各種想法，以了解並判斷其真正意義；能採取多元的觀點，並系統化地提出愈來愈聚焦的問題。

(二)資料的素養（Data literacy）：要成為具備資料素養的領導者的具體作為包括：能採不同資料思考不同的目的；能看出資料正確與否；具備豐富的統計與測驗概念的知識；能兼顧量化與質化的資料；能有效的解釋資料；能注意報導與顧客的意見。

(三)探究的文化（A culture of inquiry）：主要包含：讓相關人員參與資料的解釋；能透過資料激發內在的迫切感（sense of urgency）；能爭取時間有效解釋資料的意義與對資料的承諾；能利用「諍友」（critical friends）提出批評建議。

第三節　資料導向決定的架構與流程

本節旨在探討資料導向決定可供參考的一些概念性的架構與流程，以供教育人員進行資料導向決定時之參考。

一、Means, Padilla, Gallagher的資料導向決定架構與流程

Means等人（2010）研究地方如何使用教育資料來進行教學的改進，提出了一套資料導向的決定的概念性架構，如圖1所示。由圖1可知，資料導向決定的過程包含了：計劃（plan）、實施（implement）、評估（assess）、分析資料（analyze data）、省思（reflect）等幾個階段，是一資料導向的持續改進過程，而其起點會因不同系統和情境而有所不同，當然就沒有固定的結束點。由此可知，資

料導向決定過程的各要素是整個持續改進循環的一部分。除了這些資料
導向決定的流程之外，尚必須配合圖下半部方框中所列的六大必備要件
與支持條件，分別為：

(一)資料系統：包括州、學區與學校的資料系統，資料系統中主要
蒐集學生的人口變項資料、入學資訊、測驗成績、出席率、違規等資
料。

(二)教育改進與資料使用的領導：主要是教育局長與校長主動倡導
資料導向決定，其主要角色在設定教育改進的目標、期望成員參與資料
導向決定、爭取資源等。

(三)產生有用資料的工具：主要是指能依學生人口變項分類學生成
就資料的軟體系統、學生可以做答的線上形成性評量、能統整各種不同
資料的系統或軟體工具。

(四)分析、解釋和省思資料的社會結構與時間：有時間進行資料的
檢閱、省思、並將之應用到教學規劃。資料導向決定的組織結構最好採
取小組的方式，並保留給小組進行資料的檢核與討論，進而導致資訊充
裕的判斷。

(五)解釋資料所需的專業發展與技術支援：包含資料分析技能、
資料導向決定流程、解釋評量資料的測驗知能等方面的專業發展與訓
練；支援教師一起檢視學生資料並將資料應用到實務的專業發展與技術
支援。

(六)實行資料的工具：主要包括分析資料的工具，並進一步將資料
分析的結果用在改進教學方案、安置及教學方法的決定上。資料導向決
定的系統應能納入資源讓老師用來規劃不同的做法，主要的資源包含教
案、教材、最佳實務等。

綜合上述的資料導向決定架構與流程可知，資料導向決定是一持
續改進的過程與循環，並藉由不斷資料的蒐集、分析、解釋、系統建
置、工具開發與技術支援等方法，發揮利用資料改進課程、教學方法與
學生學習的目的。

圖1　資料導向決定的概念性架構

必備要件與支持條件					
1.資料系統（州、學區、學校）	2.領導教育改進與資料使用	3.產生可行資料的工具	4.分析與解釋資的社會結構與時間	5.解釋資料的專業發展與技術支援	6.實行資料的工具

註：引自 *Useof education data at local level: from accountability to instructional improvement* (p.3) by B. Means, C. Padilla, & L. Gallagher (2010). Retrieved from http://www.ed.gov/about/offices/list/opepd/ppss/reports.html#edtech

二、Mandinach and Honey的資料導向決定架構

Mandinach and Honey（2008）在國家科學委員會（National Science Foundation, NSF）所贊助進行的研究，提出一個資料導向決定的概念性架構，詳如圖2所示，試圖了解實務工作者如何將資料轉化爲可行的知識。

從圖2可知，在資料導向決定中，資料（data）、資訊（information）及知識（knowledge）三者之間的構成一連續體（continuum），由資料先轉化爲資訊，最終再轉化爲知識，進而能將知識應用到作決定。而從資料轉化到知識的連續體中，包含了六項做決定時所需要的重要技能或要素，其中在資料層次，包含了蒐集（collect）和組織（organize）；在資訊層次，則包含了分析（analyze）和摘述

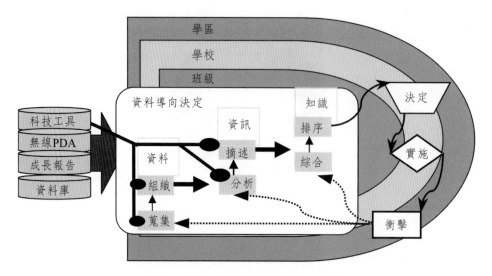

圖2　資料導向決定的概念性架構

Note：引自 *Data-driven school improvement: Linking data and learning* (p.20), by E. B. Mandinach, M. Honey, D. Light, & C. Brunner, 2008, New York: Teachers College Press..

（summarize）；在知識層次則包含了綜合（synthesize）和排定優先順序（prioritize）。

(一)資料層次：無論是班級老師、校長或教育行政人員都必須面對各種議題、問題或難題，蒐集資料將會有所助益。資料蒐集後，有必要再以有系統的方式加以組織以使資料有意義。若無法將原始資料以明智的方法加以組合，則從原始資料難以獲得意義。

(二)資訊層次：組織的機制促使相關人員能將原始資料轉變為資訊，並從中獲得意義。教育人員必須面對來自各種來源所累積的龐大資訊。因此必須精簡且依目標摘述或總結資訊，進而能將資訊轉化為有用的知識。

(三)知識層次：教育人員必須綜合所取得的資訊，以將資訊轉化為知識，設定知識的優先順序，亦即決定資訊及可能的行動方案之相對重要性，設定優先順序可以讓決策者決定針對某一特定的教育問題，什麼是最重要、最急迫的、最簡約、最合理的解決方式。

上述六個步驟的過程（從資料到資訊，再到知識）之結果就是做決定，接著實施決定，或因某些外在因素（如資源短缺）造成決定無法實行。實施的結果會有某些成果或衝擊。依據衝擊，決策者會決定需要回到上述六個步驟中的某一步驟，因而建立回饋循環。在此過程中，相關人員或許需要蒐集更多資料，重新分析資訊，或重新綜合知識。由於此一回饋圈，資料導向決定被視為是一不斷重複的過程，由資料引導決定，實行決定，最後決定衝擊，再來再重複實行六大步驟中的某些或所有的步驟。

三、Halverson, Grigg, Prichett, and Thomas的資料導向教學系統

Halverson, Grigg, Prichett, and Thomas（2007）建立了一套資料導向的教學系統（Data-Driven Instructional Systems, DDIS），並檢視內行的學校領導者設計結構、人員與實務的系統，以幫助教師將測驗的資料轉化為日常使用的資訊，同時以創新的方式讓教師、學校行政人員與學區行政人員能使用資料來改進數學、科學和語文等科目的教學與學習。藉由示範標竿學校領導者的實務，以供其他學校的領導者發展自己在地的DDIS。研究發現有五個DDIS的重要領域加以發展：

(一)校內全系統的資料導向教學能力的模式：讓先前零散的校內活動組織成連貫的一套組織功能，讓有關學生學習的資訊可以流通。

(二)學校領導效能感的社會網絡測量：學校領導者如何就角色與方案的形式來分配資源，以促使校園中資料的交換。網絡的調查可以測量資訊在跨校間的流通，並決定當地的行動者可以充當校內的資訊交換機制。

(三)形成性回饋系統：為了產生有意圖的變革並測量學生的學習，需設計緊密的、經設計的資訊循環。這些形成性的回饋系統將成員放在整個介入、人造器物及激勵空間所組成的資訊循環圈中心。這種形成性的回饋系統是學校改革的中心。

(四)符合學生需求的決定：參考源自特教領域的個性化的學生學習模式，用以做為一種強力的組織原則，讓學校知道如何使用資料來重視並符應學生需求。

(五)學科內容為焦點：以小學層級為例，重視語文發展的改進，因此必須建立校內的動力，將語文發展打散融入科學、社會等課程科目中，以閱讀技能的發展作為內容領域的焦點。

依據Halverson等人所建構的DDIS理念，Blink（2007）具體提出了資料導向決定教學系統模式，如圖3所示，由圖3可知，在資料導向教學系統必須設定目標，讓所有學校改進的努力有焦點，並了解當學區朝向資料導向的教學系統（DDIS）模式時，就可達到要改變的目標，除了設定目標外，DDIS中其他的主要流程和步驟，包括：

(一)資料蒐集：有效組織學區中資料取得與儲存的方法。

(二)資料省思：給予教師、行政人員及學區相關人員分析並解釋學校改進的資料。

(三)資料轉化：將學區的資料轉化到內容、課程和方案的修訂之中。

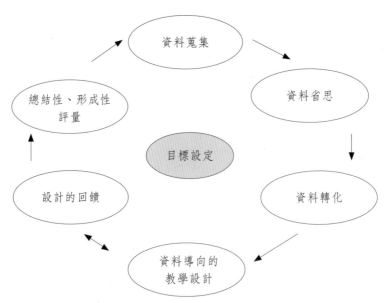

圖3　資料導向決定的教學系統模式

註：*From Data-driven instructional leadership.* (p.3), by R. Blink, 2007, Larchmont, NY: Eye on Education, Inc.

(四)資料導向的教學設計：將資料傳送到班級的層級，以利老師利用資料來改進班級教學。

(五)設計回饋：評鑑如何分享資訊給學區中的利害關係人，包括學生、家長、教師、行政人員、教育委員會委員及社區人士。

(六)總結性／形成性的評量：透過多元的評量的方法來測量資料導向的革新方案的實施情形，以監督其進步情形。

綜合上述的三種資料導向決定的架構及其所提出主要流程可歸結出其一些共同的特點：

(一)強調領導者的關鍵角色：在資料導向決定的概念架構中，都重視領導者在建立資料使用的目的與期望上所應發揮的關鍵角色與功用。不論是學區的教育局長或學校校長，在資料導向決定的倡導、推動與支持上，都扮演著重要的角色，尤其是對使用資料來做決定的價值觀與組織文化的形塑，領導者都扮演著鼓勵、示範與支持的角色。

(二)發展成員的資料素養：在資料導向決定的模式與架構中，都發展成員對資料的蒐集、分析、解釋與應用的資料素養，能除了取得適切的資料，更能加以分析並了解資料的意義，進而能將資料轉化為有用資訊與知識，以做為改進實務與作決定之用。尤其是教育人員的資料素養有必要再加以發展與提升。

(三)建置資料系統：在不同資料導向決定的架構中，都愈來愈強調各種不同資料系統的建置與使用，不論是資料庫、資料工具、資料平臺的開發與建置，都必須能重視不同的層級的連結與整合，讓資料系統可以易於讓教育人員取得或分享所需的資料，同時也提供必要的資料系統的培訓與研習。尤其是網路資訊科技普及與發展之後，合用且有效的資料系統的建置，更是資料導向決定可以發揮最大效用的不可或缺的要件。

(四)重視人員的廣泛參與和合作：各種資料導向決定的架構中亦重視教育的利害關係人可以廣泛的參與資料導向決定的過程，除了促進不同層級教育人員間的合作與交流，也重視組織內成員的合作。除了促進資訊的流通之外，更重要的是促進組織間與組織內的資料統整與連貫，以促成全系統的（systemic）改變，進而改進教學與決定的實務。

(五)強化資料的省思與回饋機制：資料導向決定的架構中亦都強調在決定過程中，如何善用對資料的省思，並形成一有效的回饋機制，除了省思資料的有效性與適切性之外，更重要的是利用資料形成一有效的回饋系統，尤其是過程中的形成性回饋機制的建立，是組織與學校改革的重要手段。

(六)強調提供資料導向決定必要的支援與資源：在各資料導向決定的架構與模式中，亦重視提供資料導向所必要的各種人力、設備、時間與空間等支援與資源。例如整理、分析與解釋資料所必要的技術或專門知能的支援；可以省思對話以利用資料做適切決定的時間和空間；合用的資訊系統與設施，以利進行資料的統整、分析與分享等。這些支援與資源亦是資料導向決定中所不可或缺的要項。

(七)形成持續改進的循環過程：在不同資料導向決定架構中，其主要的流程和步驟在內容上大致上都相同，但步驟的先後順序有些許不同或是有的架構並不主張有一定的順序。然而有一共同的特點在於各架構都不是將資料導向決定視為是一次性的活動或工作，而特別強調藉由省思與回饋的機制，資料導向是一持續改進不斷循環的過程，而這也是強調改進導向的資料導向決定之核心理念。

第四節　推動資料導向決定的策略

依據資料導向決定的理念、意涵和模式和架構，以下進一步提出推動與實施資料導向決定的策略。

一、提供領導，支持並倡導資料導向決定

Blink（2010）指出，沒有適切的領導，就不可能利用資料來促使教學改變並改進學生成就。因此必須有協調一致的努力，讓各層級合作並有效溝通如何進行變革：1.就教育委員會委員而言，必須參加各種學區的活動、設定學區學業目標，並了解邁向目標的最新進步情形，提供時間和經費的資源以幫助並支持學區的學業目標；2.就學區層級的行政人員而言，必須提供變革的願景並促使願景的實現，學區行政人員必須

有能力同時思考如何完成目標，亦能兼顧學區的長程目標及日常的詳細目標；3.學校行政人員必須能藉由實例來領導。透過參與成員發展，成為團隊的一份子，鼓勵班級老師歡慶成功。同時校長必須能知覺校外的變遷，走出去並跟得上潮流，領導學校中教育革新的方案；4.班級的老師必須堅信他們的學生。對學生有高度的期望並儘可能幫助學生達成這些期望。除了持續讚賞學生的成就，也必須能協助低成就的學生迎頭趕上。

　　由此可知，不同層級與人員各有不同的領導作爲與任務來支持資料導向決定的推動。就教育行政機關而言，應在資料導向決定的政策、期望、願景的制定上著手，另外提供經費、時間等資源。學校層級在領導與支持資料導向決定推動時，其具體作法包括：行政人員必須能分配時間和教師聚會以支持資料導向決定的過程。同時發展教師領導以促使教師擁有資料本位決定的過程，提供探究團體領導、促進會議、促進思考、協調等具體的作法，以協助維持一種尊重、信任、合作與探究的文化。

二、培養成員合作探究心智，形塑資料導向決定文化

　　Means等人（2010）的研究指出，如果教育人員想採取持續改進的觀點與資料導向決定的流程，以做爲行使職責的方式，則需要在主要的文化上有所轉變，且這種文化的改變非得要領導、努力和設計完善的支持才能竟其功。Firestone and Gonzalez（2007）檢視了如何將資料導向決定的文化統整到學校文化和學校改進過程之中，他們指出兩種不同的文化，一種是「績效責任的文化」（accountability cultures）所採取的是短期的觀點並聚焦在測驗成績及達成標準與績效的要求，其使用資料以確認問題並監控是否遵守規定；另一種則是「組織學習的文化」（organizational learning cultures），採取長期的觀點並強調學生學習的改進，主要在利用資料來確認並診斷問題，其目標在改進教學。

　　Feldman and Tung（2001）認爲，採用資料本向決定的學校認爲改進教學與學習是一有意且持續的過程。資料本位的探究與決定有助於學校發展成爲具有探究心智的學校，讓所有的成員都能參與提出問題並

尋求解答。資料本位的決定也創造學校中的文化成為更能促進專業對話、打破教師間藩籬、公開實務、幫助教師省思自己的工作、提供以不同的角度和視野來看待自己的工作等特質。

綜上可知，在資料導向決定中，學校領導團隊必須協助維持一種尊重、信任的文化，讓資料的蒐集、分析和使用，能更有建設性地增加學生成就（Armstrong & Anthes, 2001）。具體作法包括，領導團隊必須確保有定期的機會來討論資料及資料的意涵，同時也能討論會影響資料解釋的有關學生及個人信念的假設。維持信任與尊重的氣氛有助於確認資料及所導致的決定是否具有生產力，並討論其可能的困難或敏感的議題。學校領導者也應持續重新檢視資料蒐集、分析與使用的資源分配是否合理，且做必要的調整。藉由分配資源到資料系統的所有層面，領導團隊傳達的訊息是資料導向決定是學校任務與生活是不可或缺的且是持續省思與自我改進的關鍵部分（Mid-Continent Research for Education and Learning, McREL, 2003）。

三、建置教育資料系統，提供正確適用資料

Wayman（2005）描述了四類共同的教育資料系統，包括：1.學生資訊系統：提供如學生出席、人口變項、測驗分數、成績、行事曆等即時的學生資料；2.評量系統：支持廣泛大量評量資料的快速組織與分析；3.資料庫系統：連結各種資料庫，包括電子化資料的蒐集及儲存系統，以提供取得各種學生、人事、財務等不同類型的現有資料及過去歷史的資料；4.教學／課程管理系統：提供一致的架構來支持取得各種課程與教學資源，如：規劃工具、教學計畫範例、標竿評量的建立、連結課程內容或績效表現標準、溝通和合作工具等。雖然不必要在單一的系統中蒐集所有類型的資料，但應重視上述這些資料系統間的交互可操作性（interoperability）及操作界面的通用性，以增進資料輸入的效率及使用系統成員的專業訓練的便利性。

除了建置適切的教育資料系統外，更重要的是在教育資料系統中蒐集、輸入並提供正確有用的資料。由於資料可以幫助學區和學校領導者精心設出完善的藍圖，同時可提供學校持續改進的可測量結果，使決定

得以不再只是依據不完整或有誤的資訊。因此有用的資料將有助於學校從不同的角度來看事情，幫助我們找出問題的根本原因，因而可以根治問題，而非只是治標。具體而言，有用的資料能有助於：1.測量學生進步的情形；2.確保學生不會錯失機會；3.測量課程方案的效能；4.評估教學的效能；5.指引課程的發展；6.更明智地分配資源；7.促進績效責任；8.向社區人士報告；9.符合地方與中央政府績效報告的要求；10.維持教育上的焦點；11.顯示趨勢。相反地，若資料是無效且不可靠，或是在檢視資料後沒有提問適切的問題，或者是資料分析並未用以做明智的決定等狀況的發生，則表示資料並無法發揮其實質的功用（AASA, 2002）。

　　綜合上述可知，要有效推展資料導向決定，建置並整合必須的教育資料系統是必備的要件之一，這些教育資料系統除了依有不同的性質與功能，實際上也包含不同層級的教育資料系統。而在教育資料系統建置之後更重要的是必須蒐集輸入正確有用的資料，以發揮資料的實質功用與對教學改進的實質助益。

四、增進各層級人員的了解與合作，促進廣泛多元參與

　　Means et al.（2010）的研究指出，美國2002年重新批准的「中小教育法案」就要求必須蒐集、分析並使用學生的成就資料來改進學校的教育成果，並期許資料系統在改進所有層級的教育決定時能扮演不可或缺的角色。就中央而言，美國聯邦教育部提供支持大多數州資料系統品質的改進，以促進長期縱貫性的學生資料分析，並連結學生學習成果到與其他教育系統中。這些改進的系統支持教育研究及州層級的決定。就地方層級，學區和學校成員是一起與學區合作。就學校層級而言，則資料導向決定變成改進教學的工具，強調決策者必須對在地方層級的資料系統有明確的理解，也必了解學校和學區的決定流程。

　　除了增進不同層級間的人員與機構的了解與合作外，資料導向決定的支持者亦都重視在決定過程中人員的廣泛參與（Blink, 2007, 2010; Mandinach et al., 2008; Means et al., 2010; Means et al., 2009）。因此，在投入資料導向決定的學校，校長先將資料導向決定的理念介紹給

老師，並告知老師資料導向決定的作法，透過廣泛多元的參與，將資料導向決定轉變爲是一全校性、團隊的努力與合作。同時組成資料團隊，進而造就高度連結的教師（highly connected teachers），教師能連結上能幫助學生學習的資料、資源、內容和人員，藉由資料團隊等連結良好的實務社群（communities of practices），人員可以一起對付問題、分享彼此的學習，並與能提供研究、資訊和策略的專家產生連結（Scherer, 2011）。

五、提供專業發展，培養成員資料素養

資料導向決定推動的成功與否，其中一項關鍵要素即是成員的資料素養，而針對成員資料素養的提升，就必須成員的需要提供必要適切的資料導向決定的專業發展活動。其具體作法與專業發展或素養培育的內涵如下：

(一)提升成員資料的素養

教育人員能引用許多不同形式的資料，包括：研究結果、測驗結果、各種觀察記錄、調查意見、班級日誌、學生家庭資料等，面對多樣的資料來源，其主要挑戰在於如何依目的之不同來決定資料適切性與有用性？如何確保資料的品質？如何進行分析與解釋，讓資料變得有意義和價值？這都有賴成員資料素養（data literacy）的提升（Earl& Katz, 2006）。具體而言，資料的素養包括以下幾種能力（Scherer, 2011）：首先是善用資訊的能力：能加以搜尋、消化、分析資料，以發揮資訊解決問題的最大影響力；其次，分析解釋資料的知能：主要在解釋資料與決定的過程必須考量資料來源數、資料分析的本質和範圍、參與資料解釋與使用的人員、特殊專門技術的加入、資料焦點數、資料使用的程度等六個主要面向來加以考量（Louis, Leithwood, Wahlstrom, & Anderson, 2010）；再者，是有關使用媒體和數位科技以有效溝通和合作的能力：能善用網路工具發行最佳實務、能利用不同媒體分享故事或傳播訊息、能以個人的網絡有效組織與合作；最後，發展資料品德表現（citizenship）：能遵守資料使用、分析與傳遞的倫理，並發展個人使

用資料的責任感，尤其在全球化網絡的社會中，具備良好的資料品德表現更顯重要。

(二)測量與評量方面的素養

要能以有意義且可行的方式來使用資料，其假定教職員必須對具備一定程度的評量資訊之知識。只是教師和行政人員並不需要成為心理測量的專家，但必須具備某些一般測驗概念的知識，如信度、效度。再者由於州及聯邦政府對績效責任的要求增加，因此教師和行政人員需要更熟悉，且更充分利用大量的學生評量資料（Mandinach & Honey, 2008）。Fullan（2005）就主張教師必須有更多評量方面的素養，且能透過評量將焦點放在學生的工作上，能以更連貫一致的方式呈現評量的資料，將是教育人員不可或缺的重要素養。

綜合上述可知，資料與評量方面的素養，都是教育人員在推行資料導向的決定所需的具體專業知能，因此必須提供訓練所有校長、教師及教育人員適當的專業發展活動與培訓方案，以提升各層級教育人員的資料素養，以利使用資料進行改進與決定。

六、善用資料工具與架構，形成持續改進循環與系統

Mandinach and Honey（2008）的研究指出，使用科技來支持、促使並促進資料導向決定的可能性與附加價值愈來愈明顯。然而就各種能促進資料導向決定的工具都具有六個主要的特質：1.易取得性（accessibility）：係指工具容易取得及使用；2.回饋圈期間長短（length of the feedback loop）：係指從資料蒐集到終端使用者以有意義的形式接收資料；3.可理解性（comprehensibility）：係指資料的呈現是否容易理解或解釋；4.彈性（flexibility）：係指工具能讓使用者易於操作資料；5.連結性（alignment）：意指工具是否能促使資料和相關人員的目標相連結，以讓資料更有用、更有意義及有更高品質；6.連結到教學（link to instruction）：意指能使資料連結到教學實務，並直接提供教學所需的資料。

除了資料導向決定工具的應用外，在前述各種資料導向決定的概念

架構中，都重視必須兼顧不同層級在資料導向決定的角色與任務，並能促進不同層級人員間的合作、互動與交流。依據資料導向決定的架構，其所提出的流程大致都包括設定共同的期望與目標、資料蒐集、組織整理、轉化、分析解釋、實施、成效評估、省思回饋等歷程，依此歷程持續進行形成一持續改進的循環，以促成全系統的資料導向決定與改變。

第五節　結　語

正如Blink（2010）所言，當我們能合作一起使用所擁有的資料和工具，就能產生影響力，幫助每個學生獲得更大的成就。亦即，如果我們努力邁向完美，即使無法達到完美，也能達到卓越的境界。蒐集並利用資料除了有助於提供所需的證據來展現績效表現，符合績效責任的要求外，更重要的是從眾多的資料中，利用資料分析的技術與方法，了解資料對教育工作的意義與價值，以幫助教育人員做更正確、更明智的決定外，更重要的是必須藉由資料的應用，做適切的決定，以持續改進教學的實務。

有鑑於資料導向決定的理念在現今的教育情境下日受重視，本章藉由對資料導向的決定理念與意涵、模式與架構進行分析和探討，進而提出教育上應用資料導向決定理念的可行策略。除了希望能提供實務工作者參考之外，更希望能打破傳統教育人員不善於利用資料來進行相關的行政與教學決定之習慣，或者是經常只是被動回應資料的要求與需求，無法充分發揮資料的影響力與功用之現狀。透過資料導向決定理念的實踐，改變教育人員的心智習慣，培養並提升資料的素養，形成更主動積極的探究文化，以求更主動蒐集、分析、解釋與應用資料，賦予資料適切的意義，發揮資料導向的決定之真正功用，進而形成一持續蒐集、分析整理、歸類、省思、改進的持續改進循環的歷程。

參考文獻

(一)中文部分

吳清基（1999）。**教育與行政**。臺北市：師大書苑。

張奕華、張敏章（2009）。數位時代中提升學校效能新途徑：科技領導與DDDM模式。**教育研究月刊**，188，112-122。

(二)英文部分

American Association of Schools Administrators (AASA) (2002). *Using data to improve schools: What's working?* Arlington, VA: Author.

Armstrong, J., & Anthes, K. (2001). *Identifying the factors, conditions and policies that support schools' use of data for decision making and school improvement: Summary of Findings*. Retrieved from http://www.ecs.org/clearinghouse/30/69/3069.doc

Bernhardt, V. L. (2004). *Data analysis for continuous school improvement* (2nd ed.). Larchmont, NY: Eye on Education, Inc.

Blink, R. (2007). *Data-driven instructional leadership*. Larchmont, NY: Eye on Education, Inc.

Blink, R. (2010). *The secrets to leading data-driven instructional initiatives*. Retrieved from http://www.follettsoftware.com/MeasuredProgress/post.cfm/the-secrets-to-leading-data-driven-instructional-initiatives

Earl, L. M., & Katz, S.(2006). *Leading schools in a data-rich world: Harnessing data for school improvement*. Thousand Oaks, CA: Corwin Press.

Education Commission of the States(ECS) (2002). *Data-driven decisionmaking*. Retrieved from http://www.ecs.org/clearinghouse/35/52/3552.pdf

Feldman, J. , & Tung, R.(2001). *Whole school reform: How schools use the data-based inquiry and decision making process*. Paper presented at the 82nd annual meeting of American Educational Research Association, April 2001, Seattle.

Firestone, W. A., & Gonzalez, R. A. (2007). Culture and processes affecting data use in school districts. In P. A. Moss (Ed.), *Evidence and decision making: The 106th yearbook of the National Society for the Study of Education, Part I* (pp. 132-154). Malden, MA: Blackwell.

Fullan, M.(2005). *Leadership and sustainability*. Thousand Oaks, CA: Corwin Press.

Halverson, R., Grigg, J., Prichett, R., & Thomas, C. (2007) . The new instructional leadership: Creating data-driven instructional systems in schools. *Journal Of School Leadership, 17*(2), 159-194.

Kowalski, T.J.,& Lasley II, T.J.(2009). *Handbook of data-based decision making in education*. New York: Routledge.

Louis,K.S. , Leithwood,K., Wahlstrom , K. L., & Anderson, S.E.(2010). *Learning from leadership: Investigating the links to improved student learning*. Retrieved from http://www.wallacefoundation.org/KnowledgeCenter/KnowledgeTopics/ CurrentAreasofFocus/EducationLeadership/Documents/Learning-from-Leadership-Investigating-Links-Final-Report.pdf

Mandinach, E. B., & Honey, M.(2008). *Data-driven school improvement: Linking data and learning*. New York: Teachers College Press.

Mariani, G.(2008). *Data-driven decision making: Analyzing your data to improve student learning*. Retrieved from http://www.sas.com/resources/whitepaper/wp_6792.pdf

Marsh, J.A., Pane, J. F., & Hamilton, L.S.(2006). *Making sense of data-driven decision making in education: Evidence from recent RAND Research*. Retrieved from http:// www.rand.org/pubs/occasional_papers/2006/RAND_OP170.pdf

Means, B., Padilla, C., & Gallagher, L. (2010). *Use of education data at the local level: From accountability to instructional improvement*. Menlo Park, CA: SRI International. Retrieved from http://www.ed.gov/about/offices/list/opepd/ppss/reports.html#edtech

Means, B., Padilla, C., DeBarger, A., & Bakia, M. (2009). *Implementing data-informed decision making in schools: Teacher access, supports and use*. (ERIC Document Reproduction Service NO. ED 504 191)

Mid-continent Research for Education and Learning, McREL(2003). *Sustaining school improvement: Data-Driven Decision Making*. Retrieved from http://www.mcrel.org/ pdf/leadershiporganizationdevelopment/5031tg_datafolio.pdf

Scherer, M. (2011). Transforming education with technology: A conversation with Karen Cator. *Educational Leadership, 68*(5), 16-21.

Slavin, R. E., Cheung,A., Holmes, G.C., Madden, N.A., & Chamberlain, A.(2011). *Effects of a data-driven district reform model*. Retrieved from http://www.cddre.org/_images/Effects%20of%20a%20Data%20Driven%20District%20Reform%20Model%20January%202011.pdf

Wayman, J. C. (2005). Involving teachers in data-driven decision making: Using computer data systems to support teacher inquiry and reflection. *Journal of Education for Students Placed At Risk, 10*(3), 295-308.

Wayman, J. C., Stringfield, S., & Yakimowski, M. (2004). *Software enabling school improvement through analysis of student data*. Retrieved from http://www.csos.jhu.edu/crespar/techReports/Report67.pdf

問題與討論

一、資料導向決定的意義為何？成功的資料導向決定所應考量的向度包括
　　哪些？

二、完整的資料導向決定的理論架構為何？具有哪些共同的特徵與要素？

三、教育人員如何充實自身的資料素養？以利應用資料做更適切的決定？

四、教育人員可以利用哪些資料來進行決定？所要蒐集的資料如何加以整
　　理、分析與解釋？

五、教育領導者在我國應如何推動資料導向決定理念的理念？可以採行的
　　具體策略有哪些？

第十三章

臺北市地方權力結構與教育治理之關係

魯先華

> 「權力是一種個人的能力,是能讓他人完成本人期望結果的
> 能力,即使他人的立場與本人相左。」
>
> ～Fairhlom,1993～

　　本研究旨在了解1999年《地方制度法》公布之後,臺北市地方權力結構與教育治理之間的關係。臺灣地區自1997年以來,隨著幾項重大法令的公布與修正,進行了一連串分權化的作為,不論是對地方政治生態、權力結構或是教育治理均造成相當程度的影響。為了探究地方權力結構與教育治理之關係,本研究乃從了解臺北市地方權力結構與地方教育治理的情形開始,進一步探討臺北市地方權力結構對教育治理之影響,最後,歸納臺北市教育治理在該地方權力結構下的教育發展特徵。

　　本研究採用個案研究法,以臺北市為研究對象,並採聲譽調查法與訪談法蒐集研究資料。首先,本研究在理論架構上以Spring（1993）的研究發現作為根基;其次,運用聲譽調查法,以獲得對臺北市的地方教育具有影響力的菁英名單,同時,透過與臺北市教育治理菁英,及熟悉本研究議題之相關人士,包括壓力團體、教育行政或學校實務人員、記者、民意代表等進行訪談,以深入了解臺北市教育事務運作的實際情況。

　　根據研究結果發現,臺北市的地方權力結構確實影響了教育治理的運作,臺北市屬於多元的地方權力結構類型,而在此權力結構的影響下,臺北市的教育治理較無明顯的掌權者,而是一多元競爭之治理模式,各壓力團體彼此競逐。臺北市教育局長具有教育專業背景,教育專業的角色與功能相當明顯,市長多半將教育事務授權其決定與推動;同時,相較於其他縣市,臺北市的教育事務運作較有體制,故民意代表與黨派人士對地方教育事務的影響有限。最後,依據研究發現歸納臺北市教育治理的發展特徵。

第一節　臺北市地方發展現況與權力結構

🔵、地方特徵

一、地理位置

臺北市位於臺灣島北部，包含臺北盆地東北半部及鄰近的丘陵區。臺北市四周皆與臺北縣境接壤，最北達竹子火山南側，為北投區與三芝、金山交界；東端是南港區與汐止、石碇兩地交界；南端為文山區與新店市的分界；極西為北投區與五股相對的關渡隘口。全市南北最長約為27公里，東西寬約為18公里，市界周圍全長216公里，全市面積為271.7997平方公里（臺北市政府，無日期a）。

1945年臺灣光復，明訂臺北市為省轄市，並成立市政府。1950年，實施縣市地方自治，首度選舉市議員，成立市議會。1967年，由總統明令臺北市升格為直轄市。後經1983、1986及1992年三年度省市界線調整截至2005年底，臺北市行政區域調整為12個行政區[1]，並維持迄今（臺北市政府，無日期b）。

二、人口發展

(一)人口分布

截至2007年底，臺北市現住人口為2,629,629人，位於全國第二名，僅次於臺北縣的人口總數。其中男性為1,277,556人，占48%，女性為1,351,713人，占52%（臺北市政府，無日期c）。

以各行政區域人口密度觀之，臺北市2007年底人口密度為每平方公里9,674人，人口密度在國內23縣市中高居第二，每平方公里僅次於高雄市226人。若依行政區域之劃分，以大安區每平方公里27,691人最稠密，松山區22,694人次之，大同區22,084人居第三位，其餘依序為萬

---

[1] 臺北市行政區包括大同區、中山區、萬華區、中山區、士林區、北投區、松山區、南港區、內湖區、信義區、大安區及文山區（臺北市政府，無日期b）。

華區、中正區、信義區、中山區，每平方公里人數介在15,000至21,000人，內湖區、文山區、南港區、士林區、北投區等五區人口較稀，每平方公里介於4,000-8,000人左右（臺北市政府，無日期c）。

(二)年齡分布

2008年底臺北市幼年人口（0-14歲）413,645人，青壯人口（15-64歲）1,893,331人，老年人口（65歲以上）319,138人，扶養比[2]為38.7%（行政院主計處，無日期）。

表1　臺北市近十年人口年齡結構

單位：%

年	0-14歲人口	15-64歲人口	65歲以上人口	扶養比
88年	19.93	70.63	9.22	41.57
89年	19.64	70.69	9.44	41.46
90年	19.27	70.79	9.67	41.27
91年	18.77	70.97	9.94	40.90
92年	18.19	71.23	10.25	40.38
93年	17.71	71.37	10.58	40.11
94年	17.11	71.60	11.29	39.67
95年	16.5	71.86	11.64	39.17
96年	16.07	71.97	11.96	39.95
97年	15.75	72.10	12.15	38.7

資料來源：臺北市政府，無日期c；行政院主計處，無日期

(三)新移民與外籍人口數

2007年底居留在臺北市的外僑人數為62,353人，較2006年增加了7,527人，又以日本、菲律賓及印尼人士最多，皆為9,000人以上（臺北市政府，無日期b）。此外，市民與大陸或外籍人士結婚的人數也增加，2007年底臺北市市民其配偶為新移民者有30,563人，其中又以大陸

---

2 扶養比：有工作能力人口對無工作能力人口負擔的一種簡略測度。公式為：[(未滿15歲人口數＋65歲以上人口數)÷15至65歲人口數]×100。

配偶人數最多，約有27,700多人，其次爲越南配偶約1,258人，及印尼配偶約300多人（臺北市政府，無日期c）。

(四)人口增加率

臺北市2007年人口增加率爲-1.13，呈現負成長，居全國第二十名；自然增加率也創下歷年來最低，僅有千分之2.57；社會增加率爲負的千分之3.70，位於全國第二十名。

再者，綜觀十年來臺北市的人口增加率可知，除了2002年及2006年人口呈現正成長外，其餘皆呈現負成長情況，相對於全國23個縣市而言，臺北市的人口增加率皆位於全國的後半段。探究2002年人口成長的主要因素，推測因當年正逢臺北市長選舉，故有大量外地人口入籍臺北市，故人口呈現正成長，而在選舉結束後，又有大量人口移出，促使2003年社會增加率高達-9.21；另2006年亦是市長選舉年，推測人口成長應也與此有相當關聯。

表2　臺北市近十年人口增加率

	人口數		自然增加率[3]		社會增加率[4]		人口增加率[5]	
	人數	排名	(0/00)	排名	(0/00)	排名	(0/00)	排名
88	2,641,312	2	7.25	8	-6.73	15	0.52	14
89	2,646,474	2	7.83	9	-5.87	15	1.95	15
90	2,633,802	2	5.17	10	-9.97	23	-4.79	23
91	2,641,856	2	4.60	12	-1.54	9	3.06	9
92	2,627,138	2	3.62	11	-9.21	23	-5.57	23
93	2,622,472	2	3.10	9	-4.88	15	-1.78	15
94	2,616,375	2	2.46	8	-4.79	20	-2.32	20
95	2,632,242	2	2.72	10	3.33	6	6.06	8
96	2,629,269	2	2.57	10	-3.70	20	-1.13	18

資料來源：臺北市政府，無日期c；行政院主計處，無日期

3　自然增加率：係指某年（月）每一千人口中因出生、死亡因素增加人數之千分率；即粗出生率減粗死亡率。

4　社會增加率：係指某年（月）每一千人口中因遷入、遷出本市相抵後淨增加人數之千分率。如遷入人數大於遷出人數則爲增加，反之則減少。

5　人口增加率：係指在某一特定期間人口增加數對期初人口數之比率。

三、經濟表現

根據行政院主計處網站公布的2007年「各縣市重要統計指標」（http://win.dgbas.gov.tw/dgbas03/bs8/city/default.htm）之數據分析，從下列數層面來分析臺北市經濟之表現：

(一)行業結構方面

2007年度，臺北市內從事「工業類」的人口占全縣19.11%的比例，全國排名23名；從事「農林漁牧業」的人口占全縣0.22%的比例，位於全國最末位；從事「服務業」的人口占全縣80.67%的比例，全國排名第一。從以上即可看出，臺北市以服務類的人口比例最高，顯示臺北市以服務業為主要的經濟活動。

再者，根據臺北市政府2007年鑑資料顯示（臺北市政府，無日期c），在「工業」方面，臺北市係以都市型輕工業、都市服務型工業、高科技及技術密集型工業為主，在「服務業」方面，從資本額型態來看又以中小型企業為主，顯示臺北市產業特性是以中小型工商、金融及服務業為主之經濟型態。

(二)自有財源比例

2007年度，臺北市「自有財源比率」[6]為113.56%，位於全國第一位，顯示臺北市自有財源比重極高。

(三)勞動與就業
1.勞動參與率[7]

2007年臺北市勞動力人口為121萬人，相較於2006年約增加2.3萬人；其中男性勞動人口為65.3萬人，女性為55.7萬人；而勞動參與率為

---

6 自有財源比率：[(歲入－歲出財源-補助及協助收入)／歲出]*100（行政院主計處，無日期）。

7 勞動參與率：定義：係指勞動力占十五歲以上民間人口之百分比。勞動力係指年滿十五歲可以工作之民間人口，包括就業者及失業者。公式：（勞動力人口數／十五歲以上民間人口數）＊100（行政院主計處，無日期）。

55.7%，倒數全國第三，僅高於嘉義市（55.1）與澎湖縣（49.4）。

2.失業率

2007年臺北市失業人口爲4.5萬人，失業率爲3.7%，相較於2005年（3.9%）降低0.2個百分點。相對於全國失業率而言，臺北市失業率最低。

(四)家庭收支

1.平均每人每年可支配所得（元／人）

2007年臺北市平均每人每年可支配所得爲389,064.39元，爲國內23縣市中最高，而全國最低爲嘉義縣（204,771.60）。

2.家庭收支－平均每戶全年經常性收入（元／戶）

2007年臺北市平均每戶全年經常性支出爲1,652,623.72元，爲國內23縣市中最高，而全國最低爲嘉義縣（773,505.14）。

3.家庭收支－平均每戶全年經常性支出（元／戶）

2007年臺北市平均每戶全年經常性支出爲1,226,043.40元，爲國內23縣市中最高，而全國最低爲澎湖縣（619,946.58）。

四、教育發展

以下試從四個部分描繪臺北市近年教育發展的情形：

(一)教育局長的背景：均具有教育專業背景及行政經驗

臺北市近年教育局長均具有教育專業背景，自馬英九市長任內所任用的教育局長李錫津開始，吳清基局長及吳清山局長等均具有教育專業背景及行政經驗，如表3。

(二)教育經費的投入：不減反增，可看出教育受重視的程度

臺北市近年對教育經費的投入，非但並未受到市府整體經費緊縮之影響而減少，反而逐年增加，如臺北市2007年度教育經費預算數爲53,446,714,520元，占歲出預算比率38.72%，決算數53,319,174,895億元，占歲出決算數38.48%（臺北市政府主計處，無日期），此些均較2005年度教育經費之預算與決算高出許多，可見在臺北市，教育受到大家相當的重視。

表3　臺北市近年歷任教育局長[8]

歷任局長	縣長	服務期間	服務年限	公職服務經驗	學校服務經驗	教育程度	現任職務
李錫津	馬英九	88.2～91.12.25	2年10月	省政府教育廳視察、臺北市政府教育局秘書、科長	國中教師、組長、建國中學校長	臺師大教育研究所碩士、北科羅拉多大學研究所博士班進修	嘉義市副市長
吳清基	馬英九	91.12.25～95.12.25	5年5月	行政院政務委員辦公室秘書、教育部中等教育司司長兼教育研究委員會執行秘書、教育部技術職業教育司司長、行政院第六組組長、教育部常務次長、政務次長	國立臺灣師大附中教師、組長、秘書、國立臺灣師範大學教育系所助理研究員、助教、講師、副教授、教授	臺師大教育博士、美國密蘇里大學博士課程進修、英國倫敦大學博士後研究、美國哈佛大學訪問學者	臺北市副市長*1
	郝龍斌	95.12.25～97.5.20.					
吳清山	郝龍斌	97.5.20～迄今*2		臺北市政府教育局科員、秘書	臺北市立師範學院校長、國民教育研究所、教育行政與評鑑研究所教授、初等教育研究所所長、初等教育系系主任、主任秘書等、高雄市三民國中教師	國立高雄師範大學學士、國立政治大學教育碩士、國立政治大學教育博士、美國紐約州立大學水牛城校區博士後研究	臺北市教育局長*3

資料來源：研究者自行整理

8　本表自發表迄今，歷任局長經職務調動已略有改變，說明如下：

　*1吳清基先生現任教育部部長。

　*2自2009年8月北市教育局長一職已由康宗虎先生接任。

　*3吳清山先生現任國家教育研究院院長。

(三)各級學校發展情形：新生入學人數雖然減少，但學校班級
　　數不降反增，逐步實踐小班教學

96學年臺北市學生690,245人，較95學年少4,985人；班級數則逐年
增加，至96學年已增為18,826班，較95學年增加20班。就國中、小學
分析，94學年平均每位教師教導學生數為14.72人，較95學年減少0.17
人；每班學生數94學年為29.57人，較95學年減少0.24人，顯見國中、
小學已漸趨小班制，有助於提升教學品質（臺北市政府教育局，無日期
d）。

(四)新移民子女教育：人數不斷提升，故有規劃相關措施因應

截至2007年為止，臺北市新移民子女就讀國中小學的總人數共有
7155人，此數字較2006年3月的統計高出2,124人。目前臺北市新移民
子女總人數高居全國第三，其中國中有1,275人，國小有5,880人（教育
部，無日期b）。為因應新移民子女逐年增加的情形，馬英九市長在其
任內的施政報告（第九屆議會第七次大會）中，即主張設立新移民會
館，並宣示對新移民子女教育的重視。

貳、地方權力結構

一、政治生態

臺北市社會結構特殊，基本上沒有明顯的地方派系，尤其是2000
年政黨輪替後，政治家族日漸式微，無論藍營、綠營每逢選舉甚至出現
「反政治家族」暗潮，政黨競爭乃目前北市地方政治生態的主宰（林淑
玲，2004）。以下即分別從兩個部分討論臺北市政治權力的情況：

(一)政治家族勢力

大抵而言，臺北市並沒有明顯的地方派系，只有在特定地區有些政
治家族，對地方具有影響力，然而，於2000年政黨輪替後，政治家族
經營日趨困難，其勢力逐漸式微。（林淑玲，2004）

(二)政黨勢力的興起

1994年進行民選市長後，臺北市權力競爭相當激烈，且完全是一種政黨競爭，不像其他縣市受地方派系影響較大，近幾屆的市議員選舉以及各政黨分配的席次中，充分顯示出政黨政治權力的結構；以第十屆而言，國民黨獲得24席，民進黨有18席，新黨4席，親民黨、臺聯各有2席，而無黨籍人士也有兩位，無黨籍在臺北市議會的力量相對薄弱，是由政黨居主導的力量，而在市議會中，各政黨人士因理念、問政風格相近，無形中也形成了所謂的問政團體。（臺北市：社會結構多元化，政黨競爭尤激烈，無日期）

二、權力菁英影響臺北市地方教育事務運作

經2006年問卷調查及2007年訪談結果分析發現，《地方制度法》實施後，對地方教育事務能發揮影響者，係為地方上的部分菁英或團體；對照臺北市問卷調查及訪談結果，對臺北市教育事務具影響力者，分別說明如下：

(一)行政首長：市長、局長

市長為一市首長，本應為全市政策負起政治責任，教育當然包含其中，但市長不一定是教育專家，故在教育政策規劃擬定及執行方面，多授權委由教育局長處理，經問卷調查結果顯示，臺北市教育局長對教育的影響力排名高於市長，且經訪談結果亦發現，絕大部分的訪談者也認為臺北市的教育事務，教育局長具有主導力量。

(二)壓力團體：教師會、家長會等

1.臺北市教師會運作積極，關心教師權益及教育政策

臺北市教師會自成立以來，積極爭取教師權益，近期也投注了相當大的心力於教育問題研究及教育法規鑽研，再加上近幾年越來越熟稔政治策略的操作，使得其在市級教育事務的影響力越來越不容小覷。

2.臺北市家長聯合會運作漸上軌道，與教育局互動良好

家長會本是一鬆散組織，但臺北市成立了法定的家長團體——各級學校家長聯合會，使得家長得以固定地參與市級教育事務的運作；近年

擔任臺北市家長聯合會幹部的社經背景均相當高，使得家長聯合會的運作越來越上軌道，並透過幾次與教師會的交手，家長聯合會也逐漸熟悉政治策略的運用，似有急起直追的態勢；惟因任期制的緣故，目前家長會會務的傳承尚無法比得上教師會。另因家長聯合會為臺北市唯一法定的家長團體，故教育局召開的相關會議均會邀請家長聯合會參與，且會長也會定時或不定時地與局長會談，溝通管道暢通，互動相當良好。

3.臺北市校長協會多提供政策諮詢，自詡為專業團體

臺北市各級中小學的校長分別組成了校長協會，惟因校長平日學校公務忙碌，所以對校長協會會務運作無法投入太多，且以校長身分，實也不宜與政治結合，操弄策略，所以校長協會自詡為專業團體，非壓力團體，其任務在提供教育局教育政策之意見諮詢。

(三)民意代表：議員、里長等

1.臺北市議員多能理性關心教育事務

臺北市因整體社經背景較高，家長對於教育事務均相當關心，基於選票考量，近年來臺北市議員對教育的專業投入也逐步提升，其中不乏真正有心耕耘教育領域者；另因北市教育運作相當公開化與制度化，故議員在表達對教育的關心時，多半能相當自制，即使像教育委員會之議員，雖握有教育經費審查大權，但對利用刪減教育經費要求行政部門或學校配合之舉，也多謹慎為之。

2.傳統社區里長多積極參與學校運作

臺北市里長影響教育事務因教育層級與教育階段而有不同，里長多半對學校層級事務較能有影響力，但對市級教育政策或相關事務則較無影響空間；即使在學校層級，高中學校社區之里長對學校事務參與影響有限，但國民中小學學區之里長對學校教育運作較能發揮影響力，其多半關心學區劃分與學童安全，尤其是臺北市較為傳統的社區，因情感凝聚較深，里長多積極主動關心並支援學校事務運作。

三、權力類型

根據2006年的問卷調查結果發現，對臺北市教育具影響力者背景

較多元，包括民意代表、學者專家、教育行政人員、教育實務人員等等均被提及，且臺北市教育局長對教育的影響力排名也高於市長；而就2007年訪談結果也發現同樣的看法，對臺北市教育具影響力者實為數個權力相當的地方團體，沒有單一的掌權者，或是二分的權力關係，所以教育事務的決定必須透過彼此的溝通協商、結盟合作，方能取得共識、達成目的，此種情形頗為符合McCathy與Ramsey（1971）及Spring（1993）所描述的多元社區權力結構的型態。

參、地方特徵與地方權力結構關係

臺北市為一都會區，現代化程度高，市民之教育水準及社經背景均佳，對教育亦相當重視，遂使得臺北市之教育事務屬多方參與之運作情形，且由於各方勢力團體實力相當，各有其影響層面，故整體權力結構呈現一多元之態勢，並無明顯之當權者得以全面主導臺北市教育事務之全局。

第二節　臺北市地方教育治理之現況

壹、教育人事

一、校長遴選方面

(一)早期家長主導力量大，現教育局掌握力量大

臺北市國民中小學校長遴選委員會之組成，在家長代表方面有一浮動代表，由出缺學校家長代表參與，剛開始校長遴選時，由於家長出自維護學生權益的關心，所以對報名參與遴選之候選人，多有用心打聽及整理相關資料，但遴選委員會之其他成員在此方面，因未有下同等功夫，故在遴選現場，往往容易就以家長之意見為依歸，決定了校長的人選，此在訪談時即有訪談對象如此表示；但現今情況已大不同前，現遴選委員們多會事前作功課，所以家長主導結果的情形已不復多見，校長人選回復交由民主機制之多數決來決定，惟因遴選委員會組成

之設計：有三位行政代表、三位校長代表、三位教師代表、三位家長代表及一位學者專家代表，許多訪談者均表示，教育局可控制的票數占多數，包含行政三位代表、校長三位代表及學者一位代表，所以教育局中意的人選，出線的機率相對較大。

(二)議員影響力難以介入

一方面校長遴選委員會中並無民意代表之席次，一方面委員會制的運作方式較難只由單一個人即可全權主導，所以依多位訪談者之看法，議員在校長遴選這部分，僅能表示關心，而無任何主導結果的力量。

(三)市長多尊重遴選結果

臺北市的馬市長與郝市長均相當尊重教育局的專業，多授權教育局處理臺北市教育事務的運作，校長遴選這部分也是如此，基本上市立國民中小學校長的遴選，遴選委員會的決議即是定局，市長從不干涉；而市立高中校長的遴選，因之前規定最後由市長圈選，除在馬市長時期曾發生一、兩次圈選第二順位者之外，其餘多尊重遴選委員會之決議。而現今高中校長也無須由市長做最後圈選，所以目前臺北市校長遴選即是以遴選委員會決議之結果定案，市長通常不會表示任何意見。

(四)教師會獲得浮動代表，影響力將提升

經臺北市教師會的爭取，2007年臺北市國民中小學校長遴選自治條例修訂，將原遴選委員會中三位教師代表不得由出缺學校教師代表參與，改為出缺學校教師可出任一浮動委員，從此學校的利害關係人，不僅有家長，也有教師，勢必將提升教師對校長遴選的影響力。

二、學校人事方面

據多位訪談者表示，目前臺北市學校人員聘任相當制度化，如教師聘任、主任聘任等，一切按規定實施，沒人能例外，實在沒什麼關說的空間，所以議員較無發揮影響之餘地。

貳、教育經費

一、不減反增，教育受到重視

這幾年因中央與地方不同政黨執政所造成政治上的衝突，往往使得中央在統籌分配款上刁難臺北市，或其他經費遲遲不核撥等情事發生，臺北市經費越見短少，惟雖總預算整體縮減，但其中之教育經費卻不減反增，可見教育在臺北市市相當受到行政單位及民意單位重視。

二、議員雖有審查預算之權力，但大部分均相當理性，多半不會挾經費以令行政或學校

多位訪談者均表示，臺北市的議員絕大部分是相當理性的，其雖會接受選民請託關心學校或市政事務，但多是反應民意，因其也清楚一切有既定的遊戲規則，不可能因人而異，所以並不會強制堅持。固然其有預算審查權，並且此似乎也是可以用來要脅學校或教育行政當局的手段，但畢竟教育在臺北市是相當受到重視的，故大多數的議員不會用刪減經費這樣的作法去逼迫學校或教育行政單位非要如何不可。

三、教育局學校教育經費分配制度化，依遊戲規則運作

臺北市教育經費雖於近年未因整體經費緊縮而減少，但仍無法滿足全市所有學校教育經費之需求，尤其在資本門方面，學校建築設備更替、修繕均需花費大量經費，若僅是將總體經費平分，各校獲得之經費總數均將無法成事，故北市教育局乃視各校提出之需求，經實際整體評估後，依輕重緩急之通盤考量，訂出經費撥付之優先順序，逐年分配各校，讓各校皆可輪流獲得較大金額之經費挹注來改善學校環境設備。且為免打亂遊戲規則，訪談者表示，北市教育局亦告知各校校長，不希望其找議員關說，造成其他學校權益受損。

四、學校經費不足之處，多由家長會、里長或地區人士、議員資助，且里長、議員多將此視為政績表現

臺北市的教育經費雖已是全臺首屈一指，但仍無法充分支應所有學校需求，雖然臺北市教育局對各校資本門教育經費之分配有逐年通盤規劃，但學校仍是要自行籌措相關事務費用，據訪談者表示，一般而言，學校短缺的經費，若非由家長會或地方社區人士捐助，則多由里長、議員協助向其他相關單位爭取，且基於選票考量，這些爭取來的經費花於學校的建樹，通常里長與議員會將其視為政績表現，運用在之後的選舉中。

參、教育政策

一、市長均相當關心教育

據訪談者表示，臺北市的市長，如馬市長及郝市長均相當關心教育，雖然其均非教育專家，但都對教育相當支持。

二、教育局為教育政策的主要規劃推動單位

就是因臺北市的市長均非教育專家，故其均聘任具教育專業背景者擔任教育局長，以補己之不足，並充分授權下去，由教育局長主導全市教育事務之推動，所以在臺北市，教育局是北市教育政策的主要規劃推動單位。

三、臺北市教師會積極透過各種管道影響教育政策

臺北市教師會的訴求，在過去常給人偏限於教師權益爭取的印象，近期教師會也積極參與教育政策的討論，並透過正式或非正式的管道與教育局溝通教育政策，或運用媒體、議員之力涉入北市教育政策之制訂。

四、民意代表關心熱門教育議題，但對教育政策研究不足

民代關心教育議題，多出於選舉考量，真正對教育政策有用心研究

者，畢竟仍爲數不多，據訪談者表示，大約是1：5或1：3。

五、學者專家參與專案類政策研究有相當影響力

據訪談者表示，目前臺北市專案性質的教育政策研究案，學者專家相當具有影響力，此一方面是學者專家之專長即在此，但在事務性方面，學者專家的影響力就不太明顯。

肆、教育發展

一、教育局長均具有教育專業背景，故可主導全市教育發展

《地方制度法》實施後，臺北市之教育局長均具有教育專業背景，都是教育方面的專家，故獲得市長的尊重與充分授權，對於全市教育發展具有主導的實權；且由於教育局長均具教育專業背景，故對教育發展亦有自己想法，故也規劃許多教育政策與願景，積極推動執行，如吳清基局長任內推動的「精緻教育」與「優質學校」，據訪談者表示，因吳清基局長與北市許多學校校長具有師生關係，故其在教育行政界有相當高之聲望及影響力，所以學校校長基於師生情誼，也多會用心推動及落實教育局的政策。

二、市長也有關心層面，成為教育部分發展重點

雖然臺北市近兩任市長非爲教育專業人士，但均對教育相當關心，有關市內教育政策及事務雖也多授權局長處理，但馬市長與郝市長也有自己關心的教育重點，如據訪談者表示，馬市長相當關心體育教育、國語文學習、英語學習等部分，郝市長在競選市長期間，也提出了教科書及校長遴選之相關政策，這些重點當然也透過教育局的推動，成爲臺北市的教育政策。

三、壓力團體發展逐漸成熟，對教育發展影響力也將逐步提升

臺北市教育壓力團體的發展，相較於全省各縣市，應是較具規模且運作相當上軌道。多位訪談者均表示，臺北市教師會在所有教育壓力團

體中，運作最為專業，手法最為成熟，故其對臺北市教育事務的影響力，在所有教育壓力團體中是較大的。而家長團體雖然人數眾多，但因凝聚不易，對教育議題的反應與整合無法像教師會如此迅速，再加上家長多半無教育專業背景，故對教育政策方面能著墨的部分就有限了。但隨著近幾任家長聯合會幹部社經背景的提升及對教育的投入，家長聯合會的運作也越來越上軌道，也越來越懂得運用策略發揮影響力，有訪談者表示，過去家長團體多半扮演行政體系與教師之間的協調緩衝者，但近些年家長團體已漸退出協調者的角色，而與行政、教師保持等距關係，視議題論點判斷要與何者結盟合作。

四、學者專家參與，從學理角度提供影響力

因臺北市教育局長均為教育專業出身，故對教育都有相當著重的政策規劃，而在政策規劃的學理基礎方面，幾乎都是學者專家協助完成，所以，雖然學者專家較無法在事務性的教育運作上發揮影響力，但其是能對教育政策面的規劃，發揮實質的影響力。

伍、課程與教學

因此層面一方面較無涉及利益關係，另一方面實也較具專業性質，故以往多半能發揮主導影響者，即如市長、局長等教育行政體系人員及學校教育實務人員和教師會等，但近期因郝市長所提出的「一綱一本」教科書政策，使得家長的影響力也漸形涉入。

陸、教育爭議

臺北市為一典型都會城市，市民教育水準與社經背景均佳，故其發展出之各方勢力，相較於其他縣市，應算是相當均衡，故對於市內教育爭議問題之處理，無任何一方具有絕對主導性的優勢，而是必須各方協商，以建立解決問題之共識，如2007年中小學校長遴選連任須達60%教師滿意度事件即為一例。

第三節　臺北市地方權力結構與地方教育治理之關係

壹、多元權力競逐，沒有永遠的敵人，也沒有永遠的朋友

依問卷調查與訪談結果看來，臺北市為一多元之地方權力結構，各方勢力相當，無任何一方足以全然主導臺北市教育事務或教育政策之發展，所以為發揮實質影響力，各方均需與他人結盟合作，訪談者表示，臺北市各壓力團體之間的關係尚稱融洽，沒有任何一團體與其他團體始終處於敵對狀態，也無任何一團體絕對支持或反對行政體系，各方團體均須視議題情況而謀定後續策略與動作，所以，在某一議題看法相左之不同團體，可能在另一議題即是攜手合作之共同夥伴。

貳、教育局長為專業性及功能性執行者的角色

因臺北市教育局長均具教育專業背景，且也獲得市長絕大部分之授權，故臺北市教育局長在臺北市教育事務與政策之推動執行上，實為一專業性角色之表現；惟不可否認的，局長畢竟仍受聘於市長，而市長對教育亦有部分的主張，不論其係出自於本身的關心，抑或是競選期間之政治承諾，基於科層體制中部屬之職責，局長亦必須執行實踐市長的教育主張，於此部分，局長即另兼扮演一功能性執行者之角色，但整體而言，北市教育局長在教育治理上之角色實以專業性為主，功能性執行者為輔。

參、教育運作跨黨派，學者專家實質影響力有限

經問卷調查與訪談結果發現，地方派系對臺北市教育事務無實質影響力，而政黨的影響力雖不致沒有，但也著實有限，據訪談者表示，臺北市應是全臺各縣市執行教育中立最徹底的地方，尤其在學校層級之教育事務方面，政黨的色彩幾乎已看不到了，對教育事務的看法，不同政黨也並未有非常明顯的差異；但在市級教育事務方面，近年因臺北市的執政黨與中央政府的執政黨不同，故臺北市教育政策與中央教育政策相左之情形，倒是屢有發生。

另，雖然學者專家屢有參與臺北市教育政策之規劃與推動，但在實際學校教育事務之決定與進行上，其實質影響力仍爲有限。

肆、民代議員無地方建設配合款，對學校人事及事務涉入不深

訪談者均表示，臺北市議員的素質一般而言均相當高，對教育的關心與涉入均相當理性與自制，故臺北市較少發生議員挾經費無理要脅行政、學校就範之戲碼；再加上，北市議員早就無地方建設配合款項，故其也難以實質經費補助誘迫學校接受其之要求，如此種種，均使得議員對教育的影響力受限，難以左右學校人事及相關事務。

第四節 臺北市教育發展之特徵

壹、地方特徵對教育的影響：理性而穩定的教育發展

整體而言，臺北市民的教育水準較高，市議員的素質亦佳，故臺北市教育事務的運作基本上是相當理性與穩定；由於大家對教育均十分關心，各地方團體常會透過各種管道表達對教育的訴求及參與教育事務，由於管道多元且暢通，故臺北市教育事務係爲符合民主運作之多元參與；且因彼此多能尊重以對，所以臺北市教育運作較少發生激烈敵對之情事。

另也由於大家都重視教育，所以臺北市相較於其他縣市，對教育經費有更多的投入，使得臺北市教育的發展獲得大力的支持，不但許多全國性政策之推動得以持續進行，且還能針對北市教育發展需要規劃創新之作爲。

貳、權力特徵對教育的影響：教育菁英領導地方教育的發展

臺北市由於各地方菁英與團體勢力均衡，所以在地方權力結構上呈現一多元之態勢，但整體而言，主要影響臺北市教育事務發展者還是多爲教育體系之相關人員，如教育行政人員及學校教育人員，政治方面的力量影響教育不大，基本上臺北市的地方派系已漸沒落，政黨的影響在

學校方面也儘可能淡化，議員為顧及民意反應，涉入教育事務亦相當謹慎，所以領導臺北市教育發展的主要力量還是在教育菁英身上，不論是具教育專業背景的教育局長、教育局行政人員，或是身為學校教育人員之校長與教師，亦即教育專業力量仍是臺北市教育發展的主導力量。

第五節　結　語

根據問卷調查及訪談結果發現，臺北市的地方權力結構型態確實相當符合Spring對多元社區權力結構之描述，故臺北市是屬於多元的地方權力結構類型，而此權力結構也確實影響了臺北市的教育治理模式，基本上，臺北市的教育治理較無明顯的掌權者，而為一多元競爭之治理模式，各壓力團體權力相當，透過彼此的結盟合作，競逐自身目的之達成。臺北市教育局長具有教育專業背景，教育專業的角色與功能相當明顯，市長多半將教育事務授權其決定與推動，此也與Spring所認為在多元社區權力結構下，教育局長較能扮演專業顧問角色之論點吻合。同時，Spring亦指出，在美國這類社區常是都會郊區社經地位較高的社區，教育重心通常是以升學與就業為主；當然，美國的環境與臺灣不盡相同，所以臺北市非為都會郊區，但的確是臺灣地區社經背景較高之區，且教育重心之發展亦相當多元，與Spring的觀點實大同小異。

整體而言，相較於其他縣市，臺北市的教育事務運作較有體制，故民意代表與黨派人士對教育事務的影響著實有限，故實質領導臺北市教育事務者，仍以教育菁英為主。

參考文獻

(一)中文部分

臺北市：社會結構多元化，**政黨競爭尤激烈**（無日期）。2005年11月9日，取自：
　　http://big5.china.com.cn/chinese/zhuanti/2004twldr/447095.htm

行政院主計處（無日期）。2008年10月24日，取自：http://61.60.106.82/pxweb/Dialog/statfile9.asp

林淑玲（2004）。**都會政治選票支持結構變動之研究：臺北市北投區1980年代與2000年代個案分析**。臺灣大學政治學研究所碩士論文，未出版，臺北市。

教育部（無日期a）。**統計刊物**。2007年3月30日，取自：http://www.edu.tw/EDU_WEB/EDU_MGT/MANDR/EDU6300001/result/newtsz2/yu0719.htm

教育部（無日期b）。**外籍配偶子女就讀國中小概況**。2008年10月24日，取自：http://www.edu.tw/EDU_WEB/EDU_MGT/STATISTICS/EDU7220001/data/serial/owc1.htm?open

教育部（無日期c）。**會計處**。2008年10月24日，取自：http://www.edu.tw/EDU_WEB/EDU_MGT/ACCOUNTING/EDU4279001/local/b93years.xls?TYPE=1&UNITID=171&CATEGORYID=379&FILEID=140915&open

臺北市政府（無日期a）。**臺北市年鑑2004**。2007年3月1日，取自：http://www.taipei.gov.tw/cgi-bin/SM_theme?page=42f8cd64

臺北市政府（無日期b）。**臺北市年鑑2005**。2007年3月1日，取自：http://www.taipei.gov.tw/cgi-bin/SM_themePro?page=452de46c

臺北市政府（無日期c）。**臺北市年鑑2007**。2008年10月24日，取自：http://www.taipei.gov.tw/cgi-bin/SM_themePro?page=452de46c

臺北市政府（無日期d）。**市府介紹**。2008年10月24日，取自：http://www.taipei.gov.tw/cgi-bin/SM_theme?page=42abb9be

臺北市政府主計處（無日期）。**臺北地方總決算**。2008年10月24日，取自：http://w2.dbas.taipei.gov.tw/budget/offinal/94/dic/index.htm

臺北市政府主計處（無日期）。**臺北市地方總決算**。2008年10月24日，取自：http://www.dbas.taipei.gov.tw/cgi-bin/SM_theme?page=43e86083

臺北市政府教育局（無日期a）。**教育局各科室業務簡介**。2008年10月24日，取自：http://www.edunet.taipei.gov.tw/public/public.asp?SEL=270

臺北市政府教育局（無日期b）。**行政組織架構**。2008年10月24日，取自：http://www.edunet.taipei.gov.tw/public/public.asp?SEL=270

臺北市政府教育局（無日期c）。**施政報告專區**。2008年10月24日，取自：http://

www.edunet.taipei.gov.tw/public/public.asp?SEL=255

臺北市政府教育局（無日期d）。**統計室**。2008年10月24日，取自：http://www.
edunet.taipei.gov.tw/public/public.asp?SEL=313

(二)英文部分

McCarty, D. J., & Ramsey, C. E. (1971). *The school managers: power and conflict in
American public education*. CN: Greenwood.

Spring, J. (1993). *Conflict of interests: the politics of America education*. NY: Longman.

問題與討論

一、思考地方權力生態對地方教育發展之影響。

二、比較不同地方權力結構下，地方教育發展之歧異。

三、分析地方權力菁英會採取何種策略方法影響教育事務之運作。

四、探討不同身分之地方權力菁英與相關人士參與教育事務之主要動機。

五、從縣市政府教育局（處）長看地方教育發展之願景。

【本文原發表於2008年11月國立臺灣師範大學師資培育與就業輔導處地方教育輔導組主辦之「地方教育發展」學術研討會。】

第十四章

介入策略導向評鑑的意涵與實施

鄭淑惠

針對「學校改進」實施評鑑（evaluation of school improve-ment）、為了「學校改進」實施評鑑（evaluation for school improvement）、評鑑即「學校改進」（evaluation as school improvement）。

～D. Hopkins, 1989～

　　近年來，評鑑領域逐漸關注以評鑑扮演介入策略的角色，為擴展對評鑑角色與其功能等議題的理解，本文以Patton（1997, 2008）倡導的「介入策略導向評鑑」概念為基礎，分析如何有效地結合評鑑與方案／組織變革的一種評鑑設計，以擴大評鑑的用途，並能支持與增強方案／組織變革之預期目的。

　　為分析「介入策略導向評鑑」的概念，本文首先探究其相關的理論觀點，其次，闡述該評鑑的意涵與實施，接著，則以三個案例說明「介入策略導向評鑑」的設計與實施，最後提出結語與建議，以供教育主管機關及人員參考。

第一節　　前　言

　　評鑑領域隨著實務辦理數量的增加，逐漸對於評鑑功能與成效之議題產生關注，使得評鑑用途（evaluation use）成為評鑑領域的重要課題之一（Alkin & Christie, 2004; Patton, 2008; Shadish, Cook, & Leviton, 1991）。尤其，新近的評鑑途徑賦予評鑑多元的角色與功能，具體言之，評鑑除了評估與確定受評對象的價值及優缺點，以提供增強或改善表現的回饋意見，或做為相關重要決策的參考外，同時還能與受評方案，甚至是組織整體的革新計畫相結合，內建為組織方案或計畫變革的一項介入策略（intervention[1]）（潘慧玲，2006；鄭淑惠，2007，

---

[1] 國內不同領域對於intervention一字的翻譯有別，例如，干預技術（盧偉斯，1996）、療育（謝雯琳，2011）、處遇（邱惠振，2011）與介入（楊小淇，2009）等，本文初

2009a；Hopkins, 1989），如此，評鑑不但能促進方案與革新之目的，同時也成為擴大評鑑用途的有效方式（Patton, 2008）。

　　而我國為因應教育改革思潮的發展，訂定評鑑相關的法令與政策，使得中小學校的評鑑實務逐漸朝向系統性與持續性的方式辦理。惟目前我國所實施的學校評鑑仍多聚焦於政策的執行與績效責任，且大多透過指標的建構以及自評與訪評的方式辦理，實務上採用的評鑑途徑頗為單一，同時，學校成員也經常視評鑑為一種考核，導致「聞評色變」的氛圍（陳美如、郭昭佑，2003；潘慧玲，2005）。即使近年來推動形成性教師評鑑，強調以促進專業發展為目的，不與考核掛勾，仍不易扭轉教師對評鑑的既有印象（張德銳，2009；潘慧玲等人，2010；鄭淑惠，2010）。

　　近年來，學者逐漸關注以評鑑扮演介入策略的另類角色（Chen, 2006, 2007; Cousins, Goh, Clark, & Lee, 2004; Patton, 1997, 2008; Preskill & Torres, 1999）。惟如前述，目前我國中小學校現場採取的評鑑途徑仍十分有限，而國內的評鑑研究主題也尚不夠多元豐富，未能擴大吾人對評鑑概念及其用途的視野，值得進一步地開拓（潘慧玲，2005）。為擴展對評鑑議題的關懷，並探究在評鑑實務上發揮多元角色與功能的可能性，因此，本文採用Patton（1997, 2008）首先提出的「介入策略導向評鑑」（intervention-oriented evaluation）之概念為基礎，探究評鑑做為一種介入策略的可能樣貌。值得說明的是，在Patton（1997, 2008）的理論觀點中，係將介入策略之分析聚焦於方案的層級，而尚有許多學者，主張將評鑑扮演之介入策略的角色，從方案層級提高至組織層級，使評鑑發揮促進組織革新與學習的功能（如潘慧玲，2006；Chen, 2006, 2007; Cousins et al., 2004; Hopkins, 1989; Preskill & Torres, 1999; Thornton, Shepperson, & Canavero, 2007; Torres & Preskill, 2001）[2]。申言之，本文所探究的評鑑角色，並不限

　　步使用「介入策略」一詞，以顯示組織採用評鑑做為促進方案／組織變革途徑的主張。

2　這些學者或未針對評鑑之特殊角色，提出適當的名詞指稱，或所提出之名稱尚屬分

於Patton（1997, 2008）所主張的意涵，而是涵蓋了評鑑做為方案與組織二個層級之介入策略的觀點，以擴大評鑑的功能與成效。

　　為探究「介入策略導向評鑑」的理念，本文首先探討該評鑑的主要理論觀點，其次，闡述其意涵與實施原則，接著以三個實例，分析「介入策略導向評鑑」的規劃與實施方式，最後提出結語，綜述對我國實施學校評鑑與革新的相關啓示。

第二節　介入策略導向評鑑的理論觀點

　　「介入策略導向評鑑」的概念，主要與組織發展（organization development）與評鑑用途二個理論觀點相關，以下分述之：

壹、組織發展

　　組織發展理論係採取開放性系統的觀點，主張組織與其內、外部環境間，具有互動且相互影響的關係。因此，為了因應環境的變化，組織必須採取計畫性與整體性的變革歷程，始能增進自我更新的能力，並促進組織目的之達成（鄭淑惠，1999；謝文全，2008）。

　　而「介入策略導向評鑑」係將評鑑視為一種介入策略。所謂的介入策略，具有打破現狀、促進變革，以提高效能的概念，是一種計畫性與系統性的方案，可能包含單一的方案活動或者是由一連串複雜的方案要素所構成（盧偉斯，1996；Cummings & Worley, 2008; Patton, 2008; Tucker, 2004）。盧偉斯（1996）主張介入策略應該以知識及有效的技術為基礎，Cummings和Worley（2008）更進一步分析，一項有效的介入策略必須符合組織的需求、能有效達成目的，且能增加組織變革的能力。

　　具體言之，介入策略即為組織推動變革的過程中，透過對組織問

歧，而Patton（1997, 2008）所提出之「介入策略導向評鑑」的名稱，能清楚地彰顯評鑑與介入策略的關聯性，因此，本文採用該名稱，做為探討以評鑑做為介入策略之評鑑方式的統稱。

題與需求之察覺及診斷，所決定採取與執行的變革途徑，以促進組織的持續發展與目的達成。依據組織整體情境的評估，組織發展的焦點可包括人員、工作—技術、結構—策略以及文化等面向，組織應該考量組織發展標的之不同，以規劃適當的介入策略（鄭淑惠，1999；謝文全，2008；謝文全、林新發、張德銳、張明輝，1998；Cummings & Worley, 2008）。

至於，評鑑在組織發展的歷程中，除了用以評估變革執行的結果，以及針對執行的過程，提供必要的回饋訊息外（鄭淑惠，1999），還能將評鑑與方案／組織變革的過程及目的相連結，成為促進方案／組織變革目的之介入策略。

以教師專業發展為例，其屬於學校組織發展歷程的一環。而促進教師專業發展的介入策略甚多，包括，參加研習、參與進修、閱讀、專家諮詢、教學輔導、專業學習社群與行動研究等（陳永發，2001；張新仁、王瓊珠、馮莉雅，2009）。學校可以運用不同的發展策略，例如，在教師專業學習社群計畫中，考量將其與教師專業發展評鑑做結合，採取教學觀察與回饋、教學檔案製作與評量等方式加以實施，一方面能提供檢視專業成長的評鑑資料來源，另一方面亦可增進教師的省思與對話，有助於教師的專業發展，並能發揮計畫整合的效果（張新仁等，2009；鄭淑惠，2007）。

貳、評鑑用途

評鑑用途係指評鑑所發揮的功能與成效，為判斷評鑑品質的標準之一（鄭淑惠，2009a；Fitzpatrick, Sanders, & Worthen, 2004），亦是評鑑之所以能夠發展為介入策略的關鍵。評鑑的實施若能受到組織與人員等因素的正向支持，便得以發揮其多元的用途，例如，評鑑能影響相關成員之思考、知識、態度、決策、行動以及成員之間的對話與共同理解，甚至能改變組織的政策與文化（江惠真，2009；張德銳、周麗華、李俊達，2009；潘慧玲、陳文彥，2010；鄭淑惠，2007；Alkin & Taut, 2003; Patton, 2008）。

上述的評鑑用途依據不同之來源，可分為結果性用途（findings

use）與過程性用途（process use）二種。具體言之，結果性用途係來自於所蒐集、分析與解釋的評鑑資訊，經過口頭或書面等方式的溝通，能系統性地提供相關成員客觀且有效的回饋，使其獲得關於受評對象之價值與優缺點等結果及運用所能發揮的用途（鄭淑惠，2009a；Alkin & Taut, 2003; Patton, 2008）。

至於過程性用途，則是源自於評鑑實施過程中有意圖或無意圖所產生的影響（Amo, 2008；Amo & Cousins, 2007），尤為促發介入策略導向評鑑的重要機制。過程性用途與新近所倡議之參與式評鑑途徑有關，Patton（2008：155）首先提出過程性用途一詞，並將其界定為「成員因參與評鑑過程所產生的學習結果，因而引發個人想法、態度和行為，以及方案或組織程序和文化上的改變」。以教師參與專業發展評鑑為例，評鑑的過程可能包括討論評鑑的意涵與實施方式、研商評鑑的規準與工具，以及蒐集、分析與解釋評鑑資料等程序，能提供成員社會互動，並對學校資訊進行探究與形成意義的學習機會（潘慧玲、陳文彥，2010；鄭淑惠，2009b）。而成員參與評鑑的程度越深，越有助於過程性用途之發揮，同時增加評鑑結果的運用（Amo, 2008）。

第三節　介入策略導向評鑑的意涵與實施

評鑑領域的重要學者如Scriven（1991）與Stufflebeam（2003）強調，評鑑係針對受評對象所進行的系統性評估，此一觀點雖被視為評鑑的重要目的，惟隨著對評鑑所抱持的價值觀或是評鑑情境的不同需求，皆會導致評鑑角色的殊異，例如，評鑑能促進評鑑用途、組織學習、彰權益能、社會正義或知識發展（Fitzpatrick et al., 2004）。為了探究「介入策略導向評鑑」的相關概念，以下分述其意涵與實施原則：

壹、介入策略導向評鑑的意涵

Patton（1997, 2008）主張的「介入策略導向評鑑」，係從促進評鑑用途的觀點出發，為一種有效結合評鑑與介入策略的設計，亦即將評

鑑資料蒐集的過程及其用途，與介入策略之實施做邏輯性且有意義地連結，使資料之蒐集、回饋與使用成為介入策略的一部分。組織如能運用有效的評鑑工具進行資料蒐集，則不但能依據評鑑目的，評估受評方案的執行情形與成效，同時評鑑的過程還能支持與增強方案／組織變革之預期目的，發揮評鑑與介入策略的雙重功能。

　　進一步言之，評鑑之所以能夠成為一種介入策略，主要在於評鑑能發揮結果性用途與過程性用途。具體而言，評鑑所提供的有效資訊，透過各種溝通方式，能促進成員進行以真實資訊為基礎的互動與對話，並能增加對改善方案或組織運作等的相關知識，還可能引發態度、決策與行動等的改變。其次，評鑑的參與性特質，能提供相關成員進行以議題為焦點的探究、對話與相互學習的機會，有助於發展或改變成員的認知、態度、動機與行為，以及成員間的共同理解與合作等。另外，在評鑑過程中，運用以蒐集或儲存評鑑資料的工具，如檔案夾、E化檔案、部落格等，能促進成員將知識外部化，以及知識的分享、組合與更新，皆為增進方案／組織變革目的之重要機制（潘慧玲、陳文彥，2010；鄭淑惠，2009；Forss, Cracknell, & Samset, 1994; Preskill & Torres, 1999; Robinson & Cousins, 2004）。

　　而「介入策略導向評鑑」即是一種有意圖地規劃與實施評鑑的過程，以期擴大評鑑用途的可能性。該評鑑之實施並非獨立於方案／組織變革的介入策略之外，而是與其做有效地結合，評鑑結果的回饋與過程用途便是以增強整體方案／組織變革的成效為目的。例如，在辦理專業研習課程的第一個階段，首先實施自我評估表（前測），有助於增加課程參與者對於課程主題的知覺，並增強對研習課程的準備度。而在研習課程的最後一個階段實施自我評估表（後測），則有助於成員回顧整個研習課程的內容，並能了解自我學習的成果。在上述的例子中，自我評估表（前測與後測）之實施皆為專業研習課程的一部分，其實施不但能蒐集教學前、後學習成果的相關資訊，同時更能增進課程參與者的學習成效，亦即兼顧評鑑與介入策略的雙重功能。另外，由於該評鑑為課程方案的一部分，故蒐集評鑑資料的費用並非外加於方案之上，而是內含於方案成本之中，或僅會增加部分伴隨而來的成本，因而，在評鑑的實

務方面，更能符合經濟上的有效性，同時也有助於評鑑辦理的持續性（Patton, 2008）。

貳、介入策略導向評鑑的實施

如前述，「介入策略導向評鑑」係將評鑑視為一種介入策略，而成為方案／組織變革內容的一部分。因此，「介入策略導向評鑑」的規劃，通常是在方案／組織變革規劃之際，即將評鑑要素納入其中。同時，評鑑的辦理也是在方案／組織變革執行的過程中，即依據各項變革策略設計之順序與原則加以執行。不過，在此方案／組織變革實施的過程中，評鑑者並不一定會直稱此種策略為「評鑑」，而主要是運用評鑑式的探詢（inquiry），例如，詢問、對話、省思、資料蒐集和回饋，以及價值、信念、假設、知識等之確認與澄清等特性，以轉化評鑑及其用途成為促進方案／組織變革的機制（Patton, 2008; Preskill & Torres, 1999）。

「介入策略導向評鑑」的評鑑人員，在評鑑實施之前，應該明瞭方案／組織變革的目標，並以促進其目標為努力的方向（Patton, 2008），據此，評鑑者的角色與方案規劃者或組織革新者的角色緊密連結。為達成此目的，評鑑人員與組織成員應該發展為合作夥伴的關係，強調組織成員的參與，而外部評鑑者則另可扮演評鑑技術提供者的角色（Chen, 2007; Hopkins, 1989）。評鑑人員在執行評鑑的過程中，可能包含不同的參與成員，而成員實際參與評鑑及其決策的方式或程度亦可能不同（Cousins, 2003）。以評鑑的用途而言，成員能深入且實質地參與評鑑的過程者，較其他成員更能從評鑑的結果與過程中獲得學習的經驗及成果（Amo, 2008; Cousins, 1998; Henry & Mark, 2003）。

至於，評鑑做為組織層級的介入策略，則是將評鑑視為組織發展系統的重要支持結構。據此，評鑑的實施必須以組織整體的發展計畫為中心，一方面考量國家與地方的情境特性與績效要求，界定組織的目標與優先性，並建立工作表現的標準與檢視回饋的機制，另一方面與組織其他的支持系統以及變革策略相連結，使評鑑的實務與其用途能內建於組織發展的歷程中（Cousins et al., 2004; Hopkins, 1989; Torres &

Preskill, 2001）。

「介入策略導向評鑑」雖具有上述的特性與優點，但其運用上的限制或條件亦受到爭議。以上述的研習課程爲例，由於評鑑資料（前、後測）之蒐集爲方案內容的一部分，因此，當評估研習課程之成效時，可能混淆其成效的來源，而不易區分其是來自於研習課程本身或是透過前、後測資料蒐集的結果。同時，如前述，評鑑人員的角色與方案規劃者／組織革新者的角色連結在一起，可能會影響評鑑者中立客觀的角色，並連帶降低評鑑者能提出總結性判斷的可信度（Patton, 2008）。

針對上述的限制，依據Patton（2008）的觀點而言，「介入策略導向評鑑」並非爲取代其他的評鑑途徑或方式，而是爲考量評鑑的目的以及增進評鑑的用途。因此，評鑑人員在規劃評鑑之前，應該針對評鑑的特性和限制，與評鑑的使用者（user）進行充分的溝通討論。以上述的研習課程爲例，「介入策略導向評鑑」主要在於增強研習方案的成效，如果研習課程的規劃人員或評鑑委託者能認同該項評鑑目的，而且用以蒐集評鑑資料的工具是有效的，則不論是研習課程或是研習前、後施測所產生的成效，皆屬於研習方案的一部分，並不會有成效混淆的困擾。此外，爲符合評鑑資訊的需求，評鑑人員亦可採取其他的途徑或方式，藉此蒐集額外的評鑑資訊，以滿足形成性或總結性的評鑑要求。

另外，「介入策略導向評鑑」強調評鑑促進方案／組織變革的重要性，然而僅有評鑑的實施並不足以使其發揮介入策略的功能，亦即，評鑑的辦理特別需要組織領導者與成員對於評鑑的支持，以及成員參與評鑑的意願和時間。評鑑也必須與成員發展、組織革新等計畫，以及外部績效與改革的要求相連結，同時，培養組織的分享與變革氛圍，並爭取實施評鑑所必要的資源，此皆爲影響「介入策略導向評鑑」實施及其成效的重要因素（鄭淑惠，2009；Chen, 2006, 2007; Hopkins, 1989）。

第四節　介入策略導向評鑑的案例

前一節業已探討「介入策略導向評鑑」的相關概念，本節將奠定在前述的分析架構上，以三個案例探討評鑑爲方案層級與組織層級之介入

策略的實施方式。

壹、經驗教育方案

Patton（1997, 2008）分析一項經驗教育（experiential education）的方案，該方案主張：人們無法直接從經驗中學習，而是必須透過對經驗的反省，以獲得學習的成果。因此，方案規劃者／評鑑者將評鑑資料蒐集的過程，整合至「經驗教育」的方案計畫中。具體言之，該方案的參與者包括大學校長、院長和系主任，他們被安排參與長途健行、登山與滑船等體驗活動，據此，他們必須撰寫活動體驗後的反省札記，同時在方案實施之前、執行過程與結束之後，成員皆需要彼此訪談，以增進對其經驗的省思程度。於是，反省札記之撰寫與成員間的訪談，一方面成為評鑑資料的來源，藉以了解實施方案對於參與者的影響成效；另一方面，資料蒐集的過程也是方案中有意規劃的省思歷程，有助於達成「經驗教育」方案的目標。

貳、專業發展方案

鄭淑惠（2006）分析美國中西部的二所學校，所執行聯邦政府補助的教師專業成長方案。該方案之目的在於促進教師的專業成長，以改善幼稚園至國小三年級學童的語文成績。其設計與實施係建立在學校效能、學校改進與專業發展，以及有效的語文教學等理論基礎上。方案的內容包括辦理專業研習以及組織學校的專業發展團隊共二大部分。就專業研習而言，主要在提供教師有效的語文教學等資訊，並且培養學校組成團隊所需要的相關知能，促使學校能夠持續透過團隊的機制，以推動校內的專業發展活動。至於，在學校專業發展團隊的運作上，旨在增強教師對語文教學策略的研討與應用，以進一步研擬教學精進的行動計畫，包括計畫的目標、策略以及蒐集評鑑資料的方式，以檢視參與者的專業成長結果。其中評鑑資料的蒐集來源，可以涵蓋：學生的作業、作品、測驗成績、教師個人的反省札記、個人的教學觀察結果等。為完成行動計畫，教師每週必須在團隊中，針對本週課堂上所應用的研習主題，除了閱讀相關文獻外，並採取如分享錄影帶、學生作品或學生測驗

成績等方式，一方面蒐集評鑑資料，另一方面，以資料為基礎，與小組成員進行分享與省思，尤其是對於個人課堂教學的影響以及實施過程的困難等均加以記錄，以檢討行動計畫的適當性並做必要的調整。

　　由上述的分析得知，專業發展團隊蒐集與省思評鑑資料的歷程，為專業發展方案的一部分，據此，一方面能檢視教師參與方案後的成果，另一方面更能促進教師個人和團隊的專業學習及成長。此外，為改善方案並符合績效責任的要求，該評鑑者除了使用上述學校團隊所蒐集的資料外，也自行蒐集形成性評鑑的資料，至於州政府，則另行委託其他評鑑團隊進行總結性評鑑，以符合經費補助的規定。

參、專業發展評鑑方案

　　潘慧玲和陳文彥（2010）分析我國一所私立高中以教師專業發展評鑑促進組織學習的個案。該個案學校為轉型成綜合高中，並有效發展校本課程，希望提升教師的專業能力，因此，將教師專業發展評鑑之推動，視為校務發展的重要方向。據此，校長將評鑑方案融入學校的發展計畫中，將評鑑事項列為校務的重點工作，不但申請經費並自行編列預算外，同時組成評鑑推動小組，也利用學校的教學研究會進行評鑑事項的宣導與討論，以建立推動評鑑的溝通管道。

　　本個案學校在實施評鑑的過程中，學校首先透過小組討論，修訂評鑑規準，接著分別實施自評與他評，其中他評的資料包括教學觀察、教學檔案與學生課程滿意度調查。評鑑實施之後，學校會提供教師相關的評鑑結果，以擬訂專業成長計畫。評鑑的過程也提供了教師參與評鑑設計、資料蒐集、分析、詮釋以及運用有效資訊為基礎的對話機會。此外，學校還發展檔案E化平臺與專業學習社群，前者有助於組織知識的儲存與分享，後者則能促進教師的專業互動與學習。

　　綜言之，前述的二個案例，傾向於將評鑑視為方案層級的介入策略，而第三個案例，則是將學校評鑑與校務發展計畫及其相關的行政規劃（例如，經費、資源、組織結構、專業發展活動）相連結，使評鑑發展為組織層級的介入策略。整體而言，上述的三個例子顯示，方案規劃者或學校革新者皆能考量方案／組織變革的理念，並採取適當的評鑑方

式，以回應組織的需求與目的（盧偉斯，1996；Cummings & Worley, 2008）。其次，上述評鑑的規劃與實施皆能謹慎周詳，且能有效地將方案／組織成員蒐集評鑑資料的過程與方案／組織變革相結合。雖然在三個案例中，成員有著不同的評鑑參與方式，惟皆能強調評鑑過程的省思、對話與回饋，因此，有助於評鑑發揮介入策略的功能（Chen, 2007; Cousins et al., 2004; Patton, 2008; Preskill & Torres, 1999）。另外，第二個例子則突顯在同一個方案中，組織能夠依據評鑑目的，採取不同的評鑑方式，使評鑑扮演如總結性、形成性以及介入策略等不同的角色。

第五節　結　語

本研究旨在以Patton（1997, 2008）主張的「介入策略導向評鑑」為基礎，探究評鑑的另類角色與功能。「介入策略導向評鑑」的概念，主要奠基於組織發展與評鑑用途的理論觀點，是一種將評鑑資料蒐集過程及其用途，與方案／組織變革介入策略做有效結合的設計，不但能評估結果，還能有意圖且計畫性地透過評鑑用途的機制，以增進方案／組織變革的預定目標，兼具評鑑與介入策略的雙重功能，在實務上更具經濟有效性。

「介入策略導向評鑑」係為方案／組織變革歷程的一部分，其在規劃之初，即應將評鑑納入方案／組織變革的設計，並依據規劃時程加以執行。除了適當的評鑑設計外，該評鑑不但需要加強評鑑結果的溝通與應用外，同時重視方案／組織成員的參與。另外，「介入策略導向評鑑」有其特性與適用的情境，其實施必須考量評鑑的目的，並針對該評鑑的優點、限制及所需具備的條件，與評鑑可能的使用者進行充分的溝通並取得認同。

根據上述的分析，本研究提供相關建議，做為我國實施教育評鑑以及方案／變革的參考：

壹、建構評鑑在教育方案／組織變革的多元角色

　　評鑑在教育方案／組織變革的歷程中，可以扮演多元的角色。例如，透過評鑑能對方案／組織變革進行系統性的評估與決定、提供改善的回饋，或是能善用評鑑的用途，使評鑑成為一種促進方案／組織變革的介入策略。

　　雖然評鑑的意涵與角色多元，惟在我國中小學校的場域中，評鑑通常僅被視為是一種考核，對於評鑑角色的觀點頗為有限。為了擴大評鑑的積極功能，建議國內評鑑領域應該擴展研究的議題，探究不同評鑑途徑的內涵及其在國內實施的可行性。而教育主管機關在評鑑實務的規劃上，一方面應該考量不同的評鑑途徑與評鑑用途，以更有效地因應學校方案以及組織發展的需求，另一方面，則應該持續宣導評鑑的多元角色與功能，使評鑑意涵再概念化，以擴大評鑑促進方案／組織變革的成效。

貳、善用評鑑用途，以促進教育方案／組織變革的實施成效

　　評鑑能扮演介入策略的角色，其關鍵在於過程性用途與結果性用途之發揮。具體言之，學校成員參與評鑑的過程，能帶領參與者進行以評鑑議題為導向的探究，促進省思、對話與同儕互動，至於評鑑實施之後所產生的評鑑結果，能夠提供成員有效的回饋，此皆有助於成員增進對執行方案／組織變革的相關知識、態度、決策與行動，發揮如介入策略的功能。因此，為了善用評鑑的用途，評鑑人員、方案規劃者或組織革新者可以考量將評鑑與方案／組織變革介入策略做有意義的結合，使評鑑符合方案／組織變革的目的與需求，同時，有意圖且計畫性地運用評鑑過程與結果的功能，例如，規劃成員參與評鑑的方式、引導成員針對評鑑議題進行詢問、省思、對話、相互學習，並能有參與重要決定的機會。此外，針對所提供的評鑑結果，評鑑人員一方面應該善用良好的溝通方式，以傳布評鑑結果，另一方面，也必須重視結果的有效、相關、具體、及時性與易於了解，使評鑑透過其用途之發揮，而能增進教育方案／組織變革的實施成效。

參考文獻

(一)中文部分

邱惠振（2011）。心理師進入國中校園處遇憂鬱症青少年之經驗研究。國立臺中教育大學諮商與應用心理學系碩士論文，未出版，臺中市。

張德銳（2009）。中小學教師專業發展評鑑實施問題與解決策略。研習資訊，26(5)，17-24。

張德銳、周麗華、李俊達（2009）。國小形成性教師評鑑實施歷程與成效之個案研究。課程與教學季刊。12(3)，265-290。

陳永發（2001）。合作取向的教師專業成長。人文及社會學科教學通訊，12(4)，178-194。

陳美如、郭昭佑（2003）。學校本位課程評鑑－理念與實踐反省。臺北市：五南。

楊小淇（2009）營養教育介入對幼兒蔬菜攝取之影響。國立臺灣師範大學人類發展與家庭學系博士論文，未出版，臺北市。

潘慧玲、王麗雲、張素貞、吳俊憲、鄭淑惠、郭玫婷、張硯凱、林伯安、呂秉修、沈舒婷、林欣姿、陳穎琦（2010）。試辦中小學教師專業發展評鑑之方案評鑑（II）。教育部委託專案報告。臺北市：國立臺灣師範大學教育政策與行政研究所。

潘慧玲、陳文彥（2010）。教師專業發展評鑑促進組織學習之個案研究。教育研究集刊，56(3)，29-65。

鄭淑惠（2010年6月）。教師專業發展評鑑：介入策略導向評鑑之觀點。「2010新紀元的教育行政發展」發表之論文，臺北市立教育大學。

江惠眞（2009）。教師專業發展評鑑促進學校革新之個案研究。國立臺灣師範大學教育學系碩士論文，未出版，臺北市。

鄭淑惠（1999）。國民中學組織發展之研究。國立臺灣師範大學教育系碩士論文，未出版，臺北市。

鄭淑惠（2007）。探究評鑑如何影響教師的專業成長：以個案研究爲例。載於中華民國師範教育學會（主編），教師評鑑與專業成長（頁93-125）。臺北市：心理。

鄭淑惠（2009a）。教育評鑑的效用性：促進組織學習的觀點。**國立新竹教育大學教育學報**，26(2)，57-88。

鄭淑惠（2009b年7月）。教師專業發展評鑑與組織學習之探究。**「教育典範與地方教育發展國際學術研討會」發表之論文**，國立臺灣師範大學。

盧偉斯（1996）。組織學習的干預理論：行動理論之觀點。**空大行政學報**，6，303-322。

謝文全（2008）。**教育行政學**（第三版）。臺北市：高等教育。

謝文全、林新發、張德銳、張明輝（1998）。**教育行政學**。臺北縣：國立空中大學。

謝雯琳（2011）。**國民教育幼兒班教師使用早期療育服務經驗之研究**。國立臺中教育大學早期療育研究所碩士論文，未出版。臺中市。

潘慧玲（2006）。以評鑑促進學校之革新。載於吳武典、高強華（主編），**優質、創新與前瞻—郭為藩教授七秩華誕祝壽論文輯**（頁337-351）。臺北市：學富。

潘慧玲（2005）。邁向下一代的教育評鑑：回顧與前瞻。載於潘慧玲（主編），**教育評鑑的回顧與展望**（頁3-36）。臺北市：心理。

張新仁、王瓊珠、馮莉雅（2009）。**中小學教師專業學習社群手冊**。2010年5月24日，取自http://tepd.moe.gov.tw/upfiles/fileupload/62/downf01256259906.pdf

(二)英文部分

Alkin, M. C., & Christie, C. A. (2004). An evaluation theory tree. In M. C. Alkin (Ed.), *Evaluation roots: Tracing theorists' views and influences* (pp. 12-65). Thousand Oaks, CA: Sage.

Alkin, M. C., & Taut, S. M. (2003). Unbundling evaluation use. *Studies in Educational Evaluation, 29* (1), 1-12.

Amo, C. (2008). *Investigating the relationship between process and use of evaluation findings in a government context* (Unpublished doctoral dissertation). University of Ottawa, Ottawa, Ontario, Canada.

Amo, C., & Cousins, J. B. (2007). Going through the process: An examination of the oprationalization of process use in empirical research on evaluation. *New Directions for Evaluation, 116,* 5-26.

Chen, K. (2006). Library evaluation and organizational learning: A questionnaire study. *Journal of Librarianship and Information Science, 38* (2), 93-104.

Chen, K. (2007). Institutional evaluation and its influence on organizational learning. *New Information Perspectives, 59* (1), 5-25.

Cheng, S. H. (2006). *A case study of evaluation use and influence in school settings* (Unpublished doctoral dissertation). University of Minnesota, Minnesota, MN.

Cousins, J. B. (2003). Utilization effects of participatory evaluation. In T. Kellaghan, D. L. Stufflebeam, & L. A. Wingate (Eds.), *International handbook of educational evaluation: Part Two: Practice* (pp.775-805). Dordrecht, The Netherlands: Kluwer.

Cousins, J. B., Goh, S. C., Clark, S., & Lee, L. E. (2004). Integrating evaluative inquiry into the organizational culture: A review and synthesis of the knowledge base. *The Canadian Journal of Program Evaluation, 19* (2), 99-141.

Cummings, T. G., & Worley, C. G. (2008). *Organization development and change* (9th ed.). Mason, OH: South-Western.

Fitzpatrick, J. L., Sanders, J. R., & Worthen, B. R. (2004). *Program evaluation: Alternative approaches and practical guidelines* (3rd ed.). Boston, MA: Allyn and Bacon.

Forss, K., Cracknell, B., & Samset, K. (1994). Can evaluation help an organization to learn? *Evaluation Review, 18* (5), 574-591.

Henry, G. T., & Mark, M. M. (2003). Beyond use: Understanding evaluation's influence on attitudes and actions. *American Journal of Evaluation, 23* (3), 293-314.

Hopkins, D. (1989). *Evaluation for school development.* Philadelphia, PA: Open University Press.

Patton, M. Q. (1997). *Utilization-focused evaluation: The new century text* (3rd ed.). Thousand Oaks, CA: Sage.

Patton, M. Q. (2008). *Utilization-focused evaluation* (4th ed.). Thousand Oaks, CA: Sage.

Preskill, H., & Torres, R. T. (1999). *Evaluative inquiry for learning in organizations.* Thousand Oaks, CA: Sage.

Robinson, T. T., & Cousins, J. B. (2004). Internal participatory evaluation as an organizational learning: A longitudinal case study. *Studies in Educational Evaluation,*

30 (1), 1-22.

Scriven, M. (1991). *Evaluation thesaurus* (4th ed.). Newbury Park, CA: Sage.

Shadish, W. R. Jr., Cook, T. D., & Leviton, L. C. (1991). *Foundations of program evaluation: Theories of practice*. Newbury Park, CA: Sage.

Stufflebeam, D. L. (2003). Institutionalizing evaluation in schools. In T. Kellaghan, D. L. Stufflebeam, & L. A. Wingate (Eds.), *International handbook of educational evaluation: Part Two: Practice* (pp.775-805). Dordrecht, The Netherlands: Kluwer.

Thornton, B., Shepperson, T., & Canavero, S. (2007). A systems approach to school improvement: Program evaluation and organizational learning. *Education, 128*(1), 48-55.

Torres, R. T., & Preskill, H. (2001). Evaluation and organizational learning: Past, present, and future. *American Journal of Evaluation, 22*(3), 387-395.

Tucker, J. G. (2004). Intervention. In S. Mathison (Ed.), *Encyclopedia of evaluation* (pp. 210). Thousand Oaks, CA: Sage.

問題與討論

一、目前我國中小學校實施哪些評鑑？您對目前學校實施的評鑑有何看法？

二、您是否認同「介入策略導向評鑑」的理念？其理由為何？

三、您認為「介入策略導向評鑑」在我國實施的可行性為何？

四、您認為如何使我國中小學校的評鑑更能發揮結果性用途？

五、您認為如何增加教師參與學校評鑑的程度？

【本文部分內容之初稿曾發表於2010年6月，由臺北市立教育大學教育行政與評鑑研究所、中小學校長培育及專業發展中心、中華民國教育行政學會、中華民國學校行政研究學會、中華民國學校建築研究學會、臺灣教育政策與評鑑學會舉辦之「2010新紀元的教育行政發展」會議。】

國家圖書館出版品預行編目資料

教育行政與行政新議題／吳清基等合著.
--初版.--臺北市：五南，2011.09
面；　公分
ISBN 978-957-11-6370-3（平裝）
1.教育政策　2.教育行政
526　　　　　　　　　100014650

1IVR
教育政策與行政新議題

主　　　編	吳清基(64)
作　　　者	吳清基　舒緒緯　顏國樑　侯世昌　張國保
	謝美慧　蔡進雄　楊振昇　江志正　吳靖國
	范熾文　黃旭鈞　魯先華　鄭淑惠　合著

發 行 人 — 楊榮川
總 編 輯 — 王翠華
企劃主編 — 陳念祖
責任編輯 — 李敏華
封面設計 — 陳卿瑋
出 版 者 — 五南圖書出版股份有限公司
地　　址：106台北市大安區和平東路二段339號4樓
電　　話：(02)2705-5066　　傳　　真：(02)2706-6100
網　　址：http://www.wunan.com.tw
電子郵件：wunan@wunan.com.tw
劃撥帳號：01068953
戶　　名：五南圖書出版股份有限公司
台中市駐區辦公室／台中市中區中山路6號
電　　話：(04)2223-0891　　傳　　真：(04)2223-3549
高雄市駐區辦公室／高雄市新興區中山一路290號
電　　話：(07)2358-702　　傳　　真：(07)2350-236
法律顧問　元貞聯合法律事務所　張澤平律師
出版日期　2011年9月初版一刷
　　　　　2013年3月初版三刷
定　　價　新臺幣500元